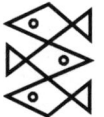

Wieso grinst Hannelore Kohl immer so? Wer war nochmal Mäcki Lauck? Und was macht Udo Lindenberg nachts in Berliner Hotels? Dies und noch viel mehr erzählt **Alexander Osang**, der unbestrittene Meister der klassischen Reportage, mit einer Könnerschaft, die ihm nahezu wöchentlich lukrative Abwerbeangebote auf den Schreibtisch flattern läßt. Seine Geschichten, mit denen er seit Jahren die Rückseite der Vereinigung sichtbar macht, zeichnen sich aus durch einen scharfen Blick für unfreiwillige Komik und unverschuldete Tragik. So scharf er mit denen ins Gericht geht, die das Leben unverdientermäßen auf die Siegerseite gespült hat, so groß ist sein liebevoller Respekt für die ewigen Verlierer.

Ein schräges Stück Deutschland und eine Art Bilanz der ersten zehn Jahre deutscher »Einheit«.

Alexander Osang, Jahrgang 1962, studierte Journalistik in Leipzig und ist Reporter der *Berliner Zeitung*. 1993 erhielt er den Egon-Erwin-Kisch-Preis und 1995 den Theodor-Wolff-Preis.

Alexander Osang
Hannelore auf Kaffeefahrt
Reportagen und Porträts

Fischer
Taschenbuch
Verlag

2. Auflage: April 1999

Veröffentlicht im Fischer Taschenbuch Verlag GmbH,
Frankfurt am Main, November 1998

Lizenzausgabe mit freundlicher Genehmigung des
Ch. Links Verlags, Berlin
Die Originalausgaben erschienen unter den Titeln
›Aufsteiger – Absteiger‹ (1993), ›Die stumpfe Ecke‹ (1994)
und ›Das Buch der Versuchungen‹ (1996)
Der Text ›Zwei Kinder im Nieselregen‹ erschien erstmals
am 15.11.1997 in der *Berliner Zeitung*.
© Ch. Links Verlag, Berlin 1993, 1994, 1996
Gesamtherstellung: Clausen & Bosse, Leck
Printed in Germany
ISBN 3-596-13886-8

Inhalt

Die stumpfe Ecke

Das Buch der Versuchungen

Meine Poltergeister
Vorwort zu dieser Ausgabe

Jeder Zeitungsjournalist freut sich, wenn es seine Texte eines Tages in ein Buch schaffen. Um ehrlich zu sein, gibt es für einen Zeitungsjournalisten kaum etwas Schöneres. Das Telefon klingelt, jemand von einem Buchverlag ist dran, aha, sagt der Zeitungsjournalist, soso, murmelt ein bißchen und scheint nachzudenken, während er innerlich jubelt. Ein Buch! Ein Buch! Letztlich sind viele von uns Journalisten geworden, um irgendwann mal ein Buch zu veröffentlichen. Allerdings kann man das erst zugeben, wenn es denn wirklich soweit ist. Ich war also hocherfreut, als ich von einem Lektor des Fischer Taschenbuch Verlags eine Liste mit meinen im Ch. Links Verlag erschienenen Reportagen geschickt bekam, und das Angebot, sie in ein Buch zu tun. Erst als ich las, welchen Titel dieses Buch tragen sollte, wurde ich ein wenig, sagen wir, unruhig.

»Hannelore auf Kaffeefahrt« ist derjenige der ausgewählten Texte, an den ich mich am wenigsten gern erinnere. Man könnte ihn so zusammenfassen: Eine Frau fährt kurz vor Weihnachten in den Osten Deutschlands, um dort eine gute Tat zu vollbringen, aber weil die Frau mit Helmut Kohl verheiratet ist, weiß man nie.

Wenn ich ihn heute lese, werde ich rot vor Scham. Das ist natürlich gelogen, es ist ein alter Text, längst vergessen, ich weiß, daß ich ihn heute nicht mehr so schreiben würde, und es gibt Texte, für die ich mich weit mehr schämen müßte. Aber unangenehm ist es doch. Ich kenne die Frau nicht, habe nie ein Wort mit ihr gewechselt, vermute aber, daß sie es nicht leicht hat. Sie scheint immer ein bißchen unglücklich zu sein, wenn man sie sieht, verspannt, selbst in Momenten der Ausgelassenheit. Ich erinnere mich an einen Auftritt in der Sendung »Wetten, daß …?«, wo es schien, als habe sie sich betrunken, um locker zu wirken. Es ist sicher ein hartes Brot, eine Politikergattin zu sein. Man ahnt, daß man irgendwie mitzählt, wenn gewählt wird. Mehr nicht.

Kürzlich traf ich auf einer Preisverleihung in Hamburg eine *stern*-Autorin, die sich mehrfach und ungefragt bei verschiedenen Kollegen dafür rechtfertigte, ein positives Porträt über Hannelore Kohl geschrieben zu haben. Zugegeben, es war ein unglaublich positives Porträt, und es war schon spät in Hamburg, aber irgendwie schien mir das typisch zu sein. Über Hannelore Kohl schreibt man nichts Nettes. Dabei hatte sie eine schwere Jugend, wie man hört, und es ist dankenswert, daß es keine Kochsendung mit ihr im Fernsehen gibt.

Ich will mich hier nicht für eine Frau ins Zeug legen, die ich gar nicht kenne. Aber eigentlich war ich ganz froh, daß mein Text so unbemerkt eingeschlafen ist. Schön versteckt in einem verblassenden Buch, das Hannelore Kohl garantiert nie in die Hände bekommen hat. Der Gedanke, daß er noch mal wiederbelebt und seine Überschrift sogar auf einen Buchtitel geschrieben wird, wie gesagt, er beunruhigte mich etwas. Vielleicht hat Hannelore Kohl jetzt ja mehr Zeit, durch Buchhandlungen zu streifen. Sie sieht dieses Buch, denkt vielleicht: Na guck mal einer an, das fängt ja genauso an wie ich, nimmt es in die Hand und. Ja, was und?

Oft fragen mich Leser, wie die Porträtierten denn auf das Porträt in der Zeitung reagiert haben. Ich glaube, daß sie dann gern Geschichten hören würden, in denen Molotowcocktails, Morddrohungen oder wenigstens Rechtsanwälte eine Rolle spielen. Diese Geschichten kenne ich nicht. Von den hier Porträtierten hat nur Wolfgang Lippert seinen Manager einen langen, klagenden Brief schreiben lassen. Und Aurel Müller-Schönlein aus Köpenick hat in einem Leserbrief seine Vorstellungen von einem Thälmann-Kommunisten präzisiert sowie darauf hingewiesen, daß er eigentlich lieber mit einer Seemannsmütze fotografiert worden wäre. Diese Reaktionen – kleine Molotowcocktails gewissermaßen, angedeutete Morddrohungen – haben eher etwas Reinigendes, Klärendes. Ich habe geschrieben, dann haben sie geschrieben. Wir sind quitt.

Aber so läuft das in der Regel nicht.

Es fängt damit an, daß ich den Menschen, den ich beschreiben möchte, treffe, mit ihm rede, ihn beobachte, wir verbringen oft viele Stunden, manchmal Tage miteinander. Wenn es gut läuft, mag er mich oder akzeptiert mich wenigstens, und ich komme dem Menschen, den ich beschreiben will, nahe. Dann ist es auch schon vorbei. Es ist geschafft, ich verschwinde und schreibe. Ab jetzt weiß ich nicht mehr, was auf der anderen Seite passiert. Ich rufe dort nicht an und lese schon mal den Anfang vor. Ich schicke auch den Text nicht vor der Veröffentlichung oder erkundige mich später, ob er so okay war. Nein, es ist vorbei. Die meisten meiner Porträtierten habe ich nie wieder gesehen. Gunther Emmerlich allerdings begegnete ich einmal auf einem Flug nach Frankfurt am

Meine Poltergeister

Main. Ich nickte vage, er sah über mich hinweg. Er ist ein ganzes Stück größer als ich.

Ich will hier nicht den Eindruck erwecken, als wüßte ich nicht, was ich tue, wenn ich ein Porträt schreibe. Ich kann mir schon vorstellen, was jemandem gefällt und was eher nicht. Erst recht, wenn ich ihn gerade ganz gut kennengelernt habe. Aber es gibt Abende, an denen mir plötzlich einfällt, daß jene Beschreibung, die in diesem Moment zweihunderttausendmal gedruckt wird, vielleicht doch nicht ganz fair war. Diese Vermutungen werden schnell zur Gewißheit. Ihnen folgen Morgende, an denen ich die gesamte Auflage meiner Zeitung aufkaufen möchte. Ich zucke bei jedem Telefonklingeln zusammen. Aber nie ist einer der Porträtierten dran. Dabei wären sie jetzt am Zug. Ich habe mein Urteil abgegeben, jetzt sind sie an der Reihe. Sie melden sich nicht. Es ist so, als würden sie im Dunkeln auf eine gute Gelegenheit warten, mir zu »antworten«. Wenn Sie wissen, was ich meine.

Ich erinnere mich gut an eine Veranstaltung mit Bärbel Bohley und Manfred Stolpe in der berühmten Berliner Gethsemanekirche. Ich hatte einst beide porträtiert. Ich saß im Publikum, schwitzend vor Angst, daß sie mich entdecken und sich gegen mich verbünden könnten. Stolpes Finger würde sich in meiner Richtung recken. »Du, Bärbel«, würde er rufen, »guck mal, da ist ja dieser Typ von der *Berliner Zeitung*, über den wir neulich geredet haben.« Langsam würden sich alle zu mir umdrehen. In einer Kirche! Wolfgang Lippert hat mich etwa zwei Jahre nach dem Porträt in eine Talkshow eingeladen, die er moderierte. Ich bin hingegangen, er war sehr nett, aber bis zum Schluß hatte ich Angst, daß noch ein »Rächer« auftaucht, der mir »symbolisch« mit einem riesigen Gummihammer auf den Kopf drischt oder mich mit grünem Schleim übergießt. Naja, diese Dinge.

Weil aber nichts dergleichen geschieht, fange ich an, in den Biographien meiner Porträtpartner nach versteckten Antworten zu suchen. So kommt es, daß ich mich gelegentlich für spätere Schicksalsschläge in ihren Leben verantwortlich fühle. Das kann schlimm sein, wenn man sich anschaut, was aus den Menschen geworden ist, die in diesem Buch versammelt sind.

Bärbel Bohley lud den Bundeskanzler zum Kaffeetrinken ein und ging nach Sarajevo. Der Trabertrainer Schmidtke aus Karlshorst fuhr mit seinem Auto im Vollrausch gegen einen Laternenpfahl, der auf der Trabrennbahn stand. Wolfgang Lippert wurde beim Klauen einer Kombizange erwischt, Rolf-Jürgen Otto mußte wenige Tage nach dem Porträt in den Knast.

Am ausdauerndsten aber haben mir Berthold Fieber und sein Parchimer FC zugesetzt.

Parchim ist eine kleine Stadt in Mecklenburg-Vorpommern, Berthold Fieber ist ein großer dicker, fußballverrückter Bauunternehmer. Seit er Präsident des Parchimer FC wurde, ging es mit dem Verein aufwärts.

Parchim stieg in die Oberliga auf und verstärkte sich mit ehemaligen Bundesligaspielern des FC Hansa Rostock. In der Saison 95/96 kaufte der Klub einen ehemaligen kongolesischen Nationalspieler namens Mafumba. Kurz darauf verpflichtete Fieber einen weiteren afrikanischen Fußballer. Ungewöhnlich für einen Oberligaverein in Mecklenburg-Vorpommern. Es gab eine Agenturmeldung. Der Parchimer FC war ein ernsthafter Anwärter um den Aufstieg in die Oberliga Nordost, als ich ins Spiel kam.

Bei unserer ersten Begegnung sah ich, wie der 1. FC Magdeburg, der zwanzig Jahre zuvor Mailand im Europapokalfinale bezwungen hatte, mit 3:0 nach Hause geschickt wurde. Eine kleine Erfolgsgeschichte schien da ihren Anfang zu nehmen. Die lokalen Sponsoren träumten bereits von der 2. Liga. Eintracht Frankfurt würde bald Gast in Parchim sein. Im nächsten Spiel, das ich besuchte, reichte es gegen Motor Eberswalde allerdings nur zu einem knappen Unentschieden. Ein Ausrutscher. Mein Text war gerade fertig geworden. Es ging auf und ab. Am Ende der Saison 95/96 lag der Parchimer FC auf dem vierten Platz. Dann eben nächstes Jahr, dachte ich. Ich verfolgte die Spiele der Parchimer jetzt aufmerksam. Hektisch wühlte ich mich am Montag durch viele Tabellen, bis ich endlich in der Oberliga angekommen war. Nach Sportwochenenden mit sogenannten Großereignissen fiel die Tabelle oft raus, und ich fühlte mich schlecht. Die Parchimer begannen mir immer mehr ans Herz zu wachsen. Nun, es lief nicht so gut in der Saison 96/97. Eigentlich war schon in der Winterpause klar, daß es schwer werden würde mit dem Aufstieg in die Regionalliga Nordost. Der 1. FC Magdeburg, im vorigen Jahr noch eine Art Sparringspartner für die Parchimer, hatte sich an der Tabellenspitze festgesetzt. Am Ende stiegen die Magdeburger auf, Parchim landete im hinteren Mittelfeld.

Was war da los? War Mafumba noch da? Oder hatte ich den kongolesischen Nationalspieler in die Flucht getrieben? Waren nach meinem Artikel wichtige Kleinsponsoren abgesprungen? Hatte ich Fieber, einen Choleriker vor dem Herrn, durch meine freundlich-spöttischen Bemerkungen so verunsichert, daß er die Linie verlor? Kaum vorstellbar.

Die nächste Saison begann bedauerlicherweise, wie die vorige aufgehört hatte. Parchim ordnete sich im hinteren Mittelfeld ein. An Aufstieg war nicht zu denken. Der 1. FC Magdeburg setzte sich in der Regionalliga inzwischen mit Gegnern wie Dynamo Dresden, Tennis Borussia und dem 1. FC Union auseinander. Berthold Fieber litt sicher wie ein Hund. Mafumba war wahrscheinlich schon lange weg. Im Spätherbst näherte sich mein Verein der gestrichelten Linie, die in der Tabelle die Abstiegszone markiert. Der Todeslinie! Im Frühjahr überquerte er sie. Acht Spieltage vor Schluß sah es so aus, als könne sich Parchim mit einem energischen Zwischenspurt aus dieser unwürdigen Region verabschieden. Dann ließen sie sich hängen. Sie gewannen kein Spiel mehr. Vier Tage vor Saisonende gab es noch theoretische Chancen. Dann waren auch die vorbei.

Parchim stieg ab. Abgeschlagen. Gedemütigt.

Es war Sommer 1998. Magdeburg hatte sich in der Regionalliga etabliert, spielte in der nächsten Saison zwei Klassen über den Parchimern. Was würde Berthold Fieber, der große dicke Herr Fieber mit dem Mohrrübenhaar fühlen?

Er würde denken: So, Osang! Bitteschön. Sei zufrieden. Jetzt hast du es ja geschafft.

Vorstellbar.

Ich will nicht klagen. Ich habe mir diesen Beruf ausgesucht, und es ist ein schöner Beruf. Und von mir aus soll Hannelore Kohl dieses Buch ruhig in die Hand nehmen, jetzt, wo sie mehr Zeit für diese Dinge hat, und mich dann für einen schlechten Menschen halten. Wie Emmerlich und Lippert. Und die anderen Poltergeister in diesem Buch, die mich in manchen frühen Morgenstunden, wenn die anderen noch schlafen, manchmal heimsuchen. Ich habe es nicht besser verdient. Ist schon in Ordnung.

Aber wenn ich einen Wunsch frei hätte, dann sollte Parchim wieder aufsteigen.

Ich werde die Sache im Auge behalten.

Keine Drohung, lieber Fieber.

Aufsteiger – Absteiger

»Für viele bin ich nur noch die Xanthippe«
Die Revolution hat Bärbel Bohley gefressen, aber noch nicht verdaut

»Da sind das Hingestrecktsein, die kalligraphisch gezeichnete Umrißlinie, die Energie, die aus der Wechselwirkung zwischen gezeichneter Körperlichkeit und dem Untergrund entsteht.«
(Zeitungsrezension einer Bohley-Ausstellung)
Keine schlechte Zeit für Maler. Es wird Frühling auf dem Prenzlauer Berg. Der kleine viereckige Platz vorm Fenster grünt. Die Kinder, die dort spielen, schreien lauter als noch vor zwei Wochen. Der Kebapverkäufer an der Kaiser's-Halle schwitzt. Die kranken Fassaden der alten Mietskasernen sehen nicht mehr traurig aus, sondern romantisch. Bärbel Bohley hat aufgehört zu heizen. Sie hat im letzten Winter öfter an eine Gasheizung gedacht als in den vorigen. Jetzt ginge es ja schneller, und eine Gasheizung hat Vorteile. Sie hat sich das aus dem Kopf geschlagen. »Ich habe mein ganzes Leben geheizt.«

Frauen wie Bärbel Bohley verbreiten schlechtes Gewissen. Mehr als seinerzeit ein Subbotnikaufruf der HGL (Hausgemeinschafts-Leitung). So sieht das Haus in der Fehrbelliner Straße ein wenig anders aus als die anderen. Nicht ordentlicher, moderner, aber anders. Die Fensterrahmen sind bunt gestrichen, Phantasie-Fahnen baumeln an der bröckelnden Fassade, und auf dem kleinen Hof gibt es einen wunderbaren Garten mit Sitzecke. Keine schlechte Gegend für eine Malerin.

Der Hausflur ist mit Kunstplakaten zugepflastert, und vor den Briefkästen begegnet uns eine junge, langhaarige Frau, die einen Weidenkorb trägt, in dem sie sorgsam gereinigte Käse- und Margarinepackungen sowie ein paar ausgewaschene Fläschchen mitführt. Die werden ordentlich in die verschiedenen Container vor der Kaufhalle verteilt. Die junge Frau reibt Bärbel Bohley schwesterlich den Arm, sie lächelt ein mildes Müsli-Lächeln. Die Käsepackungen im Weidenkorb plimpern leise. Frauen wie Bärbel Bohley erziehen ihre Nachbarn zu Gleichgesinnten. Gute Nachbarn für eine Malerin.

Frau Bohley schleift uns so schnell wie möglich durchs Erdgeschoß. Hier ist ihr Atelier, erfahren wir, während wir bereits über eine solide hölzerne Wendeltreppe zum

Wohntrakt stapfen. Das Atelier hat niemanden zu interessieren, sagt die Eile. Ein paar Bilderrahmen, sorgsam verstaut, kann man erkennen und ein Kopiergerät. Die Rahmen sind ein wenig angestaubt, der Kopierer ist in Benutzung. Die Malerin malt nicht mehr, sagt das Stilleben.

Die Wendeltreppe endet in einem Loch, das noch vor kurzem gefüllt war. Bärbel Bohleys Sohn hat es in den Fußboden des Obergeschosses gestemmt und die Treppe gezimmert. Er scheint Talent zu haben. Bärbel Bohley war es satt, immer über eine Außentreppe vom unteren Teil ihrer Wohnung, in dem sich auch das Bad befindet, in den oberen zu gelangen. Ob sie darf, hat sie nicht gefragt. Keinen Statiker und auch keinen Beamten. Die hätten womöglich die Hände über dem Kopf zusammengeschlagen. Sie aber wollte das Loch, und sie wollte es schnell.

Bärbel Bohley tut in der Regel das, was sie für nötig hält. Und wenn ihr nun jemand sagte, das Loch muß ordentlich berechnet werden, würde sie wahrscheinlich erwidern: Was wollen Sie denn, es hält doch. Vernunft nervt. Wenn der Experte permanent mit dem gesunden Menschenverstand konfrontiert wird, rastet er aus. Besonders wenn der Experte Politiker ist. Das hat Bär-

bel Bohley zu spüren bekommen. Früher und jetzt. Es kümmert sie nicht. Irgendwann in seinem Leben spürt wohl jeder Mensch, daß das Maß voll ist. Die meisten von uns lassen es einfach überlaufen. Es ist bequemer so. Manche allerdings sagen: Stopp, so geht's nicht weiter. Dann bekommen sie schwer eins auf die Rübe und sagen sich, na gut, dann geht's eben so weiter. Dann gibt's wieder welche, die fühlen sich durch den Schlag auf den Kopf erst recht bestätigt, daß es so nicht weitergehen kann. Schläge machen sie nur entschlossener. Diese Menschen sind selten. Bärbel Bohley gehört dazu.

Sie hat sich entschieden, nicht über das Malen zu sprechen. Tun wir es. Sie wollte Malerin werden. Sie hat im vierten Stock der Kunsthochschule einen lachenden, optimistischen Mann mit Bauhelm porträtiert, der auf einem Motorrad saß, das man zu diesem Zweck nach oben geschleppt hatte. Sie hat das Foyer einer polytechnischen Oberschule lebensbejahend ausgestaltet und Polikliniken bildnerisch verschönert, sie hat einen Förderpreis bekommen und Nachwuchs für die bildende Kunst der DDR herangezogen. Sie war Mitglied der Sektionsleitung des Verbandes Bildender Künstler. Sie hat gemalt. 1982 hat sie dann eine Eingabe zum Wehrdienstgesetz gemacht, nach dem viele Frauen zur Mobilmachung eingezogen werden konnten. Sie flog aus der Sektionsleitung und verlor ihre Förderklasse. Es war der erste richtige Schlag. Bärbel Bohley allerdings war immer noch der Meinung, daß es nicht gut ist, Frauen zum Militär einzuziehen. Sie bemalte Keramiktöpfe statt Leinwände. Dafür konnte sie weiter Eingaben schreiben.

Das Telefon unterbricht rasselnd eine weitere Attacke auf das Thema Malerei. »Ich werd's dann mal danebenlegen«, verspricht Frau Bohley, bevor sie den Anrufer freundlich begrüßt. »Gut«, sagt sie, »Gethsemane. Sonnabend. 20 Uhr«, und legt auf. Dann zu uns: »Da machen wir doch 'ne Veranstaltung, zu der wir den Stolpe eingeladen haben. Der soll endlich mal unsere Fragen beantworten. Bisher hat er noch nicht abgesagt. Hoffen wir das Beste.«

Sie hat uns wieder zur Frau abgedrängt, in der sie sich augenblicklich am besten auskennt. Zur Bürgerrechtlerin Bohley. Noch vor ein paar Wochen hatte sie in einer Talk-Show mit Klaus von Dohnanyi vorliebnehmen müssen. Es ging zwar um Stolpes Verstrickung mit der Stasi, aber Stolpe konnte irgendwie nicht, und da hat man einen der Genossen geladen, die zu allem irgendwas sagen können. Eine Traumpaarung. Der coole Hanseate und die aufgebrachte Berlinerin. »Setzen die da jemand aus der dritten Garnitur hin, der von Tuten und Blasen keine Ahnung hat«, schnauft sie noch jetzt. Und denkt wohl ein wenig an die gelassene Nadelstreifen-Rhetorik, die Widersprüchliches so lange einwickelt, bis es zu passen scheint.

Bärbel Bohley ist keine Rednerin. Ihre Emotionen erlauben es ihr nicht, Ordnung in eine Ansprache zu bringen. Sie hat es in ihrer Zeit im Roten Rathaus des öfteren fertiggebracht, sich zu melden, wenn eben ausdiskutiert worden war. Alles war auf den Punkt gebracht, da hetzt Bärbel Bohley ans Mikrofon und hält eine kämpferische Rede, die alle Anwesenden in tiefe Ratlosigkeit versetzt. Was meint die Frau jetzt?

Ihr ist egal, was die anderen denken. Was sie fühlt, muß sie sagen. Menschen, die das nicht so halten, sind ihr fremd. »Mich regen die Leute auf, die zu jedem Thema den richtigen Satz aus der Tasche ziehen. Wie der Weizsäcker oder der Stolpe.« Nun, Stolpes Taschen haben sich diesbezüglich reichlich geleert. Das wird Bärbel Bohley freuen. Er ist ihr aktueller Intimfeind.

Mit ihm läßt es sich vortrefflich weiter am Pinsel vorbeireden. »Die Menschen haben doch überhaupt kein richtiges Interesse daran rauszukriegen, was mit Stolpe war. In Wahrheit wollen sie sein wie er. Aus dem Osten kommen, aber aussehen und reden wie aus dem Westen. Sie wollen gleich werden. Das ist das Schlimme.« Schlimm für sie, die Leute braucht, die man anfassen kann, die das Individuum liebt, den einzelnen, die Massenbewegungen mißtrauisch gegenübersteht. »Ich brauche keinen Patriarchen. Wenn ich das schon höre: ›Meine Brandenburger‹. Das klingt wie ›Unsere Menschen‹. Damit bin ich groß geworden. Ich brauche keine Wir-Menschen.«

Vielleicht gesteht sie in schwachen Stunden ein, sauer zu sein, daß die meisten Menschen den Populisten auf den Leim kriechen. Vor allem »unsere Menschen«, die nicht die Bürgerbewegung gewählt haben, wie es sich gehört hätte. Doch heute hat sie keine schwache Stunde. Sie hat die Tränen der Wahlnächte vergessen. »Wieso soll ich denn enttäuscht sein. Ich versteh die Leute ja. Die DDR hat ein Volk von Verwirrten hinterlassen. Die wollen an die Hand genommen werden. Die glauben dem, der ihnen das Schönste verspricht.« Da sitzt sie nun, reibt ihre roten Hände aneinander, und ihre Augen sehen verheult aus, obwohl sie es nicht sind. Bärbel Bohleys Problem ist, daß sie eigentlich wieder von vorn anfan-

gen müßte. Wenn sie nur wüßte, wohin es diesmal gehen soll. Die Kraft hätte sie schon. Sie läßt sie erst einmal raus.

Im Rundumschlag. »Wer mit Stolpe nicht fertig wird, sieht auch das Ozonloch nicht.« Sie beklagt Waffenexporte in die Türkei, den Krieg in Jugoslawien, die Zunahme der Ausländerfeindlichkeit. Vorwürfe gegen Alt-Alternative, die sich die Okkupation des Ostens grübelnd aus der Ferne angesehen haben, wechseln sich mit eindringlichen Fragen ab. »Wieso ist es gut, daß man sich ein Stück von Rügen kaufen kann?« Woody Allen würde mitstenografieren. »Es ist doch nicht so, daß es keine Probleme mehr gibt?« Der traurige Blick, die Stimme einer Kindergärtnerin. Dafür hassen sie manche Leute. Ist die denn noch nicht zufrieden? Jetzt reicht's aber. Nun hat sie doch, was sie wollte. Bärbel Bohley ist die meckernde Heulboje. Für den Spießer, der nie den Mut dieser Frau hatte. Soll sie doch endlich wieder malen, das kann sie wohl auch nicht so richtig, freut er sich.

Das Telefon klingelt nicht immer nur, um Rat einzuholen. Ihr Name steht im Telefonbuch. Gute Karten für den anonymen Anrufer. Es trifft sie, wenn die Leute sie beschimpfen. »Solange ich gesagt habe, was sie hören wollten, war ich die Mutter der Revolution. Jetzt bin ich nur noch die Xanthippe.« Das klingt bitter. Die Revolution fraß ihre Mutter. Aber sie hat Frau Bohley noch nicht verdaut. »Deswegen rede ich den Leuten doch nicht nach dem Mund«, pumpt sie sich wieder auf. »Das wär ja noch schöner.«

Der Widerstand als Badekur. Bärbel Bohley hat ihn wieder. »Ich hab mich sowieso unwohl gefühlt, als plötzlich Millionen Menschen hinter mir standen«, schüttelt sie einen letzten Rest Verbitterung ab. Vorher und nachher hat sie immer gesagt, was die anderen nicht hören wollten. Sie war für einen besseren Sozialismus, als es noch keinen besseren Sozialismus zu geben hatte. Sie war gegen den Kapitalismus, als es nichts Besseres gab als den Kapitalismus. Ihre Argumente waren immer einleuchtend. Je einleuchtender, desto mehr gab es auf die Mütze. Sie mäkelte an Krenz rum, als der DDR-Bürger erleichtert festgestellt hatte, daß Honecker weg war, sie bemängelte den Fall der Mauer, als die Ost-Berliner Freibier auf'n Ku'damm schütteten, sie war gegen die Währungsunion, die Angliederung, und jetzt schießt sie auf den letzten ostdeutschen Ministerpräsidenten, der uns noch geblieben ist. Sie freut sich nicht, daß sie recht hat. Sie wundert sich.

»Ewig haben sie gehört, was mit den Kapitalisten los ist. Und dann glauben sie es nicht.«

Eigentlich wäre es wieder Zeit für ein Bild. Seit '89 hat Bärbel Bohley keinen Pinsel mehr angefaßt. Niemand hat sich zunächst darüber gewundert. Sie war eben Politikerin. Erst später fragte man wieder an. »Die Zeiten sind nicht nach malen, sondern nach reden«, beschied sie. Es gab Galerien, die durchaus an Bildern interessiert gewesen wären. Den Namen Bohley als Zugnummer gewissermaßen. So wie man am Pianospieler Helmut Schmidt interessiert ist, am Büttenredner Nowotny und an Loriots sprechendem Hund. Nur, daß Schmidt kein guter Klavierspieler ist, Nowotny nicht richtig komisch und Loriots Hund nicht sprechen kann. Das war Bärbel Bohley nun doch zu billig. Wenn, dann wollte sie als Malerin anerkannt werden und nicht als malende Bürgerrechtlerin. Doch nun, da es ruhiger geworden ist, hat sie noch immer keine Muße gefunden. Die Spötter stehen bereit.

Solange wie es geht, umschifft sie das Thema Malerei. Gerade, daß sie eine knappe Antwort gibt, kommt sie gleich wieder zu Stolpe oder den Alt-Linken. Vielleicht sind ihr die Ausreden ausgegangen. Vielleicht glaubt sie wirklich daran, daß die

Zeiten eher nach reden, denn nach malen sind. Vielleicht hat sie Angst. Vielleicht langweilt sie auch einfach der Gedanke, ein Bild zu malen, wo es doch noch so viele andere Dinge zu tun gibt in diesem kurzen Leben.

Im letzten Versuch schaffte ich es, sie mit ihren Waffen zu schlagen. Ich nerve sie.

»Ach wissen Sie, so eine richtige Malerin war ich vielleicht gar nie. Jedenfalls nicht so eine, die ohne Farbengeruch nicht leben kann. Ich muß auch nicht morgens unbedingt einen Weißkohlkopf malen, um den Tag zufrieden zu beginnen. Nur für das Malen leben, das kann ich nicht. Dazu passiert einfach zuviel.«

Das Galerieleben habe ihr nie so richtig gefallen. »Da stehst du dann da mit einem Glas in der Hand, lächelst wildfremde Leute an und machst plaplapla.« Das Plaplapla fällt eine Spur zu hart aus, um komisch gemeint zu sein. Ich stelle mir die kleine unauffällige Frau auf einer Galerieeröffnung vor. Die Haare, die aussehen wie selbstgeschnitten, zwischen kunstvollen Mähnen und perlweißen, lachenden Zähnen. Ein Häufchen Unglück in der Szeneschickeria. Die Rezensionen zu ihrer kleinen Ausstellung, die es kurz nach der Wende gab, hätte Bärbel Bohley wahrscheinlich nicht verstanden. Sie würde das auch zugeben. Das unterscheidet sie vom Premierenpublikum. Das macht sie sympathisch. Die meisten Kunstrezensionen kann man nämlich nicht verstehen, wenn man bei gesundem Menschenverstand ist.

Also bleibt sie: Bärbel Bohley, Bürgerrechtlerin und Malerin. Nicht mal das ist korrekt. »Ich habe keine Angst vor einer Mal-Blockierung. Viel schlimmer wäre doch, meine Kreativität wäre weg«, erklärt sie aufgeräumt und spinnt ein wenig. »Vielleicht schreibe ich mal ein ganz dickes Buch über die letzten zehn Jahre«, erklärt Tante Bärbel aus der Kinderkrippe. Ein ganz, ganz dickes Buch mit vielen schönen Seiten drin, oh ja. »Oder ich mach eine Teestube. Das wollte ich schon immer.« Dann erzählt sie, daß man ja überhaupt keinen Grund haben muß, verzagt zu sein. Es gäbe einen Pfarrer auf Rügen, der gegen die Zersiedelung und Privatisierung der Insel kämpfe. Sie redet von den »vielen kleinen Lädchen«, die in ihrer Gegend aufgemacht hätten und daß sich da viele Leute einen Traum verwirklicht haben und daß das schön ist und Grund zur Freude. Sie berichtet von einer Frau, die sich um die Ecke einen Spielzeugladen eingerichtet hat. »Die sitzt da drin wie eine Prinzessin. Das ist ein Kindheitstraum von ihr gewesen, den sie sich erst jetzt verwirklichen konnte. Verstehen Sie?«

Genau so hat sie ihrem Sohn erklärt, daß es wichtigere Sachen gibt als das Abitur. Er konnte nicht auf die Erweiterte Oberschule, weil sie Bürgerrechtlerin war. Das muß man einem ehrgeizigen Jungen, der Gartenarchitekt werden will, erst einmal klarmachen. Welche Eltern hätten das fertiggebracht. Bärbel Bohley hat nicht nur auf ihre eigene Karriere verzichtet, sondern auch auf die ihres Sohnes. »Da wirst du eben erst mal Gärtner«, hat sie ihm gesagt.

Ein paar Sonnenstrahlen kämpfen sich über die dunklen Gemäuer auf den Hinterhof, wo Frau Bohleys kleiner Garten liegt. Stolz zeigt sie ihn her. Da fällt ihr noch was ein. »Vielleicht eröffne ich ja auch eine Gärtnerei.« Irgend etwas wird sie in jedem Fall tun.

Der Briefkasten quillt fast über. Bärbel Bohley schreibt sich mit vielen Leuten. Mit einem ehemaligen Pankower ABV (Abschnittsbevollmächtigter der Polizei) zum Beispiel, der glaubt, 40 Jahre lang alles falsch gemacht zu haben. Sie versucht beharrlich, ihm das auszureden. »Da gibt's ganz andere.« Von Petra Kelly ist heute ein Brief dabei. »Über die müßten Sie mal was schreiben«, sagt Bärbel Bohley und freut sich. Draußen auf der Straße soll sie mir ein paar der »kleinen Lädchen«

zeigen, von denen sie vorhin so schwärmte. »Na, die sind doch alle weg. Wegen der Kaufhalle«, berichtet sie gekränkt. Als hätte sie vor einer halben Stunde nicht das Gegenteil behauptet.

Ab September wird Bärbel Bohleys Sohn Gartenarchitektur studieren. Der Gedanke, daß es die Geschichte mitunter auch mit kleinen Frauen gut meint, stimmt doch einigermaßen versöhnlich. Man muß diese Frauen nicht mögen. Aber es ist gut, daß es sie gibt.

April 1992

Boris und ich
Der lange Weg zur bedingungs-
losen Anerkennung des
Becker-Hechtes

»Natürlich fällt auch auf, daß alle das glei-
che Auto fahren.«
(Boris Becker nach einem DDR-Besuch)
Es war ein wunderschöner Sommer-
tag. Klar, leicht und hell wie ein
Eagles-Song. Die Sonne hatte um
halb zwölf das Fenster des Raumes
erreicht, in dem ich lernte, fünf Minuten später kroch sie auf meinen
Schreibtisch. Ich sah ihr zu, wie sie
ihn Stück für Stück eroberte. Sie
tauchte das Wörterbuch in ihr Licht,
meine Hefter, meine Hände. Ich
wußte, daß sie meinen Lernwillen
besiegen würde. Die Tinte floß
breiig aus dem Federhalter. Wider-
willig und träge formten sich kyril-
lische Buchstaben auf dem holz-
haltigen Papier. Übermorgen sollte
ich Russisch-Prüfung haben. Nichts
fürchtete ich damals mehr als diese
Russisch-Prüfung. Es war die münd-
liche, was meine Situation nicht ver-
besserte. Ich haßte Herrn Schmutz-
ler, meinen Russischlehrer, dafür,
daß ich hier sitzen mußte, ich haßte
sein Volk dafür, daß es nicht ohne
sechs Fälle und komplizierte Konju-
gationsregeln auszukommen
glaubte, ich haßte mich für die Ver-
säumnisse der zurückliegenden
zehn Jahre Russischunterricht, ich

haßte die Sonne und Wimbledon. Es
war der 7. Juli 1985. Ein wichtiger Tag
für Boris Becker und mich.

Ich gab auf. Mein kleiner Junost-
Schwarzweißfernseher taugte zwar
nur bedingt dazu, schnelle Tennis-
spiele zu verfolgen. Aber daß an diesem schönen Sommernachmittag
ein Star geboren wurde, bekam ich
wohl mit. Boris Becker machte es
mir nicht leicht, gegen ihn zu sein.
Das wäre normal gewesen, denn er
spielte für die Bundesrepublik, und
ich war grundsätzlich immer gegen
BRD-Sportler. Mal abgesehen von
Ewald Lienen, der ja mit der DKP
sympathisierte. Das mag an meiner
Erziehung gelegen haben. Vielleicht
auch daran, daß man so wenig
hatte, worauf man wirklich stolz
sein konnte.

Ich habe mir die Kehle heiser geschrien, als Sparwasser die verhaß-
ten deutschen Weltmeister 1974 in
Hamburg besiegte, ich konnte vor
Wut nicht einschlafen, als Bayern
München nacheinander Dynamo
Dresden und den 1. FC Magdeburg
aus dem Europapokal schmiß, und
ich bin heulend vor dem Fernseher
meiner Eltern zusammengebrochen,
als unsere Handballer in allerletzter

Sekunde gegen die BRD-Auswahl eine wichtige Qualifikation verpaßten.

Boris Becker aber spielte gegen Kevin Curren. Kevin Curren war aus Südafrika. Eine verzwickte ideologische Situation. Zumal Boris Becker rothaarig, häßlich, schlaksig, nicht unsympathisch war und schon damals spielte wie ein Gott. Ich war trotzdem für Curren. Weil der Sportreporter sich in Huldigungen für den deutschen Spieler, das deutsche Tennis, den deutschen Sport übergab. Nachdem Becker den ersten Satz gewonnen hatte, war klar, was der begeisterte deutsche Tennisjournalist nach dem Sieg schreien würde. Deshalb war ich für Kevin Curren. Es half nichts.

Becker gewann. Der Sportreporter schrie. Sie schrien alle. Es gab den Becker-Hecht, die Becker-Faust, es gab nach dem Schlierseer nun auch den Leimener. Jeder kannte das verschüchterte Elternpaar, das mit der Pocketkamera auf den Tribünen von Paris, Melbourne und Flushing Meadow hockte, jeder kannte Gützi Bosch, der allen erzählte, daß Pimpern und Pommes nicht gut seien für Tennis, sondern vielmehr Training. Training und nochmals Training. Als klar war, daß man mit Tennis richtig Geld verdienen konnte, schickten nicht mehr nur Zahnärzte ihre Sprößlinge auf den Platz. Boris

Becker kannten fast so viele Bundesbürger wie Max Schmeling. Viele also. Man nannte ihn Bum-Bum oder auch nur Bobele. Tennis boomte. Die Übertragungen im deutschen Fernsehen wurden nicht mehr schamhaft nach den Tagesthemen versteckt. Es gab Frühstücks-Tennis, Tennis zum Mittag, zum Kaffee und zum Abendbrot. Der weiße Sport kratzte am Fußballack. Alles nur wegen Boris.

Lediglich die notorischen DDR-Fernsehzuschauer hatten Ruhe. Tennis war eine Sportart der Couponabschneider. Sie sollte es bleiben. Tennis war Zirkus, wie Formel 1 Zirkus war und der Alpine Rennsport. Der Berichterstattung über Beckers Werbe-Kontrakt mit der Deutschen Bank wurde hierzulande weitaus mehr Medieninteresse zuteil als seinen sportlichen Erfolgen. Der ehrenwerte Thomas Emmerich (DDR-Rekord-Tennismeister) bekam für einen Sieg beim Zinnowitzer Turnier immer noch mehr Zeilen als der Gewinner der offenen amerikanischen Meisterschaften. Es wäre falsch zu behaupten, die Rechnung sei nicht aufgegangen.

Ich sah jetzt zwar Tennis. Vor allem aber, um Becker verlieren zu sehen. Ich fieberte mit Schweden, Chile und sogar den USA, das deutsche Team aus dem Daviscup zu werfen. Ich verfolgte mit gewisser

Genugtuung Beckers Gestotter und Gestammel bei Fernsehinterviews. Äh, ich meine, äh, nicht, es ist Tennis, nicht? Einfach herrlich, wie er den Vornamen von Max Schmeling vergaß. Ich habe nie geglaubt, daß Becker ein gnadenlos ausgebeuteter Tenniszirkusartist ist. Dazu hat er einfach zuviel Geld verdient. Aber ich hätte mich wirklich empört, wenn diese Profis zur Olympiade zugelassen worden wären. Und ich war überzeugt davon, daß Thomas Emmerich Boris Becker schlagen würde, wenn er gegen ihn spielen sollte. Soweit ging die Rechnung schon auf.

Unsere nächste Begegnung hatten wir in der »Gift«-Abteilung der Leipziger Universitätsbibliothek. Hier lagerten, nur durch Sondergenehmigungen zugänglich, stapelweise Westzeitungen und -zeitschriften. Bei den Recherchen zu Manipulationsmethoden im Kommentar der bürgerlichen Massenpresse fiel mir eine BILD-Zeitung in die Hände. Boris, las ich, sei entjungfert worden. Ich habe vergessen von wem. Ich weiß nur, sie war hübsch (Foto oben). Boris, nahm ich zur Kenntnis, stehe auch im Bett seinen Mann. Zum ersten Mal wurde ich neidisch. Irgendwie hatte ich gehofft, er sei impotent oder wenigstens schwul. Oder die Frauen würden nicht auf ihn stehen, so wie er

aussieht. Das hätte mir die Vorstellung von seiner gewaltigen Kohle erträglicher gemacht. Aber, daß sie auch noch hübsch war, diese Frau!

Boris wechselte die Frauen und später auch die Trainer wie die Hemden. Er verlor, fluchte und strafte doch seinen zweiten Vater, Gützi Bosch, Lügen. Er blieb immer dran an den Besten der Welt. Wir verloren uns dann vorübergehend aus den Augen, weil RTL die Tennisrechte gekauft hatte und ich auf meinem kleinen Junost-Kofferfernseher beim besten Willen kein RTL empfangen konnte. Nicht mal SAT 1. Kurz vor der Wende, im September 89, hatten wir dann noch ein kurzes, intensives Treffen. Manfred Hönel, der König der Wortspieler unter den schreibenden DDR-Sportreportern, machte es möglich. Boris hatte der DDR mit seiner Freundin Karen einen Kurzbesuch abgestattet. Hönel wußte davon, woher auch immer, und interviewte Becker für die »Junge Welt«. Natürlich tauchte in der abgedruckten Fragestellung die Formulierung »Tennisprofi-Zirkus« auf, obwohl ich wette, daß sie im Gespräch nie gefallen ist, Becker wurde vorgehalten, in Südafrika gestartet zu sein, es wurde vermutet, daß Tennisprofis wohl ein bißchen viel verdienen, das Thema Nationalismus klang an und natürlich die Frage

Aufsteiger – Absteiger

nach dem Weltfrieden. Boris dazu: »Ich kenne mich nicht aus, was der Herr Bush und der Herr Gorbatschow gerade bereden. Ich kann nur hoffen, daß sie über solche Probleme reden, daß heute noch tagtäglich Menschen umkommen ...« Typisch Boris eben. Aber er sagte auch an anderer Stelle zu seinen Eindrücken von der DDR: »Also es sieht nicht viel anders aus als in Leimen, wo ich herkomme.« Mehr wollte ich nicht. Ein bißchen Anerkennung von einem Weltstar. Ich hatte mich wahnsinnig gefreut, als Bruce Springsteen feststellte, es sei bunter geworden in Ostberlin. Und nun Boris. Mir wurde warm ums Herz. Das alles zählte ein paar Wochen später nicht mehr viel.

Nach der Wende kulminierte unsere Beziehung. Wir trafen uns, und diesmal leibhaftig. Es war in Hamburg, es war Januar 1990, und es war kalt. Becker hatte in der Alsterdorfer Sporthalle ein Benefizspiel gegen Karl-Uwe Steeb gemacht. Er hatte gekämpft und gewonnen. Später traf sich der Clan noch in einer kleinen Hamburger Diskothek zum Abschlaffen. Michael Stich, Steeb, Karen, Becker und ein paar andere wichtige Leute und solche, die glauben, wichtig zu sein. Die DDR-Repräsentanz bestand zum übergroßen Teil aus Rainer Ernst, der damals noch für den BFC Dyna-

mo kickte, und mir. Es war stickig, schick, und auf der Tanzfläche bewegten sich ein paar Schönheiten.

Es ist schon eigenartig mit den Stars. Man denkt todsicher, daß man sie nicht ernst nimmt. Man lacht über blöde Antworten, man fühlt sich überlegen. Man hält nicht viel von Starrummel und Idolen. Und dann steht man ihnen gegenüber und begreift, was ein Star ist. Ich habe daran gedacht, wieviel Geld dieser Bursche hat, wie viele Millionen Menschen ihn kennen. Ich habe an seine Netzvolleys in der Alsterdorfer Sporthalle gedacht. So bekam ich das Frau-im-Spiegel-Syndrom. Trotz seines Erfolges ist er so normal geblieben, er steht hier neben dir wie ein Durchschnittsbürger und dieser ganze Scheiß. Karen lachte etwas zu laut, sie rauchte wie ein Schlot, Boris alberte mit Stich und Steeb und trank literweise Saft. Ich trank Bier. Man muß dazu sagen, daß Bier gratis war. Nicht unwichtig damals, vor der Währungsunion.

Dann wurden Boris und Rainer Ernst zusammengebracht, wahrscheinlich stand das so im Protokoll, und ich stellte mich einfach dazu. Boris erklärte Rainer, daß er gern Fußball spielt, und Rainer erklärte Boris, daß er gern Tennis spielt. Boris faßte zusammen: »Ballgefühl ist eben Ballgefühl, näh.« Ich fragte mit zunächst brüchiger Stimme den Mist, den alle fragen. Und Boris antwortete den Mist, den er immer antwortet. Er habe »schonnn« Angst vor Großdeutschland. Irgendwie und oder so. Ehrfürchtig beobachtete ich, wie seine Zunge pausenlos über die dicken Lippen wälzte. Ich nahm anerkennend seinen dösigen Stallone-Blick zur Kenntnis. Es war wirklich wie im Fernsehen. Ich habe noch in Erinnerung, daß er die ganze Zeit rumhampelte. Er hatte Jogginghosen an. Während wir zusammenstanden, es müssen zehn, zwölf Minuten gewesen sein, reckte er die Arme über dem Kopf, verschwand vorübergehend in der Kniebeuge, bog den Rücken nach hinten durch. Wahrscheinlich wollte er, daß das Gespräch wenigstens zu etwas nutze war. Zum Schluß fragte er noch, wie es denn Katharina Witt gehe. Rainer Ernst schaute etwas verunsichert. Ich sprang ihm bei: »Gut wahrscheinlich. Ich sehe sie ja jetzt nicht mehr jeden Tag.« Es sollte so was wie ein Scherz sein. Becker guckte mich aus seinen Kuhaugen verständnislos an. Wahrscheinlich hatte er wirklich gedacht, wir paar DDR-Bürger hocken den ganzen Tag zusammen. Ich hätte mich ohrfeigen können, so unterwürfig war ich.

Fünf, sechs Bier später erwachte der Killerinstinkt in mir. Mit einem Becker-Interview würde ich in Ostberlin sicher ganz groß rauskommen. Ich schlenderte also so cool wie irgend möglich an den Becker-Tisch und fragte ihn, wie es mit einem längeren Gespräch stehe. Becker war sehr freundlich, aber hatte mich schon völlig vergessen. Ich sabbelte etwas von wichtigen Korrekturen am Becker-Bild der DDR-Bürger. Becker sagte nur, daß es im Moment echt ungünstig wäre. Aber im Juni beim Turnier am Rothenbaum solle ich ihn noch mal ansprechen. Er würde sich mein Gesicht merken. Es war Januar. Ich vergaß die Geschichte einfach. Draußen war es bitterkalt, und ich investierte zwanzig Mark meines kostbaren Westgeldes in ein Taxi.

Mein Selbstbewußtsein erholte sich ein wenig an den offenen Mündern der staunenden Ostberliner, denen ich meine kleine Hamburger Becker-Story zum besten gab. Ich schmückte sie liebevoll aus. Als ich dann später las, daß es Journalisten gibt, die noch weit unsinnigere Fragen stellten, war ich restlos zufrieden. Der SPIEGEL druckte sichtlich exklusivbeflissen eine Art Tagebuchgeschichte aus Beckers Feder. Hochgradig peinlich. Noch mehr in die Hose ging ein großes zweiteiliges *stern*-Interview mit dem Heroen. Der Interviewer philosophierte mit Becker über Sex auf dem Centercourt, sie überlegten gemeinsam, warum Boris die Frauen darum beneidet, Kinder kriegen zu können, und Becker erklärte allen Ernstes, daß er das Wimbledon-Finale von 1985 am liebsten verloren hätte. Es ist beruhigend zu wissen, daß es keine Frage gibt, die ich Becker damals in Hamburg hätte stellen müssen. Ich habe nichts verpaßt.

Unsere Kontakte beschränken sich nun wieder aufs Fernsehen. Und das ist gut so. Ich sehe ihn jetzt sogar in Farbe. Er ist besser geworden und reifer. Auch ich habe mich verändert. Es wird zwar noch ein wenig dauern, bis ich mich über einen Sieg der deutschen Fußball-Nationalmannschaft freuen kann, aber ich ärgere mich nicht mehr über Becker-Siege. Wir haben es beide geschafft, die Sache etwas unemotionaler zu sehen. Es ist doch nur ein Spiel, nicht wahr, Boris?

Nur zuweilen ertappe ich mich noch bei der schadenfrohen Gewißheit, daß unser Thomas Emmerich den Becker doch geschlagen hätte.

April 1992

Hannelore auf Kaffeefahrt
Die Schwierigkeiten einer Ehefrau, ihr Lächeln zu verkaufen

*»Zu uns schallten immer wieder Helmut!-
Helmut!-Rufe zum Reichstagsgebäude
herauf. Die Rufe kamen – ich spürte es –
von Herzen. Es war das Vertrauen für den
Politiker und die Sympathie für die
Person.«*
(Hannelore Kohl erinnert sich an die Ein-
heitsnacht)

Man sagt ja, ältere Ehepaare würden sich ähnlicher mit der Zeit. Das
stimmt nicht immer. Nehmen wir
die Kohls. Nicht nur, daß er einfach
fetter ist. Er grinst auch weniger.

Irgendwann muß es sich festge-
fressen haben. Eingenistet, festge-
hakt, zementiert. Hannelore Kohl
grinst. Immer. Sie grinst sogar, wenn
sie betroffen zu sein hat. An Solda-
tengräbern etwa. Es ist ein schmunz-
liges, gleichbleibendes, nicht unge-
fährliches Lippenspreizen, das sich
deutlich vom Lachen unterscheidet.
So macht die Gattin, wenn ihr die
jahrelange Geliebte ihres Mannes
vorgestellt wird. Und sie weiß, daß
es die jahrelange Geliebte ihres
Mannes ist.

Vielleicht hat Hannelore Kohl
nach der hundertfünfzigsten Wohl-
tätigkeitsgala mitbekommen, daß
sie dieses Grinsen nicht mehr los
wird. Sie hat versucht, ernst zu
schauen, und es ging nicht mehr.

Der umgekehrte Tim-Thaler-Effekt
gewissermaßen. Vielleicht guckt
man automatisch so, wenn man
über einen bestimmten Zeitraum
jeden Morgen neben einem Mann
aufwacht, der aussieht wie Helmut
Kohl und auch so ist. Das wäre die
Selbstschutzvariante und damit die
verzeihlichste. Vielleicht haben aber

Aufsteiger – Absteiger

auch die Gesichtschirurgen einfach Mist gebaut.

Perleberg ist ein verschlafenes Kreisnest, das früher zum Bezirk Schwerin gehörte und nunmehr im Land Brandenburg liegt. Den Leuten hier ist es egal, wo sie liegen. Heute abend spielt die Gombay Dance Band auf dem Markt. Die kennen sie aus dem Kessel Buntes, das zählt. Es wird also die Sun of Jamaica auf Perleberg strahlen. Gut so, denn es ist kalt an diesem Dezembertag. Die Bürger blasen Atemwolken vor sich her, und die Bauarbeiter, die die Bühne auf dem Marktplatz zusammenzimmern, haben rote Nasen. Tommy Steiner, hört man, soll auch kommen. Es ist der Teufel los in Perleberg. Denn sozusagen im Vorprogramm von Steiner und der Gombay Dance Band tritt ein weiterer Top-Gast in der Kreisstadt auf. Der kommt mit kleiner Polizei-Eskorte und trägt ein verschossenes blaues Kostüm. Es ist die Frau des Bundeskanzlers.

Man kann den Einfluß von Politikergattinen nicht hoch genug einschätzen. Es kann ja sein, daß Frau Kohl, kurz bevor ihr Mann das Nachttischlämpchen ausknipst, noch fallenläßt: Also dieser Staatssekretär, Helmut, der war ja wirklich unter aller Sau. Kohl, schon beim Einduseln, fragt schläfrig zurück: Welcher denn, Hannelore? Dann hört er den Namen, und man weiß ja aus der Schulzeit, daß man Sachen, die man kurz vorm Einschlafen lernt, besonders gut behält. Positiv wie negativ.

Also ist der Stuhltanz, der im Perleberger Rathaus beginnt, durchaus verständlich. Eine ältere, aufgeputzte Dame der Tengelmann-Gruppe balgt mit einem Perleberger Kommunalpolitiker um einen Platz in Hannelore Kohls Nähe. Der Perleberger gewinnt. »Sie Flegel«, beißt die Dame und zieht in den Hintergrund. Man hat sich für das Hochzeitszimmer entschieden, weil es das feierlichste im Rathaus ist. Ganz vorne, wo sonst die Paare Platz nehmen, sitzen Hannelore Kohl und Staatssekretär Wimmer aus dem Verteidigungsministerium, davor, wo sonst immer die Standesbeamtin steht, hält Bürgermeisterin Dr. Fischer die Begrüßungsansprache. Es sieht wirklich so aus, als würden Wimmer und Frau Kohl heiraten. Alle wirken irgendwie glücklich und zufrieden. Frau Dr. Fischer hat so einen rührseligen Zug um die Lippen. Nun ja, es ist fast Weihnachten, und der Kanzler ist in Maastricht.

»Es ist für Perleberg schon eine Ehre, Sie begrüßen zu können«, redet sich die Bürgermeisterin um Kopf und Kragen. Was, zum Teufel, meint sie mit »schon«. Aber Frau Kohl hat nichts bemerkt. Dennoch flicht Frau Dr. Fischer fast entschuldigend in ihre Rede ein, daß sie ja eigentlich Gynäkologin und nicht Politikerin sei. Na dann. Frau Kohl nutzt in ihrer anschließenden Redezeit diesen Umstand für eine kleine Improvisation. »Gynäkologin sind Sie also. Das scheint mir ein gutes Omen zu sein. Wenn Sie Hand anlegen bei der Geburt eines Menschen, können Sie auch Hand anlegen bei der Geburt einer neuen Stadt.« Frau Dr. Fischer lächelt glücklich. Sie denkt nicht über den Unsinn der Worte nach, sie ist angesprochen worden. Von der Frau Bundeskanzler. Ein Umstand, von dem sie zehren wird, wenn sie der doch recht stattlichen nordbrandenburgischen Kreisstadt zur Geburt verhilft. »Wie die Frau Bundeskanzler Hannelore Kohl anläßlich ihres Besuches unserer Heimatstadt bemerkte …«, wird sie sagen, wenn sie den Grundstein zum nächsten Einkaufszentrum legt.

Hannelore Kohl kommt nie allein. Sie zieht immer einen großen Schatten hinter sich her. Es ist der Schatten eines übergewichtigen Mannes, mit schiefgelegtem Kopf. Wenn der Schatten reden könnte, würde man bemerken, daß er einen Sprachfehler hat. Er tritt auch im prächtigen Hochzeitszimmer des Perleberger Rathauses wie das schlechte Gewissen der Lenor-Frau neben Hannelore Kohl und läßt sie sprechen: »Ich soll Ihnen viele Grüße von meinem Mann ausrichten. Er ist zur Zeit in Maastricht. Er kommt ja immer wieder hierher in die neuen Länder, um nachzuschauen, wie der Aufbau vorangeht.« Ich gehe jede Wette ein, daß Helmut Kohl nicht einmal weiß, daß es Perleberg gibt. Geschweige denn Grüße ausgerichtet hat.

Wimmer muß leider ein bißchen auf die Tube drücken. Der geschmeidige Staatssekretär kennt das Besuchsprogramm des Ehrengastes und fürchtet, daß die Zeit knapp wird. Der Programmpunkt »Rundgang durch den historischen Stadtkern von Perleberg« wird auf »einmal um die Kirche hetzen« zusammengestrichen. Zeit für ein bißchen Publicity bleibt aber. Frau Kohl greift einen neugierigen Jungen, um ihm eine Autogrammpostkarte aufzuschwatzen. Das muß man sich mal vorstellen: eine Autogrammpostkarte mit Hannelore Kohl! Nun gut. Wie Kinder so sind, wenn einer hat, wollen die anderen auch. Eben das weiß auch Hannelore Kohl. Ein kurzer Wink zu Frau Moos, einer langaufgeschossenen Dame mit Haaren auf den Zähnen. Frau Moos zieht wie ein Magier eine Karte nach der anderen aus dem Ärmel. Es ist genug für alle da. Man muß sich schließlich um den Wählernachwuchs kümmern. Eine nette Tante, werden die Kinder sagen, wenn sie am Abendbrottisch sitzen. Eine nette Tante von der CDU.

»Ist das jetzt gotisch?« fragt Hannelore Kohl, nachdem im Innern der St.-Jacob-Kirche ein wenig betretenes Schweigen aufgezogen war. Eine mutige Frau. Frau Dr. Fischer weiß auch nicht, Frau Moos tut, als habe sie nichts gehört, und Wimmer ist aus dem Verteidigungsministerium. Oh, oh. »Frau Schiltinski«, fleht Dr. Fischer, »die muß es wissen. Die ist ein wandelndes Lexikon.« Es dauert ein wenig, bis man das wandelnde Lexikon durch die drängelnden Journalisten rangeschafft hat. »Ja. Das ist gotischer Baustil, der …« »Hab ich doch recht gehabt«, unterbricht Frau Bundeskanzler. »Sehen Sie.« Wäre die Kirche romanisch, hätte Frau Kohl wahrscheinlich bemerkt: »sieht aber irgendwie gotisch aus«. Und niemand hätte widersprochen.

Wenn man lange genug zugesehen hat, wie die Leute dem Ehemann die Schuhe lecken, möchte man als Frau auch schon ein bißchen geachtet werden. Zumal man weiß, daß gar nicht soviel dran ist am Gatten. Frau Kohl ist sich ihrer Macht sehr wohl bewußt. Sie weiß, daß sie zeitgleich mit der ihres Mannes erlischt. Also kostet sie sie ein bißchen aus. Sie tarnt sie im Hausfrauenlook. Sie trägt unmögliche Kostüme, grauenvolle, halbhohe Stiefel, hängt sich ein affiges Diskotäschchen übers Schulterpolster und versucht, uns durch eine Art Zuckerwattenfrisur weiszumachen, daß sie harmlos ist. Und dann beauftragt sie in Mafiamanier einen armseligen Referenten, herauszubekommen, wer denn der Mann mit der grünen Brille ist, der so eifrig mitschreibt. Wer eifrig mitschreibt, will nichts Gutes. Das weiß sie vom Duce. Ein verschüchterter, gebeugter Mann erscheint bei mir und erkundigt sich, von welcher Zeitung ich bin. Er kann einem leid tun.

Doch eigentlich ist Frau Kohl wegen der Völkerverständigung in Perleberg. Seit ihr Mann seinerzeit mit

dem Goebbels-Vergleich so in die Scheiße trat, haben es die Kohls mit den Russen. Hannelore absolvierte seinerzeit das Damenprogramm mit Raissa, und heute hätschelt sie Garnisonskinder. In Perleberg waren große Teile der Sowjetarmee stationiert, ein Rest ist noch da, und die Kinder der Sowjetsoldaten wollen an diesem Dezembernachmittag mit den deutschen Kindern Weihnachten feiern. Oder besser sollen. Sie sehen sich ja sonst nicht. Ich will nicht behaupten, daß sie nur wegen Frau Kohl zusammengekommen sind. Aber die Dekorateure, die die Bühne im Speisesaal der Bundeswehrkaserne weihnachtlich einfärbten, haben schon Zugeständnisse an den Oggersheimer Damenbesuch gemacht. Das schon.

Die Lichterketten, die sich um zwei gigantische Tannenbäume winden, tanzen Samba. Wie angestochen flimmern die Leuchtbänder und geben dem Ganzen einen Tick von Weihnachten in Las Vegas. Happy Christmas. Die Kapelle spielt »Morgen kommt der Weihnachtsmann«, und am Bühnenrand parken etwa 200 Plastiksäckchen mit Kaiser's Kaffeekannen drauf. Die Tengelmann-Gruppe (zu der Kaiser's gehört) sponsert den weihnachtlichen Nachmittag. Unten im riesigen Saal sitzen etwa 400 Kinder (eine Hälfte Russen, eine Hälfte Deutsche) und warten darauf, ihren Plastikbeutel ausgehändigt zu bekommen. Doch das dauert noch ein wenig. Schließlich geht es bei der Veranstaltung nicht um die Kinder. Jedenfalls nicht in erster Linie. Man hat ihnen Bunte Teller hingestellt, und die Soldaten im weißen Kittel schenken unentwegt Kakao nach. Damit die Erwachsenen in Ruhe ihr Ding machen können.

Hannelore Kohl ist vorübergehend untergegangen. Im Menschenknäuel aus sowjetischen Offiziersgattinnen, Perleberger Kommunalpolitikern, Blasmusikern, Staatssekretären, Bundeswehrunteroffizieren und Vorzeigekindern mit Weihnachtsgedichtrepertoire ist sie nur noch ein kleiner blauer Punkt mit blond obendrauf und halbhoch schwarz untendran auszumachen. Doch die Rede kommt gesetzmäßig wieder auf sie. Das weiß Hannelore Kohl. Das macht sie ruhig.

Frau Dr. Fischer bedankt sich wieder überschwenglich bei allen möglichen Leuten, vor allem natürlich bei der Frau Bundeskanzler und der Tengelmann-Gruppe. Ein Dolmetscher übersetzt für die desinteressierten Kinder. Channelorre Gol, sagt er, Channelorre. Die Vertreterin der Tengelmann-Gruppe, Frau Baumeister, preist ihr Unternehmen an. Sie versucht, einen Teil ihres Vortrages in Stümmel-Russisch zu absolvieren.

Auch das findet bei den Kindern wenig Resonanz. Sie verstehen die Frau ja sowieso nicht. Die deutschen Kinder nicht, weil sie kein Russisch verstehen, die russischen Kinder nicht, weil Frau Baumeister kein Russisch spricht. Sie wollen ihre Tüten haben. Doch vorher kommt noch die Tante im blauen Kleid dran.

Natascha kennt sie nicht. Das Mädchen hat die braunen, dicken Haare mit einer prächtigen weißen Schleife über dem Kopf zusammengebunden und einen klasse Kakaomund. Auch Artjon kennt keine Hannelore Kohl, und Mischa schüttelt ebenfalls ängstlich den Kopf. Woher auch. Sie haben genug damit zu tun, sich die ständig wechselnden Namen ihrer Staatsoberhäupter einzuprägen. Von den Ehefrauen ganz zu schweigen. Da sind die Perleberger Jungs aus anderem Holz geschnitzt.

Benjamin, 10, aus der 2. Grundschule Perleberg, hat eine Autogrammpostkarte ergattert. »Die hänge ich an meine Schranktür«, erklärt er stolz. Da hänge schon Roxette und auch David Hasselhoff. Frau Kohl ist also in guter Gesellschaft. Auch David und Juliane, beide neun, finden Frau Kohl »gar nicht so doof«. Warum, können sie nicht sagen. Aber dem aufgeweckten Benjamin fällt ein Grund ein. »Na, weil sie dem Helmut Kohl seine

Frau ist.« Der Argumentation zufolge hätte auch Margot Honecker einen Platz neben David Hasselhoff verdient. Die war immerhin dem Erich Honecker seine Frau. Aber die würde Benjamin nie und nimmer in seinen Spind pinnen. Er ist da nicht viel anders als sein Vater.

Auch die Lehrerin der Perleberger Schule hat keine grundlegenden Probleme mit Hannelore Kohl. Denn: »Die Wende ist ja eine Sache, die wir eigentlich wollten.« Brigitte Dreifke unterrichtet schon seit 22 Jahren an der Schule und hat nach eigenen Angaben schon immer so unterrichtet, »daß die Kinder mit dem Namen Kohl mehr anfangen konnten als mit dem Namen Honecker«. Da kann einem nachträglich noch ein kalter Schauer über den Rücken laufen. Wenn das jemand rausbekommen hätte! Zur Charakterisierung von Hannelore Kohl fällt der Lehrerin allerdings auch nicht sehr viel ein. »Sie ist die Frau des Bundeskanzlers, die man aus Funk und Fernsehen kennt.« Nun, das trifft auch auf Klementine (Ariel in den Hauptwaschgang) oder auf Mauz und Hoppel zu.

Dann, kurz vor der Bescherung, greift die Frau, die man aus Funk und Fernsehen kennt, noch einmal zum Mikrophon. Ein Großteil der Kinder hält sich auf den Toiletten auf, die anderen quasseln, schmat-

zen, klappern mit den Kakaobechern und spielen zwischen den langen Tafeln Einkriege. Frau Kohl ist gewohnt, daß es leise wird, wenn sie spricht. Die Situation verwirrt sie etwas. Was folgende Formulierung auslöst: »Wir wollen doch ein bißchen ruhig sein. Dann geht die Zeit schneller vorbei.« Sie selbst hält sich wenig an diese Empfehlung. Ausschweifend erzählt sie den ungeduldigen Kindern davon, das Weihnachten ein Fest der Liebe ist, sie erinnert an Regionen der Welt, wo man nicht so schön feiern kann, sie erzählt, daß sie bei einem kurzen Rundgang die Schönheit Perlebergs kennengelernt habe, sie dankt Frau Dr. Fischer, Staatssekretär Wimmer, dessen Brust augenblicklich zu schwellen beginnt, der Firma Tengelmann und dem Luftwaffen-Musikkorps. Als der dicke Schatten neben sie tritt, ist die Konzentration der Kinder restlos hinüber. »Fast auf den Tag genau zwei Jahre ist es her, daß mein Mann, der Bundeskanzler, vor der Dresdner Frauenkirche zum ersten Mal zu DDR-Bürgern sprach.« Weitere Kinder fliehen auf die Toiletten. »Laßt mich auch daran erinnern, daß wir heute nur zusammen sein können, weil unser Vaterland vereint ist.« In einer der hinteren Reihen ist soeben eine blecherne Kakao-Kanne scheppernd vom Tisch gepurzelt. Ein Mädchen weint. »Ich wünsche, daß man auch später sagen wird: Deutschland ist ein liebenswertes Land.«

Als die Erwachsenen zu klatschen beginnen, ahnen einige Kinder, daß es gleich vorbei ist. Manche gucken jetzt hoch zu der Tante in der blauen Jacke, mit dem komischen, zusammengedrückten Gesicht. Frau Kohl läßt es genug sein. Nicht, ohne allerdings die Rute zu zücken. »Vorhin hat hier ein deutsches Mädchen ein schönes russisches Gedicht aufgesagt. Ich möchte im nächsten Jahr hören, daß die russischen Kinder auch so gut deutsch sprechen.« Die kommunalen Beamten wiehern schleimig. Doch ehe der Dolmetscher die Drohung übersetzen kann, hebt das Luftwaffen-Musik-Korps an. »Alle Jahre wieder.«

Die Ordonnanzen stürzen auf die Bühne, von hinten werden ein Weihnachtsmann und ein Väterchen Frost zu den Plastiksäcken geführt. Die Lichterketten hetzen um die Tannen, die Kinder werden aufgefordert, zur Bescherung anzutreten. Hannelore Kohl läßt sich zwischen Weihnachtsmann und Väterchen Frost fotografieren, die ersten Kinder packen ihre Plastiktüten aus. Milky Way und Donald-Duck-Figuren. Wer seine Tüte hat, verläßt fluchtartig die Stätte der Langeweile. Eine aufgeregte junge Frau hastet mit einer Videokamera vor

der Bühne auf und ab. Wahrscheinlich nimmt ihr Sohn demnächst eine Tüte von Frau Kohl in Empfang. Da muß sie schnell sein, denn das dauert nur Sekunden. Die Ordonnanzen schleppen immer mehr Kaiser's-Beutel herbei, Frau Kohl überreicht, die beiden maskierten Männer schütteln kurz die Hände. Der nächste bitte. Das Korps intoniert: »Morgen Kinder wird's was geben«. Aus einem anderen Eingang werden Tabletts mit Melitta-Kaffee-Paketen hereingetragen. Für die Eltern. Vom Westbesuch. Man weiß ja nicht so richtig, womit man denen noch eine Freude machen soll.

Als sie die Hälfte der Kinder abgearbeitet hat, gibt Hannelore Kohl auf. Sie hat noch ein Essen mit der Regimentsführung durchzustehen. Fast unbeachtet geht sie die Treppe hinunter, gefolgt vom Rattenschwanz. Die Kinder tauschen ihre Donald-Puppen, die Mütter verstauen den Kaffee, die Journalisten naschen verstohlen von den Bunte-Teller-Resten. Die Kapelle bläst »Stille Nacht«. Bei »himmlische Ruhhu …« verläßt Hannelore Kohl den Saal.

Als sie an mir vorübergeht, sieht es aus, als grinse sie nicht. Aber so im nachhinein scheint mir das absurd. Wir waren alle ein bißchen fertig.

Dezember 1991

Ich muß doch erst noch den Amazonas runterrudern
Udo Lindenberg ist crazy nach all den Jahren

»… und dann mit meinen
Rock-'n'-Roll-Komplizen
immer wieder müde Menschen wecken,
bevor wir dann in einer Manhattanbar
an unserem Durchdrehlebensstil
verrecken.«
(Flipper)

Wir kannten die Reeperbahn lange vor der Penny Lane. Wir wollten nach Jamaica, Kingston Town. Mit fünfzehn wären wir am liebsten das erste Mal von zu Hause weggerannt. Wir wollten nach London und später nach Paris. Mit Karoline auf der Maschine. Wir liebten »Cello«. Und abends in unseren Internatsbetten, während »anett« ruhig war und »sonett« still, träumten wir von der ersten Liebe, vom Radiomädchen und Nina, die kaum fünfzehn war und damit für uns durchaus in Frage gekommen wäre. Wir spitzten die schmalen Lippen spöttisch bis unter die Nase und überprüften in den Schaufenstern unseren Cowboygang. Beim Tanzen in der Disko ließen wir die Hände lockerzappelnd vor dem Bauch kreisen. Dazu hüpften wir den Udo-Shuffle. Später trugen wir Hüte. Dann kamen Westernhagen, BAP und Grönemeyer. Wir verloren uns aus den Ohren.

Ein paarmal tauchte er noch in Talkshows auf, wobei er Unsinn wie »man müßte einfach mal nach Bonn reiten und den Politoberzockern kräftig die Peitsche geben« unter der Hutkrempe rauslaufen ließ. Er ließ sich pausenfüllend durch die Glitzerkulissen der Samstagabend-Shows schieben, zeigte sich mit Egon Krenz und tauschte mit »Eh, Erich, eh« Lederjacke gegen Schalmei. Er dichtete »Gitarren statt Knarren« und hing einem zum Halse raus. Ein versoffener Clown in Lederhosen. Als er nach jahrelangen Attacken auf die DDR-Kulturfuzzies endlich den wilden Osten bespielen durfte, blieben viele seiner alten Fans, die so lange auf diesen Moment gewartet hatten, den Arenen fern. Manche von ihnen hatten Angst, den Gottvater des Deutschrock sterben zu sehen. Sie behielten »Cello« im Herzen. Und schauten dem Sonderzug hinterher.

Durch die Halle geht ein kleiner, verwahrloster Herr. Knittrige Frackschöße wehen dürren Lederbeinen hinterher. Kraftlos schlürfen die Cowboystiefel über den Marmor. Aus dem Halbschatten des Hutes quellen aschfahle dicke Lippen, die

Aufsteiger – Absteiger

nervös zucken und die Krempe ständig in Bewegung halten. Nur der Portier schaut wissend von der Gästeliste auf. Die schwatzhaften Damen zwischen den Palmenwedeln stocken nicht im Gespräch, und die grauen Wölfe an der Bar nehmen ihren Drink nicht von den Lippen. Vielleicht erkennt der eine oder andere Hotelgast den zerknitterten Mann, der da durch die Lobby des vornehmen Hotels wippt. Anmerken läßt es sich keiner. Es ist nicht schick. Udo ist schließlich nicht Lagerfeld oder Pavarotti.

Der Lottermann sagt zu mir: »Grüß dich. Ich denk, wir machen besser eine kleine Spritztour, näh.« Er spitzt den Mund, wie nur er es kann, zieht ein wenig Luft durch die bebenden Nasenflügel und trennt die trockenen, dicken Lippen schmatzend voneinander. So wie er es immer gemacht hat. Mir bricht der Schweiß aus, und ich vergesse meine Fragen. »Ist okay«, nöle ich. Noch am nächsten Tag werde ich reden wie er.

Die Crew wird mehrfach wechseln heute abend. King Udo braucht den bunten Hofstaat. Zunächst ist eine nette, rothaarige Dame vom Management dabei, die »Zacky« genannt und geduzt werden will. Ferner ein blutjunges, langbeiniges Mädchen, dem es nichts auszumachen scheint, daß sie Udos Hut-

krempe um einen halben Kopf überragt. Sie küssen sich ein wenig, bevor Udo sie mit einem »Wir sehen uns äh, äh, äh. Und viele Grüße an die Eltern« in die Nacht entläßt. Schließlich begleitet ihn Karlheinz, der so aussieht, wie er heißt. Ein fülliger, gemütlicher Herr mit Westover überm Hemd und Cordhosen, der Zigarren raucht. Er mag Ende Vierzig sein und steht dazu. Karlheinz ist Lindenbergs Hauptclaqueur für heute abend. Wann immer der Fürst einen Witz reißt, hat Karlheinz zu lachen. Er wird Bier bestellen, Kaffee holen, seinem Herrn zum Munde reden. Vor allem wird er da sein. Das ist sein Job. Lindenberg verträgt es nicht, allein zu sein.

Er lebt immer in Hotels, weil da Menschen sind. Er schreibt Lieder über das Scheißleben in sterilen Absteigen, wo es gespenstische lange, leere Flure mit vielen Türen gibt und schummrige Bars, in denen man sich einsam saufen kann. Er gibt nicht zu, daß er da sein eigenes Leben besingt. Er faselt von den Vorteilen. »Du hast hier das ganze Management, näh. Telefon, Fax und den ganzen Technokram. Sie bestellen dir die Flieger und die Taxis. Sie kümmern sich um dich. Und sie sind immer nett«, brabbelt er und winkt zur Illustration dem korrekten, altmodischen Portier zu. »Bis später, Herr Böhm.«

In der Schwingtür macht er uns den Verkleidungsgag. Udo rein, Mr. Nobody raus. Er nutzt den Drehmoment, um den Schlapphut gegen eine zerknitterte Baseballmütze einzutauschen. Er komplettiert die scheinheilige Maskerade mit einer dunklen Sonnenbrille und überlegt noch kokett: »Nehm ich zur Tarnkappe noch das Tarnbärtchen?«, läßt es dann aber. Natürlich erkennt man ihn trotzdem. Um nichts anderes geht es dem Meister. Wir nehmen den schwarzen Porsche Carrera. Da passen nur Udo, Karlheinz und ich rein. Die anderen hat Lindenberg schon per Funktelefon zu allen möglichen Plätzen der Stadt beordert, die wir später aufsuchen werden. Karlheinz rutscht ein wenig vor, um mir das Leben auf dem Notsitz zu erleichtern. Nachher gesteht er, immer ein wenig Angst zu haben, wenn Udo fährt.

Er fährt halt, wie er singt. Etwas holprig und ruppig. Vor allem noch nicht lange. »Weil, früher ging es nicht, wegen der Dröhnung.« Wir ruckeln über den Kudamm auf der Suche nach einer Currywurstbude, weil Udo »irgendwie totalen Hunger« hat. Er glaubt, sich an die berühmteste Currywurstbude Deutschlands erinnern zu können, die hier irgendwo sein muß. Und auch Karlheinz glaubt das. Wir finden sie nicht. Später ist sich Lindenberg sicher, daß sie sie abgerissen haben inzwischen. Karlheinz ist sich jetzt ebenfalls sicher. Lindenberg ist der alte Mann, der uns zeigen will, daß er sich auskennt, und feststellen muß, daß alles ganz anders geworden ist inzwischen. Wie Silberhaar Paul Newman, der mit Tom Cruise und Gespielin in »colour of the money« einen der berühmtesten Billardsäle der Gegend aufreißt, ohne zu wissen, daß daraus mittlerweile eine Fabrikhalle geworden ist.

Später nimmt Udo in einer Seitenstraße drei Currywürste, »weil die, äh, echt geilo schmecken«, und wählt dazu einen Kaffee. Es ist kalt und windig, hinter uns flattert die Plane eines Baugerüsts, niemand kommt hier vorbei, und der türkische Würstchenverkäufer kennt keinen Lindenberg. Der schwarze Porsche parkt in der zweiten Reihe, Udo hat die Warnblinkanlage eingeschaltet und guckt kauend und fröstelnd ab und zu, ob das gute Stück nicht stört. Der besorgte Panikrocker. Um nicht völlig spießig zu wirken, entleert er wenigstens die Kaffeeblase gleich neben dem Baugerüst.

Wir kurven noch ein bißchen durch Honeckers Vorzeigeteile Ostberlins. Lindenberg erzählt, daß er starre Mauern einreißen wollte. Deswegen habe er den Dialog mit

Honi gesucht, der natürlich nicht so ernst, eher eine »Schmonzette« gewesen sei. »Oder sagen wir Tragikomödie.« Natürlich konnte er nie ahnen, daß ihm die Sache mal irgendwann aufs Bein fallen würde. Genausowenig wie Kohl, Waigel und all die anderen, die den greisen Repräsentanten einst hofierten. Lindenberg hat sich eine Antwort auf die dickletternen Vorwürfe der Boulevardpresse und die geschliffenen Spitzfindigkeiten des »Spiegel« einfallen lassen, die nicht bescheiden ausfällt. »Es war irgendwie ja auch eine Art Beitrag zur Deutschlandpolitik. Brandt hat seins gemacht, ich meins.«

Ich schlucke das, Karlheinz sowieso. Wieder einmal verschaltet sich der Barde gehörig, die PS dröhnen, und Karlheinz klammert am Türgriff. Wir reden über die neue Platte. Gustav heißt sie, wie sein Vater. »Äh, ich denk, es ist die fünfunddreißigste, oder so.« Politische Botschaften flossen ihm diesmal nicht aus dem Hirn. »Aber auf der letzten«, trotzt Lindenberg, »hatte ich was zur Ausländerfeindlichkeit, glaub ich.« Für die Kids aus den neuen Ländern fällt ihm nicht mehr ein als »Es ist bestimmt nicht einfach jetzt, aber ich denke, man sollte nach vorn sehen«. Er weiß nicht mehr, was läuft. Er kennt die Nachtadressen der Ostszene, das schon.

Die Tage kennt er nicht, die sind zum Schlafen da. Die Welt ist die Piste und das Hotelzimmer. Da werden die Songthemen mit der Zeit knapp. Grönemeyer schreibt schon Lieder darüber, wie ein Videoclip gedreht wird, und Lindenberg grübelt auf der Karl-Liebknecht-Straße: »Was über Schwule müßte man wieder mal machen. Ja, das ist ein heißes Thema, immer noch.« Vielleicht auf der nächsten Platte. Auf dieser hat er wieder was zum Thema Sex mit kleinen Mädchen. Hatte er auch schon ein paar Mal. Diesmal heißt es »Lolita«. Es ist so gut wie Nina. Besser nicht.

»Dabbendadabdei«, dudelt Udo, während wir wieder auf den Westen zurollen. »Dabbendadabdei«. Die Fans mögen ihn so. Glaubt er. »Eine spezielle Fangruppe habe ich nicht«, murmelt er, »ich würde mal sagen, meine Anhänger haben eins gemein. Einen auserlesenen Geschmack.« Uah, uah. Der Witzbold dreht sich kurz zu Karlheinz um. Der wiehert ausgelassen, es ist gut. Udo hält seinen Narren bei Laune. Die Konkurrenz findet er soweit in Ordnung. »Mit den Hosen versteh ich mich prima. Ab und zu geh ich zu Herbert, und sag ihm, er soll singen und nicht bellen. Tja, und Peter dreh ich gelegentlich an der Warze.« »An der Warze, ha, ha, an der Warze«, blökt Karlheinz. Nachdem Udo uns

Aufsteiger – Absteiger

aufgeklärt hat, wie das Spiel mit den Stars in der Boulevard-, Nachrichtenmagazin- und Zeitgeistpresse funktioniert, muß er wieder den widerspenstigen Anarcho-Kasper raushängen lassen. »Sie wollen einen neuen deutschen Rattenpapst haben. Okay. Ich bin sehr freizügig bei der Vergabe von Kardinalslizenzen.« Irgendwann hat Lindenberg den Kampf zwischen der Kultfigur, die pausenlos Wortschöpfungen absondert, und dem normal sprechenden Privatmenschen aufgegeben. Wenn er überhaupt jemals gekämpft hat. Die Lichtmasten werfen in ihren Abständen weiße Schauer durch die getönte Frontscheibe. Einmal dreht sich Lindenberg mitten in einem Lichtstoß zu Karlheinz um und lacht über einen seiner Witze. Da sieht er aus wie eine alte Frau.

In der Lobby wartet Frischfleisch. Zwei neue langbeinige Mädchen, von denen eine Birgit heißt. Dazu der zarte Gitarrist des Panikorchesters. Lindenberg hantiert noch kurz am Funktelefon, um der neuen Mannschaft mitzuteilen, daß die Ulla später noch nachkommen wird. Die Ulla ist Ulla Meinecke. Diesmal nimmt man aus Platzgründen einen Benz, den Birgit steuern wird. Karlheinz atmet auf. In der Oranienburger Straße gibt es ein Hinterhofvarieté, das »ganz geil« sein soll.

Vorher ziehen wir noch Kaffee an der Hotelbar, bis der Meister plötzlich aufspringt und losrennt. Der Staat folgt halbvolle Tassen zurücklassend.

Lindenberg gibt sich keine Mühe mehr mit der Tarnung. Lässig genießt er das erkennende Blitzen in den Augen des Varieté-Einlassers. Na bitte. Udo legt sich in die letzte Stuhlreihe des halbvollen Saales. Gelangweilt beobachtet er das Treiben der Schauspieler. Karlheinz schleppt Getränke ran, für Udo ein alkoholfreies Bier. Das Programm ist wirklich komisch. Teilweise gibt sogar Lindenberg den zynischen Lippenschlag auf und verfällt in ein schrilles meckerndes Lachen. Für das Szenepublikum ist Lindenberg aus Luft. Es ist nicht cool hier, aufgeregt zu sein, wenn ein Star zugegen ist. Schon gar nicht bei jemandem, der Schunkelsachen singt wie den »Club der Millionäre«. Sie erkennen höchstens Tom Waits. Wenn überhaupt.

Lindenberg trinkt dieses ekelhafte alkoholfreie Bier, man sieht, daß er es ekelhaft findet, und er raucht nicht. Wir reden übers Sterben. Er hat nicht Freddy Mercurys Probleme, jedenfalls nicht im Detail, dann schon eher die von Kinski. Aber so alt ist er noch nicht. »Ich hab einen Warnschuß gekriegt«, näselt er, »da leb ich jetzt halt ein bißchen fitter.« Er sieht verdammt noch mal nicht so aus. Sein Gesicht ist aus Käsetorte gemacht, hinten baumeln ein paar strohige Haarfransen aus der Mütze, sein Lachen wirkt zahnlos, überm Lederhosenbund drängt der Bauchspeck gegen den Knitterfrack, und ständig jagt ein nervöses Zucken durch seine Züge. Der Mützenschirm zittert wie unterm Elektroschock. Immer noch favorisiert er den Falltod vom Barhocker. »Manhattan, das wär's schon.« Dann sagt er doch noch was Überraschendes. »Mann, ich tu doch nur so cool, verstehst du. Wer redet schon gern übers Sterben.«

Für ein paar Minuten können wir uns normal unterhalten. Niemand hört zu. Er erzählt von seiner Heimatstadt Gronau, einem kleinen Nest in Westfalen. Einmal im Jahr fährt er dorthin. Nachts, wenn die Nachbarn schlafen, streicht er durch seine Kindheit. Er redet von seinem Vater Gustav, dem er seine jüngste Platte gewidmet hat, »weil er für die Generation steht, die nie die Chance hatte, auszubrechen und Detektiv zu spielen«. Gustav sei die verhinderte Konsequenz. »Nie wieder stilles banges Hoffen«, singt Udo, »nie wieder warten stumm und klein.«

Die Eitelkeit killt die Ehrlichkeit. Er ist wieder der Rattenpapst und Oberguru. »Das Geile an mir«, tätschelt er sich, »ist ein Image, das mir praktisch alles erlaubt. Ich brauche

meine Kohle nicht zu verstecken wie andere. Im Gegensatz zu mir darf Grönemeyer keinen goldenen Rolls Royce fahren.«

Lindenberg ist eine Legende, der selbst Schrottsongs nichts anhaben können. Andrea Doria und den Sizilianischen Werwolf kann ihm niemand mehr nehmen. Er wird immer der Bob Beamon des Deutschrock bleiben. »Gustav« ist keine geniale Platte, aber eine gute. Es sind traurige Lieder drauf über Frauen, ferne Reisen, das Saufen und die Einsamkeit. Augsteins Musikredakteure kotzen vom Olymp auf den Krautrocker. Sie können ihm nichts anhaben. Sie werden immer verlogen bleiben. Und Lindenberg immer ehrlich. Er lebt, was er singt. Er sieht aus, wie er lebt. Wenn es ihn dann erwischt, sollte es schon Manhattan sein. Nicht die Intensivstation.

Bevor die Vorhänge fallen, schnippt Lindenberg seinen Clan zum Aufbruch. Birgit muß nach Hause, es werden andere Mädchen da sein, später. Die Nacht fängt erst an. Es ist kurz vor zwölf. Man kann nicht ewig Kaffee und Clausthaler trinken. Lindenberg muß weiter. Er wird jünger, je näher die Nacht kommt. Wir stehen uns auf der finsteren Oranienburger Straße gegenüber. Ich muß an eine Zeile aus dem Flipperlied denken. »Ich muß doch erst noch den Amazonas run-

terrudern.« Udo steigt zu den
kichernden Damen in den Mercedes.
Er hat mir nichts mehr zu sagen.
Vielleicht sind wir einfach zu alt geworden.

Dezember 1991

Der Schnapsbrenner tanzte
auf allen Revolutionen
Über Schilkin, der sich ständig
drehte und dabei nie zum
Wendehals wurde

»Es ist ja in allen Systemen so gewesen,
daß man von der Hoffnungslosigkeit sei-
nes Tuns überzeugt war und trotzdem
munter weitergemacht hat.«
(Sergej Schilkin, 1992)

Nun, es verhält sich mit dem Wodka
nicht viel anders als mit anderen
Köstlichkeiten, deren Rezeptur niemand verraten will. Die Wahrheit
ist, es gibt kein Geheimnis. Wodka
ist Wodka. Man filtert Äthanol, das
man zuvor aus Getreide oder Kartof-
feln gewonnen hat, über Aktivkohle,
bis der stechende Fuselgeschmack
verflogen ist. Wodka muß neutral
schmecken. Rein und mild. Das ist
alles. Den Rest bilden sich die Trinker ein, weil man einen Grashalm in
ihre Flasche getan hat oder weil
ihnen das Etikett so gut gefällt. Oder
sie lassen sich von einer Geschichte
einlullen, die die Schnapsbrenner zu
ihrem Wodka erzählen. Die besten
Geschichten sind die, die sich ganz
nah um die Wirklichkeit ranken und
sie ab und zu streifen.

Apollon Federowitsch machte
sich Sorgen. Diese Bolschewiki! Und
Serjoscha, sein Jüngster, wollte nicht
mehr essen. Eigentlich kein Wunder,
jetzt, da nur noch Salzfisch und Lin-
sen auf den Tisch kamen. Apollon
hatte mit Natalja, seiner Frau, schon
mehrfach darüber beraten, weg-
zugehen aus St. Petersburg. Er hatte
ein beruhigendes Auslandsgut-
haben auf einer Londoner Bank und
eine Adresse in Nizza, wo sie unter-
kommen konnten. Beides hatte er
vor vier Jahren organisiert, kurz bevor sie den Zaren gestürzt hatten,
diese Vandalen. Doch seine Frau, Natalja, sie war Russin. Moskowiterin
zwar, aber Russin. Er kriegte sie nicht
mit dem Zaren rum, aber mit Serjoscha, dem Söhnchen, konnte er sie
packen. Serjoscha fiel zunehmend
vom Fleische. Die Versorgungslage
war schlecht in St. Petersburg. So
kam es, daß die Familie im Frühling
1921 ihre Koffer packte, um das un-
wirtliche Rußland zu verlassen.
Apollon Federowitsch, Natalja, Wa-
dim Apollonowitsch, der andere
Sohn, sowie Sergej, der nicht mehr
essen wollte. Sergej war der einzige,
der viel später noch einmal zurückkommen sollte. Der Rest der Familie
Schilkin sah Rußland nie wieder.

»Mein Vater war anerkannter Wod-
kalieferant des Zaren«, lächelt der

Geschichtenerzähler. Die milchigen dicken Brillengläser des 76jährigen Mannes schotten seine Augen weitgehend von prüfenden Blicken ab. Sie sehen groß aus und ruhig, sie verraten nichts vom Wahrheitsgehalt der Wodkageschichte. Sergej Schilkin, Serjoscha, ist alt geworden. Er brennt seit Jahrzehnten Schnaps in Berlin-Kaulsdorf. Er hat den Sozialismus überstanden und geht die Marktwirtschaft an. Dazu braucht er die alten Geschichten. »Als der Zar verjagt war, ging unser Wodkageschäft in St. Petersburg den Bach runter. Doch mein Vater hatte das Rezept. Das Rezept des Zarenwodkas. Als wir 1921 aus Rußland flohen, nahmen wir es mit. Ich höchstpersönlich schmuggelte es in meinem Kinderrucksack über die Grenze. »Schilkin war damals fünf Jahre alt. Er gibt vor, sich an alles haargenau erinnern zu können. An die Zarenzeit, die Große Sozialistische Oktoberrevolution und an die Flucht. »Es war im April«, sagt Schilkin, »die Wiesen waren grün, und die Birken blühten, diese russischen Birken.«

Apollon Schilkin hatte der Familie schwedische Pässe besorgt. Sie fuhren mit dem Zug nach Reval, das heute Tallinn heißt, setzten dann mit dem Schiff nach Riga über, bevor sie der Schnellzug nach Berlin brachte, von wo aus sie nach Nizza weiterreisen wollten. Doch in Berlin fragte ein Freund der Familie plötzlich: »Was, in Gottes Namen, willst du in Nizza, Apollon Federowitsch?« Der alte Schilkin wußte keine Antwort. Man kaufte ein schönes großes Haus in Karlshorst, in dessen Wohnzimmer Apollon ein Ölporträt von Nikolai II. hängte, dem letzten russischen Zaren. Sie hielten sich von den Russen fern und wurden deutsche Staatsbürger. Die Kinder lernten an Berliner Schulen, und 1932 wurde in Berlin-Kaulsdorf die A & N Schilkin Likörfabrik gegründet. A für Apollon und N für Natalja.

»Dima, mein Bruder, sollte die Firma später übernehmen, ich sollte Naturwissenschaften studieren und Gesellschafter des Unternehmens werden. So hatte es mein Vater geplant, und so wurde es gemacht«, grinst Schilkin, sich bewußt, daß die Geschichte selbst dem energischsten russischen Familienvater zuweilen in die Parade fährt.

Schilkin kreuzt zufrieden die Arme über der Brust, so daß sich sein etwas enges, lindgrünes Jackett nach oben schiebt, wo es nur nutzlose Beulen bildet. Hinter ihnen hat der Geschäftsführer Schilkin in einer häßlichen dunklen Schrankwand aufgebaut, was sein Unternehmen dem Konkurrenzkampf entgegenhalten soll. Buntbeklebte Flaschen verschiedener Formen und Größen, die mit Blaubeerlikör, Curaçao Blue und Red, mit Korn, Klarem, Kirsch, Rumverschnitt und Weinbrand gefüllt sind. Billigware. Im Augenblick scheint das die einzige Überlebenschance zu sein, da keine der großen Handelsketten einsehen will, daß aus dem billigen Osten nun unbedingt hochwertiger, teurer Schnaps kommen muß.

Der vorzüglich schlechte »Goldbrand«, früher hierzulande auch als »Vierzehnfuffzich« bekannt, wird auch schon für 7,35 Mark vor die Säue geworfen. Das wurmt den alten Geschichtenerzähler.

Ganz oben im Regal trotzt seine Hoffnung. Sie ist in eine patentierte Doppelzwiebelturmflasche gehüllt und heißt »Serschin Wodka Silber«. Schilkin will sie zu einem Markenprodukt aufbauen. Er hat einen Werbespot produzieren lassen, der in dem Ausruf gipfelt: Es lebe der Zar! Und auf dem Rücken der Zwiebelturmflasche ist zu lesen: »Die Schilkin KG hatte ihren Ursprung im zaristischen St. Petersburg …« Das hätte Apollon getröstet.

Der alte Schilkin starb 1944. Dima, der eigentlich die Firma übernehmen sollte, fiel am letzten Kriegstag in Berlin. Sergej überlebte den Krieg im Reichsforschungsrat für spezielle

Aufgaben. Als ausgezeichneter Schweißspezialist sollte er mithelfen, die Wunderwaffe der Nazis fertigzustellen. Davon hat Schilkin den Russen wenig später natürlich nichts erzählt. Schließlich wollte er von ihnen Sprit zugeteilt bekommen, um die Kaulsdorfer Likörfabrik, die er nun notgedrungen leiten mußte, nach Kriegsende wieder in Gang zu kriegen. Er bekam ihn. Nicht nur das, er bekam ihn als erster Spirituosenfabrikant im Osten Berlins überhaupt. Weiß der Teufel, wie er das hinbekommen hat. Jedenfalls wurde in Kaulsdorf wieder Schnaps gebrannt, der damals neben Zigaretten als stabilste Währung galt. Schilkin erschloß sich über seine Produkte das Wohlwollen aller wichtigen Leute der Stadt.

»Es lief fast zu gut, um wahr zu sein«, freut sich der Erzähler und prüft kurz den Sitz seiner rotgeäderten Nase. Sie scheint in Ordnung zu sein. Schilkin liebt den Wodka. »Es gibt nichts Schöneres als den leichten, reinen Alkoholgeschmack, der über dem Wodka liegt«, sagt er. Er liebt die Trinkgewohnheiten der Russen. Hundert Gramm gehen in ein Glas, und das ist gut so.

Im Betrieb wird nie getrunken. Das hielt zu DDR-Zeiten die Funktionäre fern und die Disziplin zusammen. Wer bei Schilkin trinkt, fliegt. Das galt damals und gilt heute. Nur daß heute auch fliegt, wer nicht trinkt. Von 180 Mitarbeitern auf 80 hat Schilkin die Belegschaft verkleinert. Es waren viele Leute dabei, die dem Betrieb jahrelang die Treue gehalten hatten. »Anders«, sagt der alte Schnapsbrenner, »geht es nicht. Wir haben jetzt Marktwirtschaft und nicht mehr Sozialismus. Und wir wollen überleben. Ich bin jetzt eben Kapitalist.« Er lächelt. Schilkin ist ein Mensch, der mit Übeln zu leben gelernt hat. Er hat seinen Humor dabei nicht verloren und auch nicht sein Herz. Jetzt ist er eben Kapitalist. Und er versucht, auch da so gut wie möglich zu sein.

1958 hatte Schilkin seinen letzten Fluchtversuch. Weil er sich weigerte, eine staatliche Beteiligung an seinem Familienbetrieb zuzulassen, kamen die Herren von der Steuerprüfung. 250 000 Mark, erklärten sie, betrage seine Steuerschuld. Eine unbezahlbare Summe. Doch kurz bevor sich die Familie Schilkin mit ihren Koffern in die S-Bahn nach West-Berlin setzte, klingelte das Telefon. Oberbürgermeister Ebert lud Sergej Schilkin zum Gespräch ins Rote Rathaus. Er bot Schilkin an, ihm die Viertelmillion zu erlassen, um sie, und dies war der Haken, als staatliche Einlage im Betrieb zu deponieren. »Das ist doch ungerecht!« explodierte Schilkin ein letztes Mal.

»Aber junger Freund. Wir beide werden hier doch nicht über Gerechtigkeit reden«, erwiderte Ebert leise und versprach, den Betrieb künftig großzügig zu fördern. Als Schilkin das Rathaus verließ, besaß er noch 15 Prozent seines Betriebes. Das Verblüffende daran ist, Schilkin ging zufrieden.

»Unterhalten sich zwei Russen in der Zeit der Perestroika«, beginnt Schilkin einen Witz. »›Lies mal dieses Buch von dem Amerikaner hier. Es ist über Management‹, sagt der eine. Nach zwei Wochen gibt ihm der andere das Buch zurück und sagt: ›Die haben doch alles bei uns abgekupfert.‹« Schilkin könnte sich immer wieder über diese Geschichte totlachen. Er erzählt sie in der Regel, um zu begründen, daß er keine Probleme mit dem Management hat, weil sich sein Leitungsstil als Direktor eines DDR-Betriebes nicht wesentlich von dem unterscheiden muß, den er jetzt pflegt. Das stimmt zwar nicht, aber seine Mär von dem unabhängigen Schilkin ist amüsant. Vor allem ist sie nicht so bösartig beckmesserisch wie die vielen Unschuldigen-Geschichten, die man zur Zeit so zu hören bekommt. »Natürlich hatten wir einen Parteisekretär«, grinst Schilkin. »Ich hab ihn sogar in die Kreisleitung geschickt, damit wir immer wußten, was die

Genossen vorhaben. Außerdem war der nicht so ein Mottenscheißer. Der war Parteisekretär und ein fähiger Mann. Der macht heute bei mir den Absatzdirektor.«

Schilkin hat sich die Illusion bewahrt, die Dinge zu jeder Zeit in der Hand behalten zu haben. Sie wollten ihn als Unternehmer immer gern für die Handwerkerpartei LDPD gewinnen. Den Werbern der Blockpartei hielt er standhaft entgegen: »Für mich gibt es nur eine Partei. Die SED.« Die Genossen aber kamen nicht auf den Gedanken, den Kaulsdorfer Quasi-Kapitalisten auch nur zu fragen, ob er ihr Kandidat werden wolle. So blieb Schilkin, das Schlitzohr, parteilos, ohne anzuecken. Ein wenig in der Hand hatte er die Dinge wohl schon.

1972 war es, als die Leninschen Prinzipien endgültig griffen. Das jedenfalls teilte man Sergej Schilkin und fünf anderen Herren mit, die größeren Kommanditgesellschaften in Ost-Berlin vorstanden. Sie mußten nun auch die letzten Privateigentumsprozente an den Staat abtreten. Schilkin willigte ein. Nicht ohne ein Eigenheim und einen Intershop-Fiat herausgehandelt zu haben. Es gab den »Vaterländischen« in Bronze, und das Direktorengehalt beim VEB war ebenso hoch wie die monatliche »Gewinnbeteiligung«, die er zuvor erhalten hatte.

»Es ist ganz komisch mit diesen Schicksalsschlägen. Zunächst haben sie mich immer ein bißchen getroffen. Doch wenn es vorbei war, hatte ich gewissermaßen ein Gefühl der Befriedigung«, wundert sich Schilkin heute.

Als er zur Ordensverleihung nach vorne gerufen wurde, geriet Erich Honecker, der in der ersten Reihe saß, völlig aus dem Häuschen. »Der klatschte so, als würde er den Orden bekommen und nicht ich. Na klar, der Genosse Honecker kannte mich ja. Schließlich stand unser Serschin Wodka bei den Empfängen immer mit auf dem Tisch.« Schilkin baute sein Haus, fuhr seinen vergleichsweise luxuriösen Wagen und machte weiter wie bisher, nur daß er jetzt jeden Morgen in einen volkseigenen Betrieb ging. Er erfüllte die Pläne vorbildlich, was in den Zeitungen selten erwähnt wurde, weil übererfüllte Schnapspläne auf ein Volk von Säufern hätten hinweisen können. Und 1980 ließ er sich um keinen Preis dazu überreden weiterzuarbeiten. »Der Betrieb war mir wurscht.« Schilkin wurde Rentner.

Es ist an der Zeit, daß andere an der Geschichte mitspinnen. Gerhard Timm zum Beispiel, der seinerzeit den grandiosen Partyknaller »Timm's Saurer« kreierte und heute

Aufsteiger – Absteiger

ein Geschäftsführer der Schilkin KG ist. Timm hat nicht das Fabuliertalent seines Chefs. Er sieht auch die Sache mit dem Zarenrezept etwas nüchterner. »Eine kleine Geschichte« nennt er die abenteuerliche Flucht. Schilkin ist für ihn »eine starke Persönlichkeit, die vor Ideen nur so überschäumt und die Energie hat, sie auch umzusetzen«. Ist er beliebt in seinem Betrieb? »Beliebt?« fragt sich Timm und antwortet: »Geachtet!« Sie haben kein freundschaftliches Verhältnis. Schilkin hat immer Distanz gewahrt und muß auch manchen Wutanfall bekommen haben, damals, als er noch jünger war. Nur einmal bekommt Timm Wärme in die Stimme. Schilkins liebsten Trinkspruch mag auch er. Es ist ein russischer. »Man muß so trinken, wie man einen Ofen heizt. Kräftig anheizen und dann nachlegen.«

Es gibt auch Waltraud Miegel, Anlagenfahrerin in der Schnapsfabrik. Eine blonde, rotwangige und etwas korpulente Frau mit kräftigen, blanken Händen. Sie weiß den Tag, als sie hier angefangen hat, noch ganz genau. Es war der 7. April 1959. Sie glaubt, auch Schilkins Seele zu kennen. Frau Miegel kann nichts Schlechtes über ihn sagen. »Er hat mich immer Trautchen genannt.« Schilkin ist der Mann, der sie immer Trautchen genannt hat. Das bleibt

nach 33 Jahren. Vielleicht wird Schilkin kein so schlechter Kapitalist.

Schilkin kannte die beiden Männer vom Wirtschaftsrat, die im Frühjahr 1990 vor seiner Tür standen. Sie hatten ihm 1972 erklärt, daß sein Betrieb nunmehr VEB sei. Wegen Lenin. Die beiden drängten den alten Schilkin nun, seine Firma zurückzunehmen. Schilkin dachte nach, denn er war alt geworden. Den Ausschlag gaben schließlich die Schweizer Immobilienhaie und der Westberliner Holzhändler, die bei ihm aufkreuzten, um ihm das Kaulsdorfer Grundstück abzuschwatzen. Niemand von ihnen war an der Spirituosenfabrik interessiert, die auf dem Gelände steht. Die Fabrik, die Apollon Federowitsch Schilkin gegründet hatte. Schilkin dachte an St. Petersburg, an den Zaren und die Zwiebelturmflasche. Am 1. Juli 1990 stand er wieder vor der Tür.

»Das ist er.« Schilkin zeigt aufgeregt auf einen etwas verschüchtert wirkenden, gutgekleideten Herrn mit Halbschalenbrille. Er heißt Peter Mier, ist mit einer Tochter Sergej Schilkins verheiratet und wird von seinem Schwiegervater als »Topmanager aus Stuttgart« vorgestellt. Mier ist die Sache etwas unheimlich, weiß er doch, daß er eigentlich nur Personalchef einer Betonpumpenbude im Schwäbischen ist. Aber Schilkin ist bereits im Gange. Er redet, als wolle er mir Herrn Mier ver- kaufen. Der Schwiegersohn ordnet nervös die Krawatte überm Streifen- hemd und spielt mit der Brille. Schil- kin hat wieder lindgrüne Beulen auf der Schulter. Er mag diesen Anzug wie seinen karierten Hut. Mier wird die Schilkin KG ab August überneh- men. Sein Schwiegervater aber wird sein Büro keineswegs räumen. »Ich werde dem Jungen mit Rat und Tat zur Seite stehen. Ich kann ihn doch jetzt nicht hängenlassen.« Peter Mier wirkt nicht unbedingt erleich- tert.

Vor zwei Wochen hat Schilkin seine Geschichte rund gemacht. Er war in St. Petersburg, hat sich sein Geburtshaus angeschaut und gestaunt. Eine Riesenlobby, Dienst- botenzimmer und eine breite Mar- mortreppe, alles wo was. Acht Fami- lien wohnen jetzt in dem Haus, in dem damals nur er, Dima, Natalja und Apollon gelebt hatten. Doch deshalb war er nicht da. Schilkin wird gemeinsam mit russischen Spezialisten eine Firma gründen. Sie wird »Schilkin KG Berlin–St. Peters- burg GmbH« heißen und irgend- wann echten russischen Wodka pro- duzieren. »Zarenwodka« wird das sein. Den Namen hat sich Schilkin bereits Anfang vorigen Jahres inter- national sichern lassen. Es lebe der Zar! Geschäftsführer Timm hat etwas Bauchschmerzen wegen der

schnellen ideologischen Sprünge. Schilkin nicht. Vor dem Gelände sei- ner Kaulsdorfer Fabrik wehen be- reits drei Fahnen. Eine weiße, eine blaue, eine rote. Es sind die Farben des Zaren.

Eine Anekdote hat Schilkin noch. »Die Petersburger Kollegen haben mir immer zugehört, genickt und manchmal haben sie gesagt: ›Da müssen wir den Lensow fragen.‹ Ich habe sie gefragt, was denn das für ein wichtiger Mann sei, dieser Len- sow. Da haben sie gelacht und ge- sagt: ›Na, der Leningrader Sowjet.‹« Schilkin hat mitgelacht. Er kennt das ja.

März 1991

Die Waffe im Klassenkampf hat keinen Schuß mehr
Karl-Eduard von Schnitzler hockt immer noch im Schützengraben und beobachtet den Feind

»Bist du verrückt geworden. Die sollen ruhig sehen, was da alles für Leute zu uns rüberkommen.«
(Walter Ulbricht auf Schnitzlers Bitte, das »von« aus seinem Namen zu tilgen)

Wir wollen nicht gleich mit der Tür ins Haus fallen. Also stellen Sie sich erst mal Hans Moser am Montag abend vor. Oder Theo Lingen, Grethe Weiser, Hans Albers und wie sie alle hießen. Das ginge noch, nicht wahr? Schließlich traten die jahrelang allmontäglich im DDR-Fernsehen auf. Sind Sie soweit? Jetzt wird es etwas komplizierter.

Sie hören die deutsche Nationalhymne, etwas verfremdet, schließlich tanzen die Logos von ARD und ZDF um einen düsteren Antennenwald, bevor sich im grellen Mißton der Bundesadler auf dem Häuserdach niederläßt. Dann folgt ein kurzes Einspiel aus »Report«, »Monitor«, »heute« und den »Tagesthemen«, mit dem Untertitel »Bild und Ton: BRD-Fernsehen« versehen, und schließlich schaut ein älterer, etwas verbissen wirkender Herr auf und schüttelt nachsichtig den Kopf. Er hat faustdicke Brillengläser vor

den Augen und ein kleines, ovales Abzeichen am Revers, links, wo das Herz schlägt. Stellen Sie sich also vor, Sie sähen am nächsten Montag den »Schwarzen Kanal«. Von und mit Karl-Eduard von Schnitzler. Lesen Sie weiter, bevor Sie anfangen zu schreien.

Schnitzler würde über wachsende Arbeitslosenzahlen wettern, er würde die Versprechen des Bundeskanzlers einklagen, er würde den aufziehenden Rechtsradikalismus anprangern, die zunehmende Gewalt auf ostdeutschen Straßen beklagen, er würde die Ohnmacht der neuen Regierungschefs meckernd belachen und mit Wendehälsen wie Schabowski, Krenz und Mittag schonungslos abrechnen. Kurz, er würde den meisten aus dem Herzen sprechen.

Es dauert ein wenig, bis er so richtig begreift, daß sich jegliche Macht aus ihm verflüchtigt hat. Schnitzler ist auf dem besten Wege dazu. Nur ab und an schlägt tief aus seinem Innern, wahrscheinlich von dort, wo der gepeinigte Magen liegt, ein Rest schmerzhaften Machtbedürfnisses nach oben, dorthin, wo das Gehirn sitzt. Und weil das Gehirn schon altersschwach ist, erkämpft der Magen einige klägliche Siege. »Sie sitzen da, ich hier«, kommandiert der Rentner und pflanzt sich in einen Ledersessel. Ich nehme, wie befohlen, auf der gegenüberliegenden Sitzgelegenheit Platz. Von hier aus hat man einen guten Blick in den gepflegten Garten, der hinter dem Einfamilienhaus der von Schnitzlers liegt. Das Terrassenfenster ist die einzige Lichtquelle in dem abgedunkelten, geräumigen Wohnzimmer. Eben davor thront die Silhouette des alten Mannes. »Ich will meinem Gesprächspartner ins Gesicht sehen können«, erörtert Schnitzler dem fürwitzigen Fotografen, der Bedenken wegen des Gegenlichtes geäußert hatte. Seine Brillengläser blitzen schadenfroh. Er ist der Hausherr.

Es läßt sich ahnen, wie er damals die Adlershofer Flure abgeschritten hat. Der kranke Rücken leicht gebeugt, aber von der Gewißheit gestützt, *der* Chefkommentator des DDR-Fernsehens zu sein, vom Feind gehaßt und vom Freund bewundert zu werden. Die Schritte setzte er sorgsam, niemals hektisch. So wie es alte, erfahrene Leute tun, denen das Leben nicht mehr allzu viele Überraschungen bereiten kann. Mit ein paar gebieterischen Handbewegungen konnte der Meister sich verständlich machen. Schnitzler mußte nicht schreien. Er wäre so gern der alte, große Journalist gewesen. Er hat wohl auch lange daran geglaubt, es zu sein. Wenn er über Peter von Zahn redet, »der bei mir das Sprechen gelernt hat«, über

Adenauer oder die BBC, weht immer noch ein wenig weltmännische Luft des Unvergänglichen um sein Greisenhaupt. In diesen Augenblicken vergißt nicht nur er, daß er lediglich ein Parteiarbeiter war.

Das Jahr 1933 hatte einschneidende Wirkungen für den DDR-Fernsehzuschauer. Auch, weil Karl-Eduard von Schnitzler beschloß, seiner adligen und wohlhabenden Familie am Rhein den Rücken zu kehren. Schnitzler brach sein Medizinstudium ab, weil er sich weigerte, dem faschistischen Studentenbund beizutreten, er leistete Widerstandsarbeit, rettete einigen Verfolgten das Leben, mußte an die Front und später in ein Strafbataillon, aus dem er sich in die Arme der alliierten Truppen rettete. Er sprach über die BBC zu deutschen Soldaten und kehrte später in seine rheinische Heimat zurück, um dort als Journalist zu arbeiten. Im Januar 1946 beteiligte er sich an der Gründung des Nordwestdeutschen Rundfunks in Köln. Dort kletterte er, er flog geradezu, die Karriereleiter hoch. 1947 war er Politikchef und stellvertretender Intendant. Durchaus lobenswert. Bis dahin.

»So, Zigarre«, befiehlt Schnitzler, diesmal nur sich selbst. Er wühlt fahrig in einer Holzkiste, bevor er ihr einen daumendicken Stumpen entnimmt, den er sich zwischen die Lippen stemmt und umständlich ansteckt. Aufmerksam belauert er derweil, wie ich mein Diktiergerät aus der Tasche krame, um in dem Augenblick, da ich es einschalte, die Zigarre aus dem Mund zu nehmen und mir leicht röchelnd mitzuteilen: »Jetzt noch nicht, junger Mann. Dies ist hier ein Vorgespräch.« Im weiteren Verlauf des Vorgespräches erörtert Schnitzler, daß er nicht erwartet, nicht in die Pfanne gehauen zu werden. »Ich kann kaum annehmen, daß heutzutage irgend jemand schnitzlerfreundlich ist.« Dann gibt

er zu erkennen, daß das Vorgespräch beendet ist, indem er *sein* Diktiergerät einschaltet. Wenn er schon in die Pfanne gehauen wird, dann aber korrekt bitteschön. Das hat seinen Zweck. Zumindest für ihn.

»Ich vertraue auf die Kraft meiner Argumente«, erzählt Schnitzler. Deswegen habe er dem Film zugestimmt, den die ARD ausstrahlte. Deswegen rede er mit mir. Immerhin bin auch ich letztlich nur ein Abgesandter des Medienimperialisten. »War es jetzt Lenin oder Marx. Ich weiß nicht«, grummelt Schnitzler in Altmännerart, »iss ja auch egal. Einer von denen hat jedenfalls gesagt: Du mußt jede Tribüne nutzen. Auch die des Feindes.« So übergibt sich denn Schnitzler dem Feindsender, dessen Beiträge er noch unlängst allwöchentlich zerpflückte. Er tut es in dem Glauben, anderen Klassenkämpfern, die wie er im Schützengraben hockengeblieben sind, Signale zu übermitteln. Hallo, ich bin noch da, und ich bin standhaft. Haltet durch, Genossen!

Noch 1947 übersiedelte Schnitzler vom Feindes- ins Freundesland. Er war der Konfrontation mit den westdeutschen Journalistenkollegen aus dem Weg gegangen. Sie hatten ihm seine »sozialistische, auf dem historischen Materialismus basierende, an keine Partei gebundene

Überzeugung« vorgeworfen. Nun, mit dieser Charakterisierung konnte man im Osten durchaus leben. Mehr als das, wie sich zeigen sollte.

Schnitzler befindet sich im Widerstand. Er tut dort nicht viel, denn er ist alt geworden. Aber den Feind hat er schon noch im Auge. Er registriert genüßlich dessen Fehler und übersieht geflissentlich die Erfolge. So wie er es immer gehalten hat. Das Publikum, das ihm abhanden kam, versucht er durch kleine Selbstbetrügereien zu ersetzen. Er spielt den Beschäftigten, den Unentbehrlichen, den Vielumworbenen. »Solidaritätsbekundungen«, schmatzt der Greis, »aber ja. Auch aus der Bevölkerung.« Worauf das bekannte, süffisante Lächeln auf seinen Lippen eintrifft. Es fällt ein wenig schadenfroh aus. »Da kamen Briefe mit dem Inhalt: Wir haben Ihren Kanal nicht immer gern gesehen, aber was Sie uns über die Unmenschlichkeit des Imperialismus gesagt haben, erfahren wir jetzt am eigenen Leibe.« Nun ja, sie haben nicht hören wollen, da müssen sie eben fühlen. Über die Anzahl der eingegangenen Beileidsbekundungen läßt uns Schnitzler im unklaren. Dafür kokettiert er mit dem großen Freundeskreis. Viele seien geblieben, neue hinzugekommen. Der große Wohnzimmertisch reiche nicht, um sie alle aufzunehmen. Ja, da treffe man sich, um über Gott und die Welt zu reden. Sein Haus sei offen, aber nicht öffentlich, wortspielt der Propagandist, und die Türglocke verstummte nicht. Doch als es diesmal klingelt, ist es nur der Schornsteinfeger.

Ja, und dann hat er ein Buch geschrieben. »In der Analyse wesentlich tiefer und kritischer als andere«, stößt Schnitzler angewidert aus und macht eine wegwerfende Handbewegung zu Günter Mittags Erstling, der auf dem Tisch liegt. »Ich werde zu Wort und zu Druck kommen«, prophezeit er eine Spur zu energisch. Er habe einen Verlag, und »es wird eine ungeheure Nachfrage entstehen«. Welchen Verlag, sagt er nicht. Das war der allerletzte Versuch, den ein Kind unternimmt, seine Eltern anzuschwindeln, bevor es in Tränen ausbricht. Richtig, dann weint er. Nur, daß ein Karl-Eduard von Schnitzler keine Tränen vergießt, wenn er weint. »Man hat der DDR immer vorgeworfen, daß sie Literatur Andersdenkender nicht verlege. Und jetzt. Man soll uns nichts über Freiheit erzählen.« Also doch kein Verlag.

In den 50er Jahren wurde Schnitzlers politische Position in feste Formen gegossen. Er besuchte die Parteihochschule, wurde Leiter der Kommentatorengruppe des Staatlichen Rundfunkkomitees und später Chefkommentator beim Fernsehfunk. Im Grunde war er zu diesem Zeitpunkt noch innenpolitischer Journalist. Er zerfetzte in schöner Regelmäßigkeit Konrad Adenauer, hatte aber die deutsche Einigung nicht aus den Augen verloren. Womit er, zumindest nach seinem Verständnis, Kritik am eigenen Land übte. Das änderte sich am 13. August 1961 schlagartig. Schnitzler wurde Außenpolitiker. »Die Falltür West-Berlin ist dichtgemacht worden«, kommentierte er seinerzeit. Für ihn schloß sich damit der direkte Zugang zu dem, was er künftig zu bewerten hatte. Von jetzt an ging es mit Schnitzler steil bergab. Auch wenn es zunächst überhaupt nicht danach aussah.

Schnitzler gibt sich nicht die Mühe, Ordnung in die personengebundenen Feindbilder zu bringen. Das bewährte Schwarz-weiß-Muster taugt nicht mehr. Alle möglichen Leute holpern durcheinander. Die ehemaligen Genossen sind Verräter. Vor allem Krenz, Schabowski und Mittag. »Je größer die Intelligenz, desto tiefer der Sturz in den Verrat«, versucht der alte Parteijournalist doch noch etwas zu retten. Denn »Honecker ist ein durch und durch ehrlicher Mann«. Aber auch dieses

Bild hinkt, weil es Krenz unterstellen würde, intelligent zu sein. Oder Mittag!

Auch mit den Zeitungen hat der 73jährige seine liebe Not. Mit dem *Neuen Deutschland* beispielsweise ist er gar nicht mehr zufrieden. »Es nennt sich sozialistische Tageszeitung, obwohl sie dem nicht entspricht«, mäkelt Schnitzler. Die *Titanic* dagegen kommt gut weg. »Halte ich für eine der interessantesten Zeitungen, die es gibt«, lobt Schnitzler. Er muß es wissen, schließlich hat das Satireheft drei Beiträge von ihm abgedruckt. »Ich habe gute Kontakte zu den Damen und Herren.« In solchen Augenblicken tut er mir wirklich leid. Mehr als Günter Mittag mir leid tun würde, sollte man ihm die Krücken klauen. Er hat nicht gemerkt, daß er der Gag war, die Lachnummer. Er glaubt heute noch daran, daß »Titanic« ihn deshalb nicht mehr druckt, weil Anzeigenkunden abgesprungen wären. »Die Auflage ging sogar hoch«, freut sich Schnitzler. Seine Frau spricht den Satz synchron mit.

Sie ist immer noch schön. Leider bekommt sie langsam die bitteren Züge, die sich den Ehefrauen von Verlierern unwillkürlich ins Gesicht graben. Zumindest, wenn sie sich dem Gatten noch verbunden fühlen. »Kled« nennt sie ihn und »Chef«. Wie früher. Sie kennt seine Argumentation, sie hört sie wahrscheinlich jeden Abend bei der Tagesschau. Sie sitzen im selben Boot, sie haben die gleichen Meinungen. Mal abgesehen vom Zigarrenrauchen, das Marta Rafael-Schnitzler leicht angewidert toleriert.

Nur ein Feindbild stimmt noch. Das von dem Mann, der sich beim Versuch, dem Feind die Maske vom Gesicht zu reißen, regelmäßig selbst entlarvte. Der in diesen Momenten genau wie Schnitzler ein Kampfhund war, dem der Geifer aus den Lefzen tropfte. Gerhard Löwenthal. Schnitzler haßt seinen Widerpart vom ZDF-Magazin abgrundtief. »Löwenthal ist für mich kein Diskussionsgegenstand«, beherrscht sich Schnitzler bevor es aus ihm herausbricht. »Ich hasse ihn nicht, ich verachte ihn. Das ist kein Journalist, kein Charakter. Wie der als Halbjude so unangetastet durchs Dritte Reich kam? Leider konnte unsere Aufklärung das nicht rauskriegen.« Plötzlich ist es kalt im Wohnzimmer der von Schnitzlers.

1961 übernahm Schnitzler den »Schwarzen Kanal«. 1519mal machte er ihn uns. Tausende Male tauchte sein Kopf von rechts unten, wo der Monitor stand, auf. Ein überraschtes Gesicht schaute da auf, ein erschüttertes, ein weise lächelndes, ein

nachdenkliches, ein siegessicheres, ein angriffslustiges. Je nachdem. Niemand konnte das Kürzel BRD so atemlos aussprechen wie er. Genüßlich zog er die Konsonanten in die Länge. Trocken und speichellos klebten sie im Raum. Er sprach die Anführungszeichen mit, die er bei BILD beklagte. Von »Kesseltreiben« sprach er und von »Imperialisten«. Angewidert spie er die Vokale aus dem gespitzten Fischmund. Ein kreisrundes Gebilde aus aufgeworfenen Lippen, mit einem schwarzen Loch in der Mitte, das von Zeit zu Zeit von ein paar grauen Fusseln umgeben war.

Schnitzler kreierte den Asthmastil der Fernsehmoderation, jegliche Atemtechnik ignorierend, verschluckte er Artikel, Verben und andere unwichtige Wortarten, um sich um so ausschweifender dem verächtlichen Attribut, dem amboßschweren Substantiv zuzuwenden. Nur scheinbar verirrte er sich im Gewirr der Syntax, brach Sätze ab, um neue zu beginnen, wirbelte Ellipsen durch den Raum. Die rechte Hand trommelte den Takt der Argumente dazu. Eins und zwei, und eins und zwei … 1519mal. Weit öfter als das heitere Berufe-Raten. Und die Leute warteten aufs Westpaket. Dafür haben sie ihn gehaßt.

Schnitzler merkt immer noch nichts. »Das war ein Boxkampf. Und beim Boxen baut man sich den Gegner auf, sonst kann man nicht zuschlagen. Ich habe das mit einer solchen Souveränität getan, daß es die gegnerischen Kräfte natürlich besonders schmerzte«, zeigt er sich störrisch-eitel. Er glaubt daran, daß er zu anspruchsvoll war in seinen Argumentationshilfen. Zu abstrakt. Er merkt nicht, daß er die Leute bis aufs Blut reizte mit seinem Kapitalismus-Bild. Leute, die Levis haben wollten, Mandarinen und Reisen nach Marokko. Die sich von ihren Westverwandten erzählen lassen wollten, wie's im Westen ist, und zwar vor Ort. »Meine Fakten waren richtig«, beharrt er und klopft die weiße Zigarrenasche in etwas Napfähnliches. Er reibt Ober- und Unterkiefer tonlos gegeneinander, wie es Prothesenträger zu tun pflegen. Doch ich glaube nicht, daß er am Sinn seiner letzten Worte zweifelt.

Am 30. 10. 1989 moderierte Schnitzler seinen letzten Kanal. Er hatte fünf Minuten. Schnitzler nutzte sie anerkennenswerterweise nicht zur Rechtfertigung. Er nutzte sie zu leeren Versprechungen. Er werde seine Arbeit als Kommunist und Journalist fortsetzen, als Waffe im Klassenkampf. Die rechte Hand war nicht mehr ganz so schwungvoll wie ehedem. Im Januar 1990 teilte das DDR-Fernsehen auf Anfrage mit, daß

Schnitzler nicht mehr zu seinen Mitarbeitern zähle, SAT 1 zerfetzte den ehemaligen Chefkommentator in einer Talkshow, das *Neue Deutschland* wusch in einer peinlichen Glosse nach, und Schnitzler trat aus der SED/PDS aus. Um einem Rausschmiß zuvorzukommen. Danach schützte er sein Haus vorm Mob. Das alles konnte ihn nicht brechen.

»Ich habe bis zum Schluß an meinem Frontabschnitt gekämpft«, verteidigt sich Karl-Eduard von Schnitzler. »Doch jetzt ist er völlig entblößt.« Seine Frau schaut ihn traurig von der Seite an, er mümmelt bereits wieder nachdenklich. Sein Feindbild erhält den Alten am Leben. Vielleicht hätte er ein großer Journalist werden können. Hätte er im eigenen Land weitergekämpft. Er war ja nie mehr an der Front. Er war im sicheren Hinterland. Er erkannte den Gegner nicht mehr und hat im Nebel wild um sich geschlagen. Die Argumente wurden immer plumper, bis sie letztlich keine mehr waren. Dann waren auch noch die Freunde Feinde geworden. Schnitzler konnte überhaupt nichts mehr unterscheiden und schlug einfach nur drauf. Die Haltung hat er sich bis heute bewahrt. Nur teilt er keine Schläge mehr aus.

Stellen Sie sich also vor, Sie sähen am nächsten Montag den Schwarzen Kanal. Sie sähen endlich mal jemanden, der Günther Krause sagt, daß er ein Arsch ist. Ich meine nicht durch die Blume. Der zugibt, daß Ernst Dieter Lueg ein näselnder Hofnarr ist. Der den Amis knallhart Bescheid gibt, daß sie zu Hause bleiben sollen. Der Jelzin bestätigt, eine machtgeile Schnapsdrossel zu sein. Und der nicht Bruno Jonas heißt oder Dieter Hildebrandt. Der in allem Ernst mit Schlamm nach Imperialisten, Kolonialisten und Weltbeherrschern wirft. Sie haben völlig recht, er dürfte nie und nimmer Karl-Eduard von Schnitzler heißen. Denn der war, wenn er auch mitunter recht hatte, Parteijournalist. Er hat sich dem System verkauft. Und wenn er es nur getan hat, um den alten rheinischen Adelssäcken zu zeigen, daß er auch etwas kann. Er ist eitel, arrogant, borniert, und die Leute hassen ihn. Kurzum, man könnte ihn nicht ernst nehmen. Das aber wäre wichtig. Denken wir an Jelzin oder Krause.

Ansonsten unterscheidet sich Schnitzler gar nicht so sehr von den vielen verbitterten Männern in diesem Teil des Landes, deren Ehefrauen langsam harte Linien um den Mund bekommen. Die nicht wahrhaben wollen und können, daß sie 40 Jahre lang Mist gemacht haben. Er hatte mehr Popularität, das ist alles. »Ich beschäftige mich jetzt viel mit mir selbst«, sagt Schnitzler ganz zum Schluß. Er sagt es mehr zu sich. Aber immerhin. Dann läßt er sich sogar noch einmal mit Licht im Gesicht fotografieren.

April 1992

Die stumpfe Ecke

Eine Gulaschsuppe, ein Bier
In der alten Oberschöneweider
Kneipe »Stumpfe Ecke«

Früh um fünf hat Willys Kopf noch
Ruhe. Die Dunkelheit ist allmächtig,
weil Willy sie nicht löschen kann.
Ihm fehlt der Strom. Sie haben ihn
abgeschaltet. »Sie«, die andere
Macht neben der Dunkelheit, der
Willy chancenlos ausgeliefert ist. Ein
undurchsichtiger Cocktail aus Treuhand, dem »Verkehrsministerarsch«,

der »Zicke vom Arbeitsamt«, der
Ebag und der Wohnungsbaugesell-
schaft Köpenick, zusammengemixt
und über Willy ausgegossen. Wenn
Willys schwerer, geschundener Kopf
träumt, dann davon, nicht allzu zei-
tig aufzuwachen.

Er kann jetzt noch nicht runter in
die Kneipe gehen. Seine Zeit beginnt

erst um zehn, wenn die Nachtschicht raus ist, und endet um halb
zwei, bevor die Frühschicht kommt.
In diesem Zwischenraum sieht er
seine Freunde. Freunde ist vielleicht
zuviel gesagt. Sagen wir: Ansprech-
partner. Conny, Kurt, den Heizer vom
Kino UT, Klaus, der jetzt immer mal
seine Frau mitbringt, Müller, Peter,
»den du nie besoffen erleben wirst«,
und natürlich Kohlen-Kalle.

Gegen halb sechs erfährt die Wil-
helminenhofstraße ihren ersten
Wiederbelebungsversuch. Richtig
atmen wird sie den ganzen Tag
nicht mehr, dazu ist sie schon zu tot.
Zumindest rumpeln nun ein paar
Straßenbahnen durch das alte Ber-
liner Industriegebiet Oberschöne-
weide. Es stehen nicht mehr allzu
viele Leute in ihrem matten Licht.
Die Verkehrsbetriebe konnten den
Fahrplan entschlacken, denn nur ein
Bruchteil der ehemaligen KWOer,
TROer und WFler müssen in diesen
Zeiten noch zur Arbeit. Und die
Autos stauen sich nur auf den
Straßen, die aus Oberschöneweide
hinausführen.

In den Fenstern der Wohnhäuser,
die den alten backsteinernen Fabrik-
gebäuden gegenüberstehen, hängen keine Schwibbögen. Es ist ja
kaum noch jemand da, der sie an-
zünden könnte. Die meisten Wohnungen stehen leer, die Häuser warten widerstandslos auf ihren Abriß.

In den Erdgeschossen hat man die
Leichen mit ein paar bunten Jeans-
shops, Bäckerläden, Zeitungskiosken
und Fernsehgeschäften geschminkt.
Dazwischen trotzt die Kneipe
»Stumpfe Ecke« seit den zwanziger
Jahren allen Krisen.

Um sechs duscht die Nachtschicht
des Kabelwerkes, um sechs leiert
Jörg Wietrychowski die grauen Rol-
los seiner Kneipe hoch. Früher, als im
KWO noch fast sechstausend Leute
gearbeitet haben, drängte sich um
diese Zeit schon eine geduschte
Menschentraube vor der Tür. Heute
steht da niemand anderes als die
dunkle Nacht. Viertel sieben kommen die ersten. Drei Hände voll ab-
gekämpfter Nachtschichtler und
zwei, drei Leute, die nicht mehr
schlafen können.

Es ist kalt in der »Stumpfen Ecke«,
und aus dem frisch geheizten Ofen
qualmt es. Die Arbeiter stürzen die
ersten beiden Biere runter, rauchen
und verlieren die zwei obligato-
rischen Spielautomaten, die in der
Ecke baumeln, nicht aus den Augen.
Viel geredet wird nicht.

Früher spannte sich ein langer
Doppeltresen quer durch den Raum.
Die Jungs von der Nachtschicht war-
teten in vier dichtgeschlossenen Rei-
hen davor auf das nächste Bier. Zwei
Wirtsleute zapften unentwegt
Gläser voll, die drei Kellnerinnen
schnellfüßig zu den Verbrauchern

schleppten. Heute schaffen Jörg und Conny Wietrychowski das bequem zu zweit. Den alten Doppeltresen gibt es nicht mehr. Der Wirt hat ihn rausgeschmissen, genau wie das restliche Mobiliar, er hat Holztische und Stühle hingestellt, die man bei gutem Willen rustikal nennen kann. Der neue Tresen sieht aus wie eine Anbauwand. Mit Glasteil. Der Wirt findet das gemütlich und seine Gäste auch.

»Dit war eine totale Räucherkneipe, uff deutsch gesagt«, erinnert sich Hans-Joachim Hörnicke, der hier seit den fünfziger Jahren verkehrt. »Das Bier hatte nie eine Blume. Weil es so schnell ausgeschenkt wurde«, ergänzt Peter Conrad. »Du hast dich beeilt, als erster unter der Dusche zu sein, und bist dann praktisch im Laufschritt rübergerannt, um noch einen Platz zu kriegen«, weiß Andi, der Maschinenhelfer. Ja und hinten, da wo jetzt die hölzerne Sitzgruppe steht, gab es zwei lange Tische, die für sie, die Starkstromkabelhersteller, reserviert waren. Tische, die nie leer wurden. Die Gäste wechselten im Schichtrhythmus. Je mehr sie darüber reden, desto sentimentaler werden ihre Klagen. Irgendwie war es ja doch schön. »Damals«, faßt es Vorarbeiter Peter Conrad zusammen, »sind wir hier rübergekommen, weil es Spaß machte, heute kommen wir

aus Frust.« Seine Kollegen nicken zustimmend. Die nächste Runde trifft ein.

Wir bleiben ein bißchen bei den alten Zeiten, die bei jedem Bier besser und lebendiger werden. Conrad, der neunundzwanzigjährige Vorarbeiter, erzählt die unglaubliche Geschichte aus der Berliner Akkumulatorenfabrik, wo er einst gearbeitet hat. Von »hochwertigen« Giften spricht er, vor allem von Blei. »Die Leute hatten gelbe Gesichter, die Zähne fielen ihnen aus, und die Fingernägel wuchsen nicht mehr. Aber die Kohle hat gestimmt. Leider mußte ich aus gesundheitlichen Gründen aufhören.« Leider!

Er wechselte ins KWO, weil auch dort die Kohle stimmte. »Ich hab zwar gearbeitet wie ein Ochse, wenn ich dann aber am Tresen stand und hab den Leuten gesagt, ich verdiene fast zweitausend Mark im Monat, da war Ruhe in der Kneipe. Mensch, da haste doch noch was dargestellt.« Glucksend läuft das Bürgerbräu in Conrad. »Und heute traust du dich kaum noch zu sagen, daß du immer noch in einem der Großbetriebe arbeitest. Du schleichst hier aus'm Tor, damit dich ja keiner erkennt.« Er sei stolz gewesen damals, aus dem Kabelwerk zu kommen.

Und weil's so schön ist, hängt Conrad die MMM-Geschichte gleich noch mit ran. »Regie 2000« hieß das

Gerät, das er in der Jugendneuerer-bewegung »Messe der Meister von morgen« mitentwickelt habe. »Das war ein Knüller, Mann. Zum Schluß stand das Ding auf einem goldenen Tablett auf der Messe. Die haben sich fast drum geprügelt.« Ja, damals spielte der 1. FC Union auch noch in der Oberliga.

Heute verdient Andi nicht einen Pfennig mehr als vor der Wende und erinnert sich an den Einigungsver-trag. »Die Mieten sollten proportio-nal zu den Einkommen steigen. Ich hab früher tausendvierhundert Mark verdient und verdiene jetzt tausendvierhundert. Aber meine Wohnung kostet inzwischen vier-hundertfünfzig Mark, kalt.«

Die Redefetzen schnippen wie eine Flipperkugel zwischen »MMM« und »SED-Regime« hin und her. So richtig wissen die Jungs nicht mehr, auf wen sie schimpfen sollen. Da sind die Angestellten, »die die dicke Kohle abfingern«, »Stasi-Typen, die bei uns noch gigantische Abfindun-gen kassiert haben«, andererseits ist da ein neues Berlin, das immer »irrer« wird, »vor allem, wenn jetzt noch die Bonzen aus Bonn an-rücken«. Jemand schlägt vor, aufs Dorf zu ziehen, am besten ins Land Brandenburg. Langsam dämmert es in der Wilhelminenhofstraße.

Peter Conrad wundert sich, daß man die überproduzierten Kabel-

trommeln auf ihrem Werkhof zer-stört, »statt sie an Entwicklungslän-der zu verschenken«, fünf Sätze spä-ter stellt er fest: »Deutschland soll sich erst mal alleine aus dem Dreck ziehen, bevor es sich um andere kümmert.« Sie trinken mehr als ihre üblichen drei Schlafbiere. Irgend-wann sagt Andi: »Wer rumhängt, ist selber schuld. Arbeit gibt es immer. Wenn die Leute sich gehenlassen, guck ich schon mal weg. Auch wenn's ehemalige Kollegen sind.«

Hörnicke ist leise geworden. Fünf-zehn Tage hat er noch zu arbeiten. Dann ist Schluß. Es wird wieder eine Nachtschicht sein, gefolgt von einem Tag, an dem er die übliche Runde durch die Verwaltung dreht. 1952 hat er im Kabelwerk angefan-gen, jetzt ist er fünfundfünfzig, und der Winter steht vor der Tür. Im Sommer hat er seine Laube.

Draußen hat die Dämmerung die Nacht besiegt. Leise und unbemerkt haben sich die ersten beiden Trinker dieses Tages auf die Tische neben dem Klo verteilt. Ihre Gläser stehen ordentlich ausgerichtet vor ihnen. Sie leeren sie in den erforderlichen Schüben. Hörnicke trinkt aus und zahlt. Er ist heute schon viel zu lange hiergeblieben. Er will nicht in die Zukunft sehen. Bleib nie länger als drei Bier. Mehr brauchst du nicht, um schlafen zu können. Der Rest bringt dich den Gestalten näher, die

Die stumpfe Ecke

jetzt kommen. Hörnicke hat noch Arbeit. Er geht.

Es scheint ein schöner Tag zu werden. Die Sonne leckt nach den Kneipengardinen, hinter ihnen sieht man die prächtigen gelben Backsteine der KWO-Verwaltung. Conrad, Andi und Heinrich haben den Absprung verpaßt. Zwei beschäftigen einen der Automaten, und Conrad pflegt seine sentimentale Stimmung. Sein Blick tastet die frisch getäfelten Kneipenwände ab, mißbilligend taxiert er die beiden Schlipsträger, die sich auf ein Kännchen Kaffee an den Tresen verirrt haben, mitleidig mustert er die Trinker, deren Zahl sich verdoppelt hat. Vier Mann, vier Tische, kein Wort. »Kiek dir den an, der will doch arbeiten«, sagt er und nickt zu einem Mann, dessen Gesichtsfarbe und Garderobe noch halbwegs in Ordnung sind. »Aber er kann nicht. Man läßt ihn nicht. Der kommt hierher, weil er jemanden zum Quatschen braucht. Und dann findet er nicht mal den. Der beneidet uns, daß wir hier stehen und reden, original.«

Zwischen dem sechsten und siebenten Bier kommt Conrad auf den überraschenden Gedanken, findige Unternehmer könnten ein Museum aus seiner Stammkneipe machen. Er hält das für keine gute Idee. Weil Arbeiter, seiner Meinung nach, nicht

ins Museum gehen. »Das hier ist die Kultur der Arbeiter. Die Kneipe. Hier reden sie. Statt vierzig Mark für ’ne Konzertkarte auszugeben, würde ich auch immer lieber in die Kneipe gehen. Da wirste wenigstens nicht lebensfremd. Frag doch mal jemanden von denen, ob er in den letzten zehn Jahren im Theater, in der Oper oder im Konzert war. Da hebt sich kein Arm.« Die Verbliebenen sehen so aus, als könnte Conrad recht haben.

Es ist die tote Zeit der »Stumpfen Ecke«. Die Nachtschichtler sind eigentlich schon weg, und die Stammgäste noch nicht da. Zwischen acht und zehn gibt es hier nur einsame Trinker und Zufallstreffer.

Andi und Heinrich sind mit dem Spielautomaten zusammengewachsen. Conrad hält das Schlußplädoyer. »Ich bin froh, daß es in Ost-Berlin noch solche Kneipen gibt. Wenn alle in den Sack hauen, kannste Oberschöneweide gleich dichtmachen. Dann wird das hier zum totalen Frustgebiet. Das wäre echt schade, weil Ost-Berlin sein letztes Stückchen Seele verlieren würde.«

Ein gebückt gehender Mann mit Rock’n’Roller-Frisur vertreibt den Kneipenpoeten. »Hallo«, ruft er in den Kneipenraum, bestellt ein Kännchen Kaffee und breitet die Zeitung aus, die er mitgebracht hat. »Kohlen-Kalle«, erklärt Peter Conrad. »Das ist

Kohlen-Kalle. Der hat dreißig Jahre lang Kohlen geschleppt. Und so läuft er auch. Der ist eins von den kleinen Schicksalen, die hier so rumlaufen.« Die Männer aus dem KWO lösen sich in Luft auf. Ihre Zeit ist abgelaufen. Es ist kurz nach elf. Die Sonne knallt jetzt erbarmungslos in den Zigarettenrauch. Die Gesichter der einsamen Säufer leuchten wie Warnblinkanlagen.

Kohlen-Kalle setzt sich zu Kurt, der krankgeschrieben, aber eigentlich arbeitslos ist. Kalle raucht Roth-Händle, schrubbt sich mit dem Bimsstein immer den Tabak von den Fingern, bevor er zu seiner Ärztin muß, und hat genaugenommen vierunddreißig Jahre lang Kohlen geschleppt. Bis die Währungsunion kam und der private Kohlenhändler, für den er huckte, dichtmachte. Geblieben sind seine Kontakte. Kalle kennt jeden in Oberschöneweide. Und er hat einen Tagesplan gegen die Langeweile.

Morgens holt er sein Fahrrad aus dem Keller, fährt die Zeitung holen, dann kommt er in die »Stumpfe«, trinkt ein Kännchen Kaffee und liest die Zeitung, dann fährt er auf den Markt und hört sich um, dann geht er Mittag essen, dann geht er in den Keller irgendwas basteln oder die Sachen von einer Ecke in die andere räumen, dann kommt er wieder hierher und trinkt Kaffee, dann …

»Ick hab keine Langeweile«, sagt Kalle und geht.

»Kalle ist weg vom Alkohol«, erzählt Kurt. »Sein Problem ist aber, daß er denkt, er kriegt wieder eine Arbeit, wenn er nur will. Kalle ist doch 'n Krüppel, sein Rücken ist total im Eimer.« Kurt war Heizungsmonteur bei der KWV und ist seit zwei Jahren arbeitslos. Er hat's mit dem Herzen. Gestern, erzählt er, sei er mit so einem Kasten rumgelaufen, der die Werte mißt. Er kommt immer mal auf ein paar Bier, um zu hören, was es Neues gibt.

Bei Willy gibt es offenbar nichts Neues. Montag ist seine ABM-Stelle als Hausmeister abgelaufen. Seitdem ist Willy voll. Er weiß nicht mehr, wie es weitergehen soll. »Jetzt fängt die ganze Scheiße wieder von vorne an«, lallt der Mann.

Willy hat Hochseefischer gelernt. Vor acht Jahren zog er mit seiner Frau von Ueckermünde nach Berlin und arbeitete im KWO als Drahtschneider. Vor drei Jahren starb seine Frau, vor zwei Jahren wurde der Fünfzigjährige arbeitslos, vor einem Jahr sperrte man ihm den Strom, weil er die Rechnungen nicht bezahlen konnte. In dem einen ABM-Jahr konnte Willy wenigstens seine Mietschulden begleichen. Jetzt hat er Angst, wieder welche machen zu müssen und vielleicht auf der Straße zu landen. Kurt versucht ihm das auszureden. Doch Willy ist sich sicher: »Wer einmal auf der Schnauze liegt, kommt nie wieder hoch. Und ich lieg auf der Schnauze, aber total.« Da kann Kurt nicht widersprechen. Er trinkt einen Schluck.

Einen Monat glaubt Willy noch »leben« zu können. Dann müsse er weitersehen. »Eine Gulaschsuppe, Conny!« »Und 'n Bier, Willy?« »Nee, mach erst mal ohne Bier.« Später muß er sich dann doch revidieren. Einer der Trinker geht. Er bewegt sich in Zeitlupe. Langsam schiebt er den Stuhl weg, vorsichtig erhebt er sich, streift sich behutsam den Mantel über, hebt bedächtig die Plastiktüte, schiebt geruhsam den Stuhl wieder unter den Tisch und schwebt wie auf Federn aus der Kneipe. »Wenn wir erst mal soweit sind«, grunzt Willy und schnippt, statt den Satz zu beenden, seine Zahnspange wieder in den Oberkiefer.

»Ich will wieder arbeiten. Ich muß wieder arbeiten.« Er bestellt sich eine weitere Gulaschsuppe. Inzwischen sind Klaus und seine Frau da. Klaus quetscht einen Zehnmark-Schein in der Hand. Sie setzen ihn um. Beim ersten Schluck zittert die Hand der alten Dame herzzerreißend. Als sie die Gläser abstellen, guckt ihr Klaus, ein kleines weißhaariges Männchen, liebevoll in die Augen. Die Frau kann den Blick nicht mehr erwidern.

Willy flüstert, daß er die Frau neulich abends auf der Straße gefunden habe. Er habe sie aufgehoben, gefragt, wo sie wohnt, und dann nach Hause gebracht. »Ich war ja selber voll, aber ich habe sie die Treppe hochgekriegt. Ich kann noch so duhn sein, aber auf der Straße laß ich niemanden liegen.« Kurt erzählt, daß man in Oberschöneweide abends öfter über hilflose Häufchen stolpere.

Er stellt die anderen Mitglieder der Übergangsgesellschaft in der »Stumpfen Ecke« vor. Peter, der immer Schnaps und Bier trinkt, aber trotzdem nie besoffen wird. Er kritzelt ständig irgendwelche Listen voll. Und Müller natürlich sowie dessen rotgesichtigen Freund. Müller, der ständig würfelt zum Bier und nie seinen dunkelbraunen Mantel auszieht. Ein Trenchcoat von der steifen Sorte, der nie eine Falte wirft. Sie sitzen und warten, daß es halb zwei wird und die Frühschicht aus dem KWO kommt. Für einige ist es das Signal zum Gehen, die anderen kriegen Gesellschaft. Müller würfelt bis zum Abend. Willy ist dann weg und Kurt auch. Kohlen-Kalle wird noch mal auf einen Kaffee vorbeischauen.

Gleich werden die paar KWO-Arbeiter aus der Frühschicht Feierabend haben. Ihre feuchten Haare tragen sie zurückgepeitscht. Noch bevor sie sich setzen, legen sie ihre Zigarettenschachteln auf den Tisch, obenauf das Feuerzeug. Sie stecken ihre Claims mit »Golden American« ab, mit »Cabinet« und der Sparpackung von »West«. Es ist jeden Tag das gleiche Spiel. Von sechs bis zwanzig Uhr. Werktags.

Conny Wietrychowski hat ein offenes, gutes Gesicht. Die Serviererin ist lange genug im Job, um zu wissen, was mit den Männern los ist, die sie bedient. »Was soll ich machen?« fragt sie. »Ich kann ihnen ja schlecht sagen, daß sie zu trinken aufhören sollen. Erst mal steht mir das nicht zu, zweitens ist es schlecht fürs Geschäft, und drittens gibt es genug Beratungsstellen.« Viertens fällt ihr erst einen Augenblick später ein. »Die meisten, die hierher kommen, mag ich. Die haben alle Probleme. Denen fehlt die Arbeit. Sie kommen sich nutzlos vor. Aber sie sind friedlich. Am anderen Ende der Straße gibt es den ›Treffpunkt‹, da trifft sich das ganze rechte Gesockse. Da sind wir mit unseren Stammgästen schon gut dran.«

Hinter ihr in der Glasvitrine klemmt ein vergilbtes Foto. Das hat irgendwann mal ein alter Mann vorbeigebracht. Conny glaubt, daß er inzwischen tot ist. Die Aufnahme zeigt die Kneipe in den zwanziger Jahren. Damals gab es noch einen kleinen Vorgarten, und über der Tür stand »Gross Destillation zur stumpfen Ecke«. Aber die Arbeiter, die man auf dem Bild sieht, ähneln irgendwie den heutigen Gästen.

Willys Zeit ist abgelaufen. Doch er hat noch eine Idee. »Der alte Baum ist weg«, schreit er. »Der alte Baum ist weg.« »Was ist los?« fragt Kurt. Doch Willy winkt nur mit der Hand und geht. Sie verstehen ihn ja doch nicht.

Dezember 1992

Die stumpfe Ecke

Ein Mann für einen Bankraub
Andreas Hesse ist auch mit der
schönsten Karnevalsprinzen-
kappe immer nur Andreas
Hesse

Ein blütenweißes Hemd unterm
Doppelkinn, eine dunkelblaue Krawatte, die bei der kleinsten Bewegung fürwitzig auf dem mächtigen
Bauch tanzt, obwohl sie doch in
einer knapp sitzenden schwarzen
Weste steckt, deren Knopfleiste von
einem guten Schneider gefertigt
sein sollte. Das gräuliche Jackett ist
steif, zwickt garantiert in den Achseln, und wenn man es nicht besser
wüßte, könnte man schwören, daß
es aus dem guten alten Präsent-20-
Tuch besteht. Es endet früh über ein
paar stämmig-kurzen schwarzen
Hosenbeinen. Das Mischhaar ist ul-
kig zurücktoupiert und gibt zwei
fortgeschrittene Geheimratsecken
preis, zwischen denen sich ein gut
geföntes, streichholzgroßes Rest-
stück behauptet. Mitten im runden,
blassen Gesicht klebt ein aschfarbe-
ner Schnurrbart.

Ein Mann für einen Bankraub.
Niemand würde sich merken, wie er
aussieht. Unauffällig irgendwie,
würden die Zeugen aussagen. Schal-
terbeamter vielleicht?, würden sie
spekulieren. Post? Bahn? Versiche-
rung? Oder warten Sie: Staub-
sauger!

Da kommt also dieser unschein-
bare Mann herein, versucht seine
freche Krawatte zu zügeln und sagt:
»Guten Tag. Ich bin Andreas der Erste. Der Prinz von Berlin.«

Karneval scheint eine ziemlich
komplizierte Angelegenheit zu sein.
Erst recht in Regionen, die weder
Erfahrung noch Lust haben, ihn so
standesgemäß zu feiern, wie es sich
gehört. Regionen wie Berlin. Wir
brauchen eine gute halbe Stunde,
um die Termini zu klären. Es gibt
Prinz und Prinzessin, ein Paar für
eine Session, die am 11.11. beginnt
und am 11.11. endet.

Es gibt die Prinzengarde, das
Prinzliche Haus und den Prinzen-
stammtisch, es gibt Adjutanten,
Senatoren, Landesverbände mit
Präsidenten, Vizepräsidenten,
Schatzmeistern, Schrift- und Ge-
schäftsführern, es gibt Dachorga-
nisationen, Prunksitzungen und
Karnevalsordenfirmen, es gibt den
»Bund deutscher Karneval«, es gibt
Pressesprecher, es gibt Ausgeh-, aber
auch Gala-Uniformen, Schärpen,
Zepter und gewisse Regeln. »Schrei-
ben Sie mal Mütze, in Klammern
Kappe«, erbittet der Prinz Korrekt-

heit im Detail. »Weil, die einen sagen Kappe, die andern sagen Mütze. Und wenn Sie nun nur Kappe schreiben, regen sich wieder die auf, die Mütze zu der Kappe sagen tun. Und umgekehrt. Wenn Sie verstehen, was ich meine.«

Glücklicherweise haben wir Zeit für den karnevalistischen Crash-Kurs. Der Dezember ist für die Karnevalisten ein Monat ohne Höhepunkte. »Es ist ja irgendwie der Weihnachtsmonat«, sagt der Prinz ein wenig bedauernd. »Im November hatten wir achtzig Veranstaltungen, im Dezember keine einzige. So richtig los geht's dann wieder im Januar.« Nun aber ist er ein Prinz, der die Zeit hat, Laien seinen schwierigen Job zu erklären. Und weil Andreas I. nicht gerade der Star-Rhetoriker des Prinzlichen Hauses ist, hat er noch seinen Pressesprecher mitgebracht. Ein Mann der druckreifen Formulierung, der Thomas Titze heißt. Ein Mann, dessen »Fernziel« es ist, »den Berliner Karneval noch gesellschaftsfähiger zu machen, als er schon ist.«

Darum sitzen wir hier. An einem blankgescheuerten langen Holztisch in der Karnevalsecke des »Wirtshaus zum Löwen« zwischen Vitrinen mit Orden und Fotos. Auf dem Tisch liegt die verzierte Kappe (Mütze) des Prinzen. Es ist Vormittag, es ist kalt, und die Kneipe ist leer.

»Heute schon gefrühstückt?« fragte Andreas I. schelmisch in die Runde und prustet die Antwort gleich hinterher: »Nee, keinen Schluck wa?« Von diesem Kaliber sind alle seine Einlagen. Muß man komisch sein, um als Prinz gewählt zu werden? »Komisch?« grübelt Andreas I. »Tja, komisch?« Der Pres-

Die stumpfe Ecke

sereferent des Prinzlichen Hauses definiert: »Natürlich muß ein Karnevalsprinz gewisse qualitative Eigenschaften mitbringen. Allem voran muß er in der Lage sein, die karnevalistische Grundidee, sagen wir mal, also den Frohsinn, praktisch von seiner Person aus in das Publikum zu transformieren. Alle karnevalistischen Aktivitäten münden im Frohsinn.«

Nun, da die theoretische Grundlage gelegt ist, kann auch der Prinz mitreden. »Dit ist doch so. Ick sag den Leuten: Kiekt her, ick bin lustig. Also seid ihr jetzt auch lustig! Ick will den Leuten ein Stück Freude bringen.« »Gerade in der gegenwärtigen Zeit«, ordnet Titze ein, »ist es ein besonderes Bedürfnis der Menschen, einfach mal abzuschalten. Ein sehr aktuelles Bedürfnis.« Wir starren in unsere Gläser und Tassen, wir zünden Zigaretten an. Niemandem fällt ein Witz ein. Am wenigsten dem Prinzen selbst.

Andreas I. kam nicht als Prinz zur Welt. Damals, 1952, und auch die folgenden vierzig Jahre war er Andreas Hesse. Er hat vier Schwestern und lernte nach der Schule drei Jahre lang, um kaufmännischer Angestellter zu werden. Da ihm das keinen richtigen Spaß machte, versuchte er sich als Versicherungsvertreter. Weil das nun wiederum seinen Eltern als wenig krisenfest erschien, begann er 1980 im Öffentlichen Dienst. Zehn Jahre saß er im Informations-Zentrum Berlin. »Wir waren dort direkt dem Regierenden Bürgermeister unterstellt«, ist ein Fakt, an den sich der 40jährige offenbar gern erinnert.

Er saß in der Abteilung, die vor allem Schülergruppen die politische Rolle West-Berlins eintrichterte. 1990 machte Andreas Hesse sein Hobby zum Beruf. Er ist jetzt Discjockey, reist mit einer mobilen Diskothek durch die Lande. »Einsegnungen, Hochzeiten, Dampferfahrten, Betriebsfeste – ich bespiele, was verlangt wird. Meine Palette reicht von Rudolf Schock bis AC/DC.« Am liebsten allerdings hört er Roland Kaiser, Bernhard Brinck und auch Ireen Sheer, Musik also, »nach der man noch richtig tanzen kann«. Aber danach fragt keiner.

Am 11.11. um Elfuhrelf schließlich verwandelte sich Andreas Hesse aus Britz in Andreas I., Prinz von Berlin. »Seitdem gerät mein Beruf natürlich etwas ins Hintertreffen.«

Wie kam man gerade auf ihn? Schweigen in der karnevalistischen Traditionsecke. Ist es nicht für jeden Faschingsmenschen ein Traum, einmal Prinz zu sein? Das schon. Na also, warum Andreas Hesse? Wie konnte er sich gegen die Konkurrenz (schließlich gibt es achtundzwanzig Berliner Karnevalsvereine mit über viertausend uniformierten Mitgliedern) durchsetzen? Pressereferent Titze erwacht als erster. »Sie dürfen natürlich nicht vergessen, daß es eine kostspielige Angelegenheit ist, Prinz zu sein.«

»Genau«, schaltet sich Andreas I. ein. »Allein die Uniformen und die Orden kosten eine Stange Geld.« Vierhundert Orden hat sich der Prinz in einer Spezialfirma anfertigen lassen. Kostenpunkt achttausend Mark. Zweihundert hat er schon verliehen, der Rest wird im nächsten Jahr an verdienstvolle Brüste geheftet. Eventuell muß nachgeordert werden. Dazu kommen Reisekosten, Autogrammpostkarten vom

Prinzenpaar mit güldenem Stift signiert, unzählige Bierrunden und und und. Insgesamt müsse man etwa 50 000 Mark anlegen können, um ein Jahr Prinz zu sein. »So ist es wohl verständlich«, erklärt Pressereferent Titze, »daß die Anzahl der Bewerber überschaubar war.« »Ziemlich überschaubar«, ergänzt der Prinz. Genaugenommen war er der einzige, der den Job wollte.

Der Prinz erzählt ein wenig vom Streß, den die Herrschaft mit sich bringt. »Da hast du sechs Veranstaltungen an einem Tag, da ist der Auftritt des Prinzenpaars dann nicht viel mehr als: Raus-aus'm-Auto-Einmarschieren-Aufmarschieren-Ausmarschieren-rein-ins-Auto.« Und Titze verallgemeinert. »Ja, während der Session haben wir kaum Zeit, ins karnevalistische Geschehen einzugreifen.« Schnaufend fährt sich der Prinz unters Doppelkinn. In den »Stoßzeiten«, wenn die »Höhepunkte« sich nur so jagen, komme er kaum noch dazu, mal eine Bockwurst richtig aufzuessen. Er habe schon mehrere Kilo abgenommen. Man brauche bloß einmal seine jetzige Figur mit den Autogrammpostkarten zu vergleichen, ohne allerdings zu vergessen, daß der geschneiderte Frack, den er auf dem Foto trägt, natürlich streckt, dann würde deutlich, was er meint. Die Klagen reihen sich wie Argumente

zu der Schlußfolgerung: »Eigentlich müßte man sich mal was zwischen die Kiemen schieben.« Und da der Kellner gerade am Tisch vorbeistreunt, wählt der Prinz kurz entschlossen: »Einmal Leberkäse mit schön viel Bratkartoffeln!«

Mit dem Essen kommt Besuch. In den Bratkartoffeln wühlend, stellt Andreas I. seine Vorgänger vor. Da haben wir Robert den Löwen, eine großgewachsene Erscheinung mit weißer Mähne. Er regierte die Session 89/90, eine historische, wie er findet. »Am 9.11. ging die Mauer auf, am 11.11. begann meine Karnevalssession.« Dem Löwen gehören das Wirtshaus und auch all die Orden und Fotos, die die Traditionsecke schmücken.

Sein Begleiter steckt zunächst in einem eleganten grünen Trenchcoat und durfte sich noch vor kurzem Gerhard von Köpenick nennen. Er war in der Session 90/91 das karnevalistische Symbol der Wiedervereinigung. »Wir haben im Prinzip als erste begriffen, was die Stunde geschlagen hat«, erinnert sich Robert Löwe, der – wie gesagt – die historische Dimension des Karnevals nie vernachlässigt. Es wird gegessen und von alten Zeiten geschwärmt. Die beiden ehemaligen Prinzen reden offensichtlich gern. Andreas I. stopft konzentriert die Bratkartoffeln in sich hinein.

Auch die erweiterte Runde kann nicht schlüssig erklären, ob er überhaupt komisch sein muß, der Prinz, oder wie er denn sein muß, wenn nicht komisch. Immerhin kann Gerhard von Köpenick, der mit bürgerlichem Namen Gerhard Bohne (»Bohne wie Erbse – uahh«) heißt, eine ziemlich schlüssige Funktionsbestimmung des Karnevals im Sozialismus abgeben. »Im Osten gab es ja keine anderen Veranstaltungen. Da sind die Leute natürlich in Scharen zum Karneval gekommen. Da konnten sie sich wenigstens einmal frei fühlen.« Bohne, der Abteilungsleiter im Kabelwerk Oberspree war (»Schreiben Sie mal Angestellter. Im Osten gab es nur Angestellte und Parteisekretäre.«), organisierte seit den siebziger Jahren Faschingsveranstaltungen im KWO-Klubhaus. »Das war eine Form des Protestes. Was glauben Sie, warum auf manchen Faschingsveranstaltungen Striptease-Einlagen gebracht wurden. Das war in gewisser Weise eine heimliche Demonstration gegen den Staat.« Robert der Löwe erzählt, wie er einem Ost-Karnevalsverein klargemacht hat, daß es nicht Fasching heißt, sondern Karneval, Titze verallgemeinert unentwegt, Gerhard von Köpenick schraffiert weiter das Bild vom Bürgerrechtler mit der Narrenkappe, nur Andreas I. kommt immer zu spät.

Dennoch macht er die komischste Bemerkung des ganzen Tages, auch wenn niemand darüber lacht. Gerhard Bohne berichtet eben, daß er für seine Veranstaltungen nie Künstler bekam. Sie hätten sich einfach nicht getraut, beim Karneval aufzutreten. Aber wieso denn nicht? Bevor irgend jemand etwas sagen kann, murmelt es Andreas I. zwischen dem Bratkartoffelbrei heraus: »Na stasimäßig.« Kein tätä-tätä, nichts.

Statt dessen geht Gerhard Bohne, der nach der Wende nicht nur Prinz, sondern auch Makler wurde, und Robert der Löwe beschwört noch einmal alte Bilder. »Bei meiner Inthronisation stand ich also vor dem Schöneberger Rathaus, auf dem Platz, wo gestern noch Willy Brandt geredet hatte, vor mir die uniformierten Karnevalisten, dahinter eine dichtgeschlossene Polizeikette, und im Hintergrund sah ich die Leute nach ihrem Begrüßungsgeld anstehen. Im übrigen habe ich im November Manfred Stolpe einen Karnevalsorden verliehen, davon muß ich jetzt noch mal kurz erzählen …«

Irgendwie ist alles schiefgelaufen. Schon die Inthronisation ging in die Hose. Andreas I. wollte mit seinem Gefolge das Rote Rathaus stürmen. Nur war leider niemand da, den er ernsthaft bedrängen konnte. Eberhard Diepgen war in Amerika auf Olympiatour, Christine Bergmann, die zur Verfügung stehen sollte, sagte kurzfristig ab, also wurde Andreas I. auf den Senatssprecher vertröstet, doch dann konnte auch der nicht. Schließlich sah sich der Hofstaat mit einem stellvertretenden Senatssprecher konfrontiert, dessen Name Andreas I. inzwischen entfallen ist.

»... und dann lacht der Stolpe und sagt, na das ist ja endlich mal ein Orden, den ich ruhigen Gewissens annehmen kann. Da hat der Saal getobt, sag ich Ihnen.« Andreas I. versucht gar nicht mehr gegenzuhalten. Inzwischen mußte auch sein Pressereferent weg. Titze, von dem Andreas Hesse ganz bestimmt glaubt, daß er reden kann. Andreas I. erzählt, daß er auch schon auf Veranstaltungen aufgetreten ist, bei denen Bezirksbürgermeister anwesend waren.

Zwischen die heftigen Redeanfälle des Gastwirtes flicht er kleine atemlose und ungeschickte Begebenheiten des Prinzendaseins. Er erzählt, daß er auf der Bühne steht und das Publikum ihm gar nicht zuhört. »Das ist so im Publikum drin.« Den ganzen »Knüllern« von Robert dem Löwen hält er einen »Höhepunkt« entgegen, den er für seine Prunksitzung organisiert habe. »Da kommen die Guggemusi-

ker. Das wird ein Höhepunkt.« Oder die »ostfriesische Antwort auf Michael Jackson«, den sie einmal auf einer Veranstaltung in Britz hatten. »Das war ein Höhepunkt.«

Aber irgendwie kräht ihn Robert der Gockel trotzdem immer wieder herunter.

»Wieso hast du dir eigentlich keinen besseren Namen ausgedacht? So einen wie Robert der Löwe«, treibt er die Sache auf die Spitze. »Wie hätte ich mich denn nennen sollen? Andreas der Dicke?«

Dann, völlig unerwartet, bricht es aus ihm heraus. »Ich sehe im Karneval vor allem eine gewisse Rangordnung. Der Prinz ist und bleibt das absolut Höchste, da geht nichts vorbei.« »Ja, aber als Persiflage«, versucht ihn Robert zu bremsen. Es ist zu spät. Die Augen des Prinzen funkeln. »Ich mache da keine Abstriche. Wenn man den Leuten den kleinen Finger reicht, nehmen sie doch gleich die ganze Hand. Disziplin muß sein. Wer sich an meinen Tisch setzt, muß mich vorher fragen. Wer von meinem Tisch aufsteht, muß mich vorher fragen. Keiner betritt vor mir den Raum. Niemand im Saal nimmt seine Kappe vom Kopf, wenn ich meine Kappe noch trage. Die Prinzessin ist nicht mehr als mein schmückendes Beiwerk. Sie geht an meiner linken Seite, sie redet nicht ungefragt und wird erst nach mir

gegrüßt. Mein Adjutant wartet so
lange, bis ich gehe, dann fährt er
mich nach Hause. Und egal wie spät
es ist, er steht am nächsten Morgen
pünktlich mit dem Wagen vor meiner Tür. Manche Leute mögen das
etwas laxer sehen. Ich nicht. Eine gewisse Rangfolge muß sein.«

Robert der Löwe guckt verblüfft.
Andreas I. ist atemlos. Der Prinz hat
seine Rede gehalten und muß zur
Toilette.

Nach fünf Minuten kommt er
wieder. Als Andreas Hesse. Es gibt
Träume, die kann man sich nicht
kaufen. Nicht mal für 50 000 Mark.

Dezember 1992

Nur stille in der Ecke stehen und zusehen, wie die feiern
Über das Trinken, die Einsamkeit, ein paar Wünsche und den Knacks im Leben

Vor der Kaufhalle in Hohenschönhausen stehen ein paar harte Holzbänke. Es gibt einen kleinen Springbrunnen dort und auch grüne Sträucher. Irgendwann am Tag kommen Horst Schulz und Manfred Michaelis hier vorbei. Mal früher, mal später. Sie sitzen dann da und trinken das Bier aus den Büchsen, die sie sich aus der Kaufhalle holen. Sie gehören zum Bild auf dem Platz vor der Halle. Die Hohenschönhausener, die dort beim Einkauf vorbeikommen, würden die beiden alten Herren Penner nennen. Das stimmt ein bißchen, und ein bißchen stimmt es nicht. Der Alkohol hat die Gesichter der Männer zerstört, und sie pinkeln auch schon mal in die Büsche. Aber die beiden haben eine Bleibe, sie haben ein Bett für die Nacht. Der zweiundsechzigjährige Horst Schulz, der früher einmal Kellner war, bewohnt eine Ein-Zimmer-Wohnung, und Manfred Michaelis (52) lebt in einem Hohenschönhausener Altersheim, in das der ehemalige Fernsehmonteur eingewiesen wurde, weil er mit dem alltäglichen Leben nicht mehr klar kam. Die Einsamkeit und die Sucht nach dem Alkohol treibt sie immer wieder auf die Holzbänke. Meistens sitzen sie nur schweigend nebeneinander, manchmal reden sie ein paar Belanglosigkeiten.

Horst Schulz Was hastn da wieder für 'ne Schramme am Kopf?

Manfred Michaelis Ach, das war gestern abend. Da bin ich durch das Waldstück bei uns vorm Heim noch 'n bißchen spazierengegangen. Und da hab ich dann den Ast nicht gesehen.

H. S. War schon dunkel gewesen?

M. M. Genau.

H. S. Und voll warste auch?

M. M. Naja.

H. S. Weißte, eigentlich reden wir hier ja kaum miteinander. Wir kennen uns vom Sehen. Die acht, neun Gestalten, die hier immer herkommen, sind alles Einzelpersonen. Man redet über belanglose Dinge, um die Zeit totzukriegen. Man sucht den Kontakt …

M. M. … zur Außenwelt …

H. S. …, weil man den sonst nicht hat. Aber persönliche Bindungen zwischen uns gibt es eigentlich nicht. Trotzdem biste zufrieden, wenn du mit jemand schnattern kannst. Auch wenn man gar nicht schnattern tut. Wenn du verstehst, was ich meine. Es ist einfach gut, wenn jemand stille neben dir sitzt, Hauptsache ist, es sitzt überhaupt jemand da.

M. M. Manchmal reicht's mir schon, wenn ich nur zugucken kann. Hier laufen viel Leute vorbei, den' man zugucken kann. Und wenn jemand von uns auf der Bank sitzt, setz ich mich natürlich dazu. Wie der heißt und wo der herkommt, ist doch egal. Ich will den doch nicht mit meinen Problemen belasten. Die hier sitzen, haben sowieso selbst Probleme genug.

H. S. Das ist genau wie bei meinen Kindern. Also, die haben auch genug Probleme, mein ich. Wenn ich zu denen komme, komm ich mir immer ein bißchen vor, wie'n Bittsteller. Also ich will ja auch was mitbringen. Ich will was geben und nicht nur nehmen. Und da ich nichts habe, was ich geben kann, geh ich gar nicht zu ihnen hin. Oder, sagen wir mal, selten.

M. M. Wieviel Kinder haste denn?

H. S. Insgesamt acht. Sieben von meiner zweiten Frau und eins von meiner ersten. Alle sind was geworden und haben Arbeit. Toi, toi, toi.

M. M. Also ich habe ja nur zwei,

aber von der Sache her ist es dasselbe. Wenn ich meinen Sohn anrufe, sagt der: »Mensch, Papa. Schön, daß du anrufen tust, aber ich habe im Moment überhaupt keine Zeit.« Mein Sohn ist Fernsehmechaniker, genau wie ich. Natürlich sagt man nur Gutes über sein' eignen Sohn, aber der Heiko ist wirklich ein feiner Kerl. Und daß er keine Zeit hat, versteh ich. Der will doch vorwärts kommen in seinem Leben. Da kann ich mich nicht wie ein Anker an ihn ranhängen. Nee, das mach ich nicht. Dazu bin ich dann auch zu stolz. Ist 'n guter Junge, auch der andere. Der macht Kraftfahrer.

H. S. Na, du mußt ja auch mal sehen, daß die ganz andre Ansprüche haben heute. Ich trage eine Hose zehn Jahre, aber die denken nach vierzehn Tagen schon, ihre Hose ist unmodern und woll'n eine neue haben. Der Drang nach was Neues ist doch viel stärker.

M. M. Wie heißt das Sprichwort? Zwei Eltern können zehn Kinder ernähren, aber zehn Kinder nicht zwei Eltern. So ähnlich jedenfalls.

H. S. Ist was dran. Aber ich bin ja auch 'n schlechtes Vorbild. Sieh mal, ich hab von mein ganzes Leben im Prinzip nichts gehabt. Ich hab immer mehr oder weniger versucht, mich über Wasser zu halten. Ich konnte mir nie was leisten. Das Geld war meistens so knapp gewesen,

Die stumpfe Ecke

daß ich kämpfen mußte, um was im Magen zu kriegen.

M. M. Neulich abends ist mir was Schönes passiert. Da bin ich noch so ein bißchen spazierengegangen, und die Frau vom Gemüsestand hier macht gerade ihren Stand zu, plötzlich drückt sie mir 'ne Tüte in die Hand und sagt: »Nehm nur, ich schmeiß das sonst sowieso nur weg.« Wie ich zu Hause war, also im Heim, pack ich die Tüte aus, und da sind Pfirsiche drin, Nektarinen und Bananen. Bißchen angedrückt schon, aber herrlich. Ich hab mich an dem Abend totgegessen an Früchten.

H. S. Eigentlich ist das doch traurig.

M. M. Stimmt schon, wenn man bedenkt, daß ich mal PGH-Leiter (Produktionsgenossenschaft des Handwerks) war und Meister. Und jetzt bin ich auf Almosen angewiesen. Ich bin doch mehr oder weniger ein Bettler. Auch, daß die mich im Heim unterbringen und verpflegen, sind doch nur Almosen.

H. S. Vor allem, wenn man bedenkt, daß es keine Möglichkeit gibt, daß es besser wird. Es kann nur schlechter werden.

M. M. Nee, nee. Das ist nicht mein Standpunkt.

H. S. Woher soll dir das noch mal besser gehen? Woher denn? Wovon? Dein Lebenslauf kann nicht mehr nach oben gehen. Niemals. Für die alten Leute wie uns sieht's ziemlich schlecht aus. Andererseits, woher soll denn der Staat auch das Geld nehmen? Wir produzieren doch nichts, wir nehmen nur. Das kann ich schon verstehen, daß er uns nur das Minimum geben tut, nur soviel, damit wir nicht verhungern.

M. M. Du kannst nicht hundert Mark ausgeben, wenn Du nur zehne in der Tasche hast.

H. S. Andererseits, wenn ich manchmal so Zeitung lese, frag ich mich auch, wieso geht's ausgerechnet mir so schlecht und anderen so gut? Also Politiker zum Beispiel, die verdien doch mindestens viertausend Mark. Wenn das reicht. Und ich krieg siebenhundertfünfzig Rente. Da komm ich schon ins Grübeln. Vielleicht les ich deshalb so wenig Zeitung.

M. M. Also ich les eigentlich fast jeden Tag. Bei uns im Heim liegen eigentlich immer Zeitungen rum. Es muß nicht die von heute sein, aber zu lesen hab ich immer was. Und abends seh ich mir Nachrichten im Fernseher an. Dann seh ich meistens noch Spielfilme oder Unterhaltungssendungen.

H. S. Ich finde, das Fernsehen bringt viel zuviel Gewalt. Das zeigt den jungen Leuten, daß du am besten mit der Faust durchs Leben kommst. Das verherrlicht Gewalt.

M. M. Verharmlost ist das richtige Wort. Verharmlost.

H. S. Von mir aus. Jedenfalls haben die Jugendlichen kein' Respekt mehr vor'n Alter. Das ist heute mehr andersrum. Ich muß immer schön höflich sein zu den Jungs, damit ich keine auf die Nuß kriege.

M. M. Du mußt es ja nicht drauf ankommen lassen. Du mußt ihnen aus dem Weg gehen. Wenn du natürlich zum Bahnhof gehst, wo die alle rumhängen, brauchste dich nicht zu wundern.

H. S. Ist doch schlimm alles. Aber was ist nicht schlimm? Mein ganzes Leben ist schlimm. Da sitz ich denn zu Hause, die Decke fällt mir auf'n Kopf, dann geh ich runter zur Halle, hol Zigaretten und paar Bier, die tu ich in mein Beutel hier, dann sitz ich hier auf der Banke und starr vor mich hin, dann geh ich hoch und koch mir 'ne Suppe, wenn überhaupt, denn geh ich wieder runter, sitz auf der Banke. Und abends guck ich Fernsehen, bis es flimmert. Manchmal red ich den ganzen Tag mit kein' andern, außer mit mir und der Kassiererin in der Kaufhalle. Das ist doch stupide. Da wirste mit der Zeit sonderlich.

M. M. Ach, ich kann mich eigentlich nicht beklagen. Bei mir im Heim ist immer was los. Da ist für Unterhaltung gesorgt. Manchmal machen sie Busfahrten, einmal war ich mit.

Im Spreewald. War wunderschön gewesen. Dann kommt ein Akkordeonspieler, der spielt denn auf'n Gang. Überhaupt auf den Gängen ist immer viel los, da sind Leute, mit denen man auch mal eine rauchen kann. Nur abends, wenn sich alle in ihre Zimmer verkriechen, wird's langweilig. Aber das Essen zum Beispiel ist ein Traum. Soviel, daß dreie davon satt werden.

H. S. Aber unter Leben stell ich mir, mal auf deutsch gesagt, was anderes vor, außer satt zu essen haben. Zigarette?

M. M. Ja, herzlichen Dank.

H. S. Also, da stell ich mir vor, daß ich mir auch mal ein neues Hemd oder 'ne neue Jacke kaufen kann, wenn ich will. Die Sachen, die ich anhab, werden doch nicht besser mit der Zeit. Und ich will ja nicht auffallen, daß ich stinke oder so. Dann würde ich gern mal in eine Gaststätte gehn können und nicht immer hier auf der Banke sitzen müssen. Im Sommer könnte man dann mal rausfahren nach Rahnsdorf, da gab's früher so Strandcafés, ich war ja schon jahrelang nicht mehr draußen, da könnte ich mich dann hinsetzen, was trinken und den Leuten zusehen. Und dann würd ich auch gern mal 'ne Reise machen.

M. M. Wohin willst du denn reisen, frag ich mich?

H. S. Ich wüßte schon. Nach

China zum Beispiel, wo man immer liest, daß die so arbeitsam sind. Trotzdem sind die so bettelarm. Da würde ich gern mal seh'n, warum. Oder in Afrika, wo soviel Menschen verhungern. Ich weiß auch nicht, warum ich da hin will. Vielleicht, um zu sehen, daß es Menschen gibt, denen es noch viel dreckiger geht als mir. Nur im Gegensatz zu mir können die nichts dafür. Oder vielleicht doch ein bißchen. Ich denk mir, die wachen morgens auf und sehen, daß es sowieso nichts wird, weil's nicht regnet oder sonstwas, und dann denken sie, da können wir eigentlich auch gleich liegenbleiben. So ähnlich. Jedenfalls nach China würd ich reisen wollen.

M. M. Ist ja alles Spinnerei. Aber ich möchte mal nach New York, da ist nämlich meine Mutter geboren. Mein Opa und meine Oma sind damals dahin ausgewandert, dann wurde meine Mutter geboren, und dann sind sie aber wieder zurückgekommen. Ich würd mir das gern mal ansehen. Aber das sind Träume. Wie sollen wir denn das Geld für so 'ne Reise zusammenkriegen. Ich kann mir ja nicht mal leisten, nach Köln zu fahren. Ich würde mir gerne mal den Karneval ansehen. Nur stille in der Ecke stehen und zugucken, wie die feiern. Vielleicht ist das ja für einen Berliner gar nichts vom Temperament her gesehen. Das könnte

man ja rauskriegen. Jedenfalls ist es schade, wenn man überlegt, wie klein die Erde in diesem großen Weltall ist, und ich kann nicht mal nach Köln fahren.

H. S. Moment, da will jemand seiner Arbeit nachgehen. (Ein Straßenfeger fegt sich in ihre Nähe. Sein Besen schiebt Kippen und Bierbüchsen vor sich her.) Komm, wir setzen uns mal rüber auf die andre Banke.

Straßenfeger Ach, bleibt doch sitzen.

H. S. Nee, nee. Das sieht ja auch schweinisch aus hier. Statt die mal paar Tonnen hinstellen, wo man seine Büchse reinwerfen kann. Nichts!

M. M. Gab's hier früher nicht sowas?

H. S. Ja, aber haben sie doch alles weggenommen.

M. M. Jedenfalls fehlt's mir im Heim an nichts. Ich hab's eigentlich gut getroffen.

H. S. Also mir wär das nichts, so eingesperrt zu sein.

M. M. Moment mal, also eingesperrt bin ich nicht! Ich kann jederzeit gehen, wenn ich will.

H. S. Wohin willste denn gehen?

M. M. …

H. S. Ist ja gut. Ich hab's ja nicht so gemeint. Aber kuck mal, Menschen, die im Heim wohnen, sind mehr oder weniger milieugeschädigt. Ein' Professor würden die doch nicht ins Heim stecken, nur weil der keine Wohnung hat. Aber Leute, die irgendwie psychische Schäden haben …

M. M. Also wir haben auch Rollstuhlfahrer in unserm Heim …

H. S. Das mein ich jetzt nicht. Ich mein Leute, die draußen alleine nicht zurechtekommen. Die unter die Räder kommen, wenn sie alleine leben. Alle, die in deinem Alter im Heim leben, haben doch irgendwann mal einen Knacks gekriegt. Und wenn du einmal in dem Strudel bist, kommste nicht mehr raus. Das geht mir doch genauso. Nennen wir doch das Kind bein Namen.

M. M. Stimmt schon. Bei mir war das die Sache mit meiner Frau. Ich bin einfach nicht drüber weggekommen, daß sie sich hat scheiden lassen. Ich habe dann dem Alkohol einfach zu sehr zugesprochen. Vorher und danach erst recht. Dann hatte ich keine Arbeit mehr, und nachher mußte ich aus der Wohnung raus. Ist schon schlimm, wenn man bedenkt, was ich mal dargestellt hab. Ich war Meister, ich hab ein Kollektiv geleitet.

H. S. Was soll ich denn sagen. Ich hab bei Borchardt-Kempinski gelernt, später hab ich in großen Häusern gekellnert, im »Haus Budapest«, im »Café Warschau« und in der »Müggelseeperle«. Da war ich noch'n Bengel, der in die Welt ge-

paßt hat. Obwohl, getrunken hab ich damals auch schon. Aber sag mir 'nen Kellner, der nicht trinkt. Aber ich hab's eben übertrieben. Zwei Frauen haben sich wegen der blöden Sauferei von mir scheiden lassen. Zum Schluß war ich dann Koch bei Tiefbau. Ich hab eine Entziehungskur gemacht, und danach haben sie mir die Wohnung hier gegeben. Da konnt ich noch froh sein.

M. M. Wieso säufste denn noch, wenn du eine Kur gemacht hast?

H. S. Ach, weißte. So schlimm wie früher ist es ja nicht mehr. Aber ich komm mit dem Leben einfach nicht klar. Ich habe Schulden gemacht. Dann wollten sie mich aus der Wohnung schmeißen, weil ich die Miete einfach nicht mehr bezahlen konnte. Da muß ich Inneres sehr dankbar sein, daß die meine Schulden übernommen haben.

M. M. Ich will dir mal was sagen. Im Gegensatz zu den normalen Menschen, ich meine, wir sind ja auch normale Menschen, aber im Gegensatz zu den anderen neigen wir dazu, uns eine rosarote Brille aufzusetzen, wenn's Probleme gibt. Dann landest du eben früher oder später auf der Banke.

H. S. Nee, das muß nicht sein. Was denkst du denn, wer alles säuft. Rechtsanwälte, Polizisten, Künstler …

M. M. … Komponisten …

H. S. …die auch, und sogar Ärzte haben eine Pulle im Schreibtisch. Das geht durch alle Schichten. Das hab ich mitgekriegt, wie ich damals bei der Kur zu Seminaren war. Dann gibt's auch noch Quartalstrinker, die trinken vier Wochen nichts, und dann saufen sie sich ein, zwei Tage total voll und dann wieder nichts.

M. M. Keine schlechte Sache so'n Quartalstrinker.

H. S. Ach, ist doch alles Mist. Manchmal wünsch ich mir, ich könnte die Welt, ich mein meine kleine Welt, noch mal zwanzig Jahre zurückdrehen. Wenn ich dann sehen könnte, wie ich jetzt lebe, würde ich mein Leben doch ein bißchen besser einteilen. Man sollte nicht so in den Tag hineinleben.

M. M. Wenn ich das Rad zurück- drehen könnte, ich hätte mich auf keinen Fall von der Familie gelöst. Das war der größte Fehler, daß ich mich von meiner Frau getrennt habe. Der Mensch braucht einen Pfahl, an dem er sich festhalten kann. Wenn der ihm weggeschlagen wird, kommt er unter die Räder.

H. S. Mir würde schon helfen, wenn mich wenigstens zwei Stun- den am Tag jemand brauchen könnte. So ganz ohne Aufgabe komm ich mir irgendwie blöde vor. Entschuldigt mich mal. Mir drückt die Blase.

Oktober 1992

Ein Galopper zieht keinen Kohlenwagen
Auf der Trabrennbahn Karlshorst

Zum Galopprennen kommen die Frauen mit den großen Hüten, sagt Schmidtke. »Und sowas wie Walter Scheel.« Die Männer tragen Melonen und haben eine Segelyacht zu liegen, sagt Schmidkte. »Nich zum Segeln, zum uff de Kacke hauen.«

Trabrennen dagegen ist für die normalen Leute, sagt Schmidtke. »Und Karlshorst ist für die janz normalen.«

Manchmal, wenn die Sonne scheint und das Preisgeld hoch ist, verkleidet sich die Trabrennbahn Karlshorst in ein Volksfest. Doch der Regen spült die bunten Kostüme weg. Wenn es naß ist und zieht, tollen in Karlshorst keine Kinder mit Schokoladenmündern durch die Sitzreihen. Wahrscheinlich tritt dann das ein, was der Geschäftsstellenleiter Uwe John den »rustikalen Charme« der Bahn nennt. »Karlshorst ist irgendwie direkter als andere Trabrennbahnen«, sagte John. »Und die Gäste sind es auch.«

An Regentagen findet man hier ältere Männer mit zu kleinen Hüten, Bundjacken und milchigen, unvorteilhaften Lesebrillen, man findet ganz alte Männer mit Stöcken und feuchten Mundwinkeln, jüngere in schwarzen Jeans, schwarzen T-Shirts, schwarzen Leinenjacketts und zurückgekämmten Haaren, die hier Jack Nickolson geben oder Robert De Niro; ein paar vorsichtige, schüchterne Russen in verschossenen, engen Westovern sind da und jede Menge andere Verlierer.

Sie trinken, rauchen, kritzeln Kreuze auf Tip-Scheine, sie murmeln Pferdenamen, sie fluchen, sie sitzen in der Falle. Die Wetthalle ist eine verdammte Falle. Links der »Schultheisstreff«, rechts das Casino, im Rücken der Tresen des »Zockertreff« und vor ihnen die lange, lockende Reihe der Wettschalter. Es gibt Bier, Wettscheine, und man kann rauchen. Alles da. Seit die Rennen mit Videokameras auf die Monitore über den Schaltern übertragen werden, gibt es überhaupt keinen Grund mehr, die Wetthalle zu verlassen. Mal abgesehen von dem beißenden Gestank, der aus dem Herrenklo in den Saal sickert.

Erich Schmidtke ist zweiundsechzig Jahre alt. Er hat 1945 in Karlshorst als Lehrling angefangen. 1950 wurde er Berufsfahrer, dann Trainer in privaten und später in volkseigenen Rennställen. Schmidtke war ein Erfolgstrainer. Seine Pferde gewannen weit über tausend Rennen. »Eins steht fest. Wenn ick damals in'n Westen gegangen wäre, würde ick heute an der Million drehn. Aber orjinal.«

Das mit der Million wird nichts mehr. Schmidtke kommt gerade so hin. Er hat sich einen älteren, gebrauchten Renault gekauft, der an der Tür ein bißchen verbeult ist, dafür aber mit elektronischer Stimme ansagt, wenn zum Beispiel der Keilriemen gerissen ist, er hat eine Neubauwohnung in Rennbahnnähe und seit kurzem sogar ein Rennpferd. Das ist leider auf einem Auge blind und auch sonst nicht unbedingt ein Siegertyp. Schmidtke hat es von einem hochverschuldeten Westberliner in Zahlung genommen, als der seine Boxenmiete nicht mehr bezahlen konnte.

Fritz Strabbert bockt ein bißchen. »Kannste vergessen hier. Ist doch kein Umsatz hier«, brabbelt der Alte. Er wette heute nicht mehr, wo man sowieso nur fünf Mark gewinnen könne. Wie vorhin, als er auf Sieg gewettet hatte und für seine Zweimarkfuffzig nur Fünf rauskriegte. Er wisse immer, welches Pferd gewinnt, sei ja auch kein Kunststück,

schließlich gehe er seit sechzig Jahren regelmäßig auf die Rennbahn. »Jetzt gewinnt *Bodega*«, behauptet er und reibt seinen alten, fleckigen Zeigefinger auf der Nummer 8 des siebenten Rennens im »Berliner Traberkurier«. »*Bodega, Bodega*. Werden wir ja sehen.«

Strabbert ist zweiundachtzig, alter Kreuzberger vom Schlesischen Tor und nach eigenen Angaben nur äußerlich so rüstig. Erst vorige Woche sei er aus heiterem Himmel umgekippt. »Die Ärzte wissen aber nichts«, meckert er und nuckelt an seiner nullfünfer Holsten-Büchse. »Angeblich ist mein Herz in Ordnung. Pah.« Fritz Strabbert hat eindeutig schlechte Laune. Überhaupt seien die Zeiten schlecht, was man auch an den Pferden sehe. Er schwärmt von einem Traber namens *Riedel*, der irgendwann in den Fünfzigern das Derby gewonnen habe. Andererseits erinnere er sich auch an die Dreißiger, als sich in Mariendorf jemand erhängt habe, ein Bankbeamter, der 28 000 Mark unterschlagen hatte, die er auf der Rennbahn zurückgewinnen wollte. »Merken Sie sich eins. Auf der Rennbahn ist noch keiner reich geworden«, beendet Strabbert mürrisch seinen altklugen Ausflug in die Wettgeschichte.

Als das Rennen zu Ende ist, kehrt der Besitzer der anderen Holsten-

Büchse auf dem Tisch zurück. Ein gepflegter Weißhaariger mit schmalem Oberlippenbärtchen, der jederzeit die Werbung fürs Teppichland übernehmen könnte. »Und? Sag schon«, kommandiert Strabbert unterm Schirm seiner Helmut-Schmidt-Mütze hervor. »Tja, Fritz«, geniert sich der Tischnachbar. »*Zierstein.*« Strabbert sagt keinen Ton. Wahrscheinlich denkt er an Betrug.

Es ist kaum zu glauben, daß Erich Schmidtkes Stall nur achthundert Meter von den Bockwurstbuden, Bierpinten und Pinkelbecken der Zocker entfernt ist. Es ist eine andere Welt. Ein kleiner Bauernhof mit uralten Pflastersteinen, Schmiede, Heuschobern und Pferdeäpfeln mitten in der Stadt. »Ick wollte immer in die Landwirtschaft«, erklärt Schmidtke zufrieden.

In der äußersten Ecke seines Stalls hat er sich eine kleine Trainerbude eingerichtet, in der man problemlos einen DDR-Film drehen könnte, ohne Umbauten vorzunehmen. An den Wänden kleben die zurückhaltenden Aktposter des staatlichen Kunsthandels, auf den Tischen klebt Sprelacart und in Schmidtkes Mundwinkel eine gute alte »Duett«. Hier, unterm Ölporträt, das ein »orjinaler Pferdemaler« irgendwann einmal vom jungen, er-

folgreichen Rennfahrer Schmidtke malte, läßt es sich gut von alten Zeiten träumen. Die neuen nämlich sind nicht so besonders. In seinen zwanzig Boxen stehen nur noch vierzehn Pferde. Gerade ist wieder eine Besitzerin zu einem Westtrainer durchgebrannt. »Die denkt wahrscheinlich, der kann ihrem Pferd fliegen beibringen.«

Fritz Daskiewicz hat nur noch ein Bein und eindeutig patenhafte Allüren. Rotgesichtig, regungslos hockt er wie ein dicker, kranker König im Rollstuhl, umgeben von ein paar unterwürfig lächelnden Begleitern. Vor ihm auf dem Tisch steht eine Flasche mit bernsteinfarbenem Inhalt, die er sukzessive leert, neben ihm ein blasser Mann in Lederjacke, dem Daskiewicz gelegentlich ein paar Geldscheine zum Setzen zusteckt. Welchem Prinzip er dabei folgt, bleibt unklar. Den Monitoren hat der Dicke demonstrativ den Rücken zugewandt, und auch sonst scheint ihn das Renngeschehen nur am Rande zu interessieren.

»Schreiben Sie«, diktiert der Pate. »Der Service läßt zu wünschen übrig. Wir sind aus Mariendorf ein anderes Niveau gewöhnt. Das war bestimmt mein letzter Ausflug hierher.« Mit einer federleichten, abfälligen Kopfbewegung durchmißt er die schäbige Halle. »Die Anzeigentafel da dürfte wohl noch Bismarck persönlich eingeweiht haben. Da haben sie ja in Kyritz an der Knatter modernere.« Seine Begleiter gackern artig. Daskiewicz trinkt etwas von der braunen Flüssigkeit und fährt sich anschließend schmatzend über die fleischigen Lippen. »Aber ihr Tierpark hier im Osten ist gut. Na los Mann, schreiben Sie!« Seine Augen blicken so kalt und fischig, daß einem angst werden kann.

Wenn Schmidtke Zeit hat, was selten ist, zäumt er sein halbblindes Pferd, um es zu trainieren, wie er sagt. Eigentlich dreht er nur ein paar langsame Runden und schwatzt beim Fahren mit dem einen der Trainer über die alten Zeiten und die neuen. Manchmal schaut er sich nur auf der Bahn um, auf der er sein halbes Leben verbracht hat. Er fährt an den Ställen vorbei, wo es reinregnet, weil niemand was investiert, solange die Treuhand nicht verkauft. An der Kaserne der Sowjetarmee, die nun auch schon fast leer steht, was Schmidtke einerseits gut findet, was ihn andererseits aber auch ein wenig traurig macht. Schließlich hat er hier 45 gewissermaßen zusammen mit den Russen angefangen. Ende der Vierziger hätte er ihnen mal fast zwei Arbeitspferde geklaut, die zum Grasen rüber auf die Trabrennbahn kamen. »Dit hätten die gar nicht gemerkt.

Ick hatte sogar schon einen Schlächter organisiert. Aber dann habe ick doch Angst gekriegt. Zwecks Sibirien.«

Er fährt an dem Haus vom früheren Rennbahndirektor Thierbach vorbei, »den sie da nicht rauskriegen, weil er dit irgendwie janz clever gemanagt hat«. Er denkt an die »orginalen Tiefflieger«, die sie ihnen ab Ende der Siebziger, »als allet anfing, bergab zu gehen«, vor die Nase setzten. »Funktionäre, die uns erzählen wollten, wie man Pferde trainiert.« Er trabt an dem Wiesenstück vorbei, von dem er vor kurzem auf einer Karlshorster Bürgerversammlung gehört hat, daß es ein Biotop ist. »Da gibt es praktisch Vögel, die es in Berlin gar nicht mehr gibt. Wenn Se verstehen, wat ick meine.« Und manchmal entdeckt er ein paar Rehe auf der Bahn, die von der Wuhlheide rüberkommen. Aber auch ohne Rehe ist Karlshorst für Schmidtke die konkurrenzlos schönste Trabrennbahn in Berlin. »In Mariendorf haben die doch allet zubetoniert. Dit kannste vergessen.«

»Ha' ick jewußt. *Fakir, Fabias. F. F.* Ha' ick jewußt.« Henry Czablewski rennt so ärgerlich durch die Wetthalle, daß sein bauschig gefönter Mittelscheitel heftig zu wippen beginnt. »Und wieso nehm ick se nicht?« fragt er sich schreiend. »Weil ick doof bin!«

Doch nach dem Rennen ist auch für Henry Czablewski immer vor dem nächsten.

So jubelt er wenige Minuten später der Halle, die eben noch glaubte, er sei doof, zu: *Lotterbube* macht's! »Und ick hab *Lotterbube* gesetzt.«

Henry hat gewisse Vorstellungen davon, wie ein professioneller Zocker auszusehen hat, und glaubt, diesen Vorstellungen ziemlich nahe zu kommen. Sein wild gemustertes Hemd steht drei Knöpfe weit offen, die Hosen tragen Bügelfalten, die Ärmel des blauen Jacketts sind lässig nach oben gekrempelt, die Schuhe glänzen. Henry Czablewski läuft mit weit ausladenden Schritten, wirft die Arme dabei lässig durch die Luft und hält sich auch sonst für ziemlich clever. Henry ist immer der letzte am Schalter. Wenn die schnarrende Lautsprecherstimme verstummt, wenn die Sirene sagt: Nichts geht mehr, gibt Henry seinen Tip ab. »Ick bin doch nicht blöd«, erklärt er. »Ick beobachte janz jenau, wie sich die Quoten noch in allerletzter Sekunde verändern. Dann geben nämlich die Stallburschen ihre Wetten ab. Die machen mir doch nischt vor.« Henry, allein gegen die Zocker-Mafia. Wieviel er setzt, will er nicht sagen. »Ick verrate doch nicht meine Einsätze.« So nervös wie er ist, muß es um eine ganze Menge gehen. Gemeinsam mit den anderen stürzt er nach draußen, um sich den Einlauf anzusehen. Seine blauen Rockschöße wehen im Rhythmus seiner Riesenschritte.

Die kleine Frau, die er am Tisch zurückläßt, ist seine Mutter. Rita Czablewski. »Wir gehen hier seit Jahrzehnten her. Mein Mann, Henry und ick. Dit ist ein Hobby, will ick mal sagen. Andere fahren in'n Garten, wir kommen hierher. Dit ist gemütlich, man trifft alte Bekannte und sowat. Und spannend ist es natürlich auch. Natürlich wirste nicht reich bei. Wenn du mal was gewinnst, kriegste gerade mal raus, was du vorher, all die Jahre verloren hast.«

Rita Czablewski hat schon mehrere Unterschriftenlisten gegen die Schließung der Karlshorster Rennbahn unterschrieben. »Dit wär schlimm für uns«, seufzt die Achtundfünfzigjährige. »Alleine wegen dit Fahrgeld bis raus nach Mariendorf. Wer soll denn dit bezahlen.« Sie ist im Vorruhestand, Henry ist arbeitslos. »Leider, muß man sagen.« Einen Moment lang sah es nicht schlecht aus für Henrys *Lotterbuben*, doch auf der Zielgeraden wird er noch abgefangen. Als Henry wieder reinkommt, wehen seine Rockschöße nicht mehr, sie baumeln. Henry Czablewski, der Henry Czablewski, dem niemand was vormacht, hat die Schnauze voll. Müde wirft er seinen wertlosen, wieder mal falsch ausgefüllten Tipzettel auf den Tisch. Der Einsatz des großen Henry betrug Zweimarkfuffzig. Weniger darf man nicht setzen. Später trägt er ein Tablett mit leeren Gläsern durchs Casino.

Erich Schmidtke ist heute zweimal mitgefahren. Mit *Jugendpreis* wurde er Dritter und mit *Olle Courtly*, einem vierjährigen Hengst von Wulf Olm, überraschenderweise sogar Zweiter. Nicht schlecht. »Ick bin natürlich kein Champion mehr«, sagt Schmidtke. »Aber, wo die Sonne uffgeht, dit weeß ick schon noch.« Schmidtke sitzt auf der Bank vor seinem Stall und reißt das zweite Päckchen »Duett« auf.

Das zehnte Rennen läuft, das letzte. Es verschafft den Wettern ein wenig Ruhe. Die Anspannung verschwindet. Keine schnarrenden Kommandos aus schlechten Lautsprechern: ... Noch zehn Minuten bis zum nächsten Rennen ... noch fünf ... noch zwei ... nichts geht mehr. Vorbei. Bis morgen für den Fotosetzer aus Westberlin, der nie mehr als achthundert Mark einsteckt, wenn er auf die Rennbahn geht. Ein zuckendes Nervenbündel in einem karierten Jackett, das mit flatternden Händen Wettscheine ausfüllt, zerknüllt, ausfüllt ... bis ihn die Sirene erlöst. Er spielt mindestens fünfzig Mark pro Rennen. Er verliert sie auch im zehnten, schüttelt den Kopf, stürzt ein Bier runter und geht. Morgen ist er in Mariendorf.

Je später der Abend wird, desto mehr verschmelzen die Spieler mit ihrer Umwelt. Die Klamotten sind irgendwann so zerknüllt wie die Wettscheine, die den Boden bedecken. Ihre Gesichter sehen nicht besser aus. Alfred Karategins Teint hat inzwischen den Farbton seines gelben Jacketts erreicht. Doch Alfred hat dreihundert Mark für fünfzig auf *Zierstein* gewonnen. Das hilft ihm ein bißchen über die Langeweile bis zum nächsten Dienstag, wenn wieder Renntag ist in Karlshorst. Zu Hause ist nämlich auch nicht mehr soviel los, sagt Alfred. Seit seine Frau gestorben ist, vorige Woche. Wir stehen vor der leeren Tribüne im Regen, und bevor ich noch etwas Beileidartiges rauskriege, dackelt Alfred ab. »Ick werde jetzt erst mal 'ne Molle zischen gehen.« Alfred ist vierundachtzig, Rentner aus Treptow.

Vielleicht kommt der Unterschied zwischen dem vornehmen Galopper- und dem urwüchsigen Traberpublikum auch von den Pferden her, sagt Schmidtke. »Een Galopper würde doch nie einen Kohlenwagen ziehen. Ein Traber kann dit.« Viel-

leicht überträgt sich das irgendwie
aufs Publikum, sagt Schmidtke. Rein
gefühlsmäßig.

Juni 1993

War Harry schon da?
Privatdetektiv Manfred Pannenberg hatte schlechte Zeiten und
sehr schlechte

Es war Mitte Januar, und es war sehr früh. Zu früh, um genau zu sein. Pannenberg schob Daumen und Zeigefinger in die Lamellen der Jalousie und beobachtete den Minutenzeiger der Lucky-Strike-Uhr auf der anderen Straßenseite beim Sprung.

Acht Uhr. Er hatte eine halbe Stunde geschlafen, trug seit achtundvierzig Stunden das gleiche Hemd und hatte auch den Rest seiner Gaderobe nicht gewechselt. Das Zeug, das er in letzter Zeit zu sich genommen hatte, schien weder gut für seinen Magen noch für seinen Kopf gewesen zu sein. Pannenberg dachte kurz an ein Leben nach dem Tod und blieb noch einen Augenblick am Fenster stehen. Das Zimmer in seinem Rücken würde er später lange genug beobachten können. Er wußte jetzt, wo er sich befand. Dort, wo er den größten Teil der letzten dreieinhalb Jahre verbracht hatte. In seinem Büro. »Agentur Diskret, Detektei. Observationen und Recherchen.«

In Pannenbergs Kopf steckte immer noch jede Menge Watte, aber mitunter tauchten ein paar unscharfe Bilder der letzten Nacht auf. Sie wurden deutlicher und schoben sich unter Schmerzen zusammen. Er hatte wie immer lange im Büro gesessen und auf Kunden gewartet. Und wie so oft war niemand in der siebenten Etage des Neubaublocks vorbeigeschlendert, der zufällig einen Detektiv brauchte. Abends waren ein paar ehemalige Kollegen von der Kriminalpolizei aufgetaucht, die ihm ab und zu bei einer Ermittlung halfen. Sie hatten ein paar Flaschen mitgebracht. Irgendwann war es halb zwei gewesen, die Kollegen weg und die Flaschen leer. Pannenberg war gerade dabei vornüberzufallen, als das Telefon klingelte. Kracht.*

Pannenberg hatte in den letzten vier Jahren jede Menge Verlierer kennengelernt, aber Kracht war der allergrößte. Er war in der DDR Direktor eines wichtigen Betriebes gewesen, hatte genug Beziehungen und Geld über die Zeiten gerettet, um sich danach selbständig zu machen. Alles lief, bis er sich in die falsche Frau verliebte. Eine Psychologin, die Geld brauchte, um eine Praxis aufzumachen. Kracht hatte Geld, sie liebten sich leidenschaftlich, und

* Name geändert,

kurz nachdem die Frau ihre eigene Praxis eröffnet hatte, warf sie Kracht aus dem Bett. Damit begannen seine Probleme. Er soff gegen den Liebesschmerz an, verlor die Firma, seine Fahrerlaubnis und beauftragte Pannenbergs Detektei, herauszufinden, was und mit wem es seine Geliebte treibt. 18 000 Mark investierte er über die Jahre in die Detektei. Soweit die gute Nachricht. Die schlechte war, daß das die Hälfte des gesamten Umsatzes der Agentur ausmachte.

In dieser Nacht hatte Kracht mal wieder volltrunken und verzweifelt vor dem Haus seiner Verflossenen am Hohenzollerndamm gestanden. Pannenberg war nicht viel nüchterner. Er nahm sich ein Taxi, holte den Mann ab, brachte ihn nach Hause, trank dort noch eine paar Bier und ein paar Schnäpse mit. Bis Kracht umfiel. Das Geld für eine weitere Taxifahrt hatte Pannenberg nicht. Er lief zu seiner Wohnung, führte seinen Hund aus, ging ins Büro, fiel für eine halbe Stunde vor Erschöpfung um und wußte jetzt, warum er sich so schlecht fühlte.

Der Tag draußen über der Holzmarktstraße überlegte einen Augenblick, ob er aufstehen sollte oder nicht. Er blieb liegen. Erstaunlicherweise wartete vor der Autowaschanlage nicht die kleinste Schlange. Es war ein Tag, an dem es selbst dem deutschen Autobesitzer egal ist, ob sein Wagen eine Wäsche braucht oder nicht. Pannenberg schaute in das warme Licht, das aus den Fenstern der ehemaligen Zigarettenfabrik schimmerte, wie das Mädchen mit den Schwefelhölzern auf den Christbaum. Er ließ die Jalousie zuschnippen und räumte die Gläser und die Flaschen vom Tisch. Es würde ein Tag werden, an dem er viel an früher denken würde.

Pannenbergs Leben hatte nicht so besonders hoffnungsvoll angefangen, und es sah nicht unbedingt danach aus, als sei in den nächsten Tagen mit glücklichen Wendungen zu rechnen. Pannenberg war jetzt sechsundfünfzig Jahre alt. Die meiste Zeit hatte er in Berlin-Mitte zugebracht.

Seine Schule am Koppenplatz wurde im November 43 ausgebombt, seine zweite Klasse dauerte drei Monate, die dritte zwei. Er wuchs in der Ackerstraße auf, wo er bald der einzige Junge ohne Vorstrafe war. Vielleicht wurde er deshalb Polizist. Er begann seinen Dienst auf der Gormannwache, die früher so was war wie die Hamburger Davidswache. Er kannte alle Nutten im Kiez, er trank mit ihnen im »Hamburg ahoi« und der »Derby Diele« und drückte ein Auge zu, wenn sie sich für einen Freier hinten

Die stumpfe Ecke

auf dem Hof über die Mülltonne beugten. Die Nutten wurden immer älter und verschwanden schließlich ganz. Er wechselte aufs Revier in die Münzstraße, studierte Kriminalistik, landete schließlich bei der Kriminalpolizei in der Keibelstraße und quittierte 1980 nach fünfundzwanzig Jahren den Dienst. Pannenberg organisierte dann auf Honorarbasis Veranstaltungen für die »Gesellschaft für Deutsch-Sowjetische Freundschaft«, verfaßte Artikel für eine Zeitschrift namens *Presse der Sowjetunion* und dachte daran, einen Kriminalroman zu schreiben. 1990 gründete er die »Agentur Diskret«. Sein erster Auftraggeber war ein Hertha-Fan, der einen anderen Hertha-Fan suchte.

Er hatte schlechte Zeiten gehabt und sehr schlechte. Er war dick geworden. Er wog weit über zwei Zentner. Die Knopfleiste des gestreiften Hemdes surfte in mächtigen Wellen über seinen Bauch, und wenn die Krawatte verrutschte, sah man in den Wellentälern ein graues Unterhemd. Doch er war immer noch erstaunlich schnell, überraschend witzig, und an einem guten Tag bekam er auch mal die Einladung ins Bett einer Klientin. In der Regel nahm er nicht an. Die Frau, die er liebte, lebte ein paar Straßen entfernt. Sie kannten sich seit dreißig Jahren.

Der Zeiger der Lucky-Strike-Uhr war fast zwei Stunden weitergekrochen, Pannenberg hatte abgewaschen, gelüftet und sich größere Mengen eines Duftstoffes in den Bart geschüttet, so daß es in dem Neubauzimmer, das sein Büro war, roch wie nach dem Unfall eines Bierfahrzeuges mit einem Kölnisch-Wasser-Tanker. Pannenberg saß in der hintersten Ecke seines Zimmers, wo er meistens saß.

Von hier aus hatte man einen exzellenten Blick auf die Rücken der Monografien zur Weltliteratur, Strittmatters Wundertäter I, II und III und auf den Spruch, der über der verglasten Tür hing: »Was nutzet uns die Traurigkeit – Viel Lachen tut uns not – Wir leben nur so kurze Zeit – Und sind so lange tot.« Pannenberg überlegte eben, ob er noch einen weiteren Löffel Kaffeepulver in seine Tasse schütten sollte, als es klingelte.

Die Frau war Ende fünfzig, hatte ein außerordentlich blasses Gesicht, seltsam leere Augen und eine weiße Pelzmütze auf den Kopf, die sie unter keinen Umständen absetzen wollte. Sie nahm Platz. Frau Bern* war seit zwei Jahren Klientin von Pannenberg. Sie hatte immer diese Geräusche gehört. Zum Anfang war es nur ein Klopfen an der Heizung

* Name geändert,

gewesen, ein Poltern, »als würde jemand Möbel umstoßen« und die »Hammerschläge auf den Küchenfußboden«. Sie war in den letzten Jahren wegen der Belästigungen dreimal umgezogen. Es nutzte nichts, die Geräusche zogen mit. Pannenberg hatte mit seiner gesamten Abhörtechnik eine Nacht in der Ein-Zimmer-Wohnung der Frau zugebracht. Er hatte natürlich nichts gehört. Das beruhigte sie eigenartigerweise. Bis am 21. Dezember dann das Rauschen anfing.

»Es ist so ein Meeresrauschen, das weg ist, wenn ich die Tür öffne. Der ist sehr schnell der Mann.«

»Der Mann?« fragte Pannenberg.

»Ja, es ist der Mann über mir. Ich habe ihn bereits zur Rede gestellt, aber er streitet alles ab. Aalglatt, sage ich Ihnen. Er handelt im Auftrag der ehemaligen Ehefrau meines verstorbenen Mannes.«

»Aber wir können doch nichts beweisen«, versuchte Pannenberg.

»Deswegen bin ich ja hier. Sie müssen donnerstags kommen. Donnerstags ist es am schlimmsten. Und bringen Sie Ihre Technik mit.«

Pannenberg lächelt schief. Er konnte nicht nein sagen. Schon gar nicht zu alten Frauen. Es waren aber vor allem die alten Frauen, die er geradezu magisch anzog. Frauen, die ihn in ihre Wohnung beorderten, wenn sie ins Café gingen, weil sie

sicher waren, daß genau in diesem Moment jemand einbrach. Jemand, der nie Geld mitnahm. Sondern die Tür nur einmal abschloß, obwohl die alten Damen den Schlüssel »hundertprozentig« zweimal umgedreht hatten, jemand, der Kaffee verschüttet oder ihnen Sand in die Waschmaschine gestreut hatte.

Pannenberg wußte, daß diese Aufträge ungefähr soviel einbrachten wie eine Detektei im siebenten Stock eines Neubaublocks mit Hauseingang nach hinten. Er machte sie trotzdem. Er nahm vierzig Mark die Stunde. Das niedrigste Honorar der Stadt. Und manchmal machte er Sonderpreise.

Er hatte anderthalb Stunden mit der Frau geplaudert. Sie hatte ihre Mütze nicht abgenommen und er keinen Pfennig Geld verdient.

Es waren keine guten Jobs, aber es gab schlimmere. Pannenberg hatte bei einer Observation auch schon mal stundenlang in Prenzlauer Berger Schwulenkneipen rumgesessen. Er hatte gewirkt wie ein Kranfahrer auf Weizsäckers Neujahrsempfang. Und da er nicht einen einzigen Song der Gruppe »Steppenwolf« kannte, war es auch keine gute Idee gewesen, in der Kreuzberger Rockerkneipe viele Fragen zu stellen. Er hatte nach dem abgetauchten Sohn einer besorgten Düsseldorferin gesucht und fast ein Messer in den Bauch gekriegt. Die Wirtin hatte ihn im letzten Moment aus dem Hintereingang geschleust.

Es gibt Jobs, die sollten sechsundfünfzigjährige Detektive mit Übergewicht lieber nicht annehmen. Nur leider können sich sechsundfünfzigjährige Detektive mit Übergewicht ihre Jobs oft nicht aussuchen. Wenn sie noch Herz haben, ist es besonders fatal.

Der Tag hatte sich entschieden, kurz aufzustehen und Pannenbergs Büro lächerlich zu machen. Fünf Minuten lang stöberte ein Sonnenspot jedes Staubkorn in seinem Arbeitszimmer auf. Er fuhr die billige Stereoanlage ab, das Feuerzeug in Pistolenform, den Ornamentaschenbecher und die teppichartige Tischdecke und krachte einen brutalen Augenblick lang in das gutmütige Gesicht des Detektivs. Dann schoben sich die Wolken wieder gnädig zusammen. Pannenberg wartete. Irgendwann schlief er ein.

Die ehemaligen Kollegen mußten lange an seiner Tür klingeln. Sie hatten einen Ehebrecher ins »Hilton« am Gendarmenmarkt verfolgt und suchten nun nach einem unbekannten Gesicht, das nachsehen konnte, ob er mit seiner Geliebten in einem der Restaurants saß oder ein Zimmer genommen hatte. Ein Opel Kadett wartete vor Pannenbergs Haus. Sein Lada war in der Werkstatt und würde wahrscheinlich nie zurückkommen. Er war 1978 gebaut und ständig abgehängt worden.

Pannenberg streifte in seinem dunkelblauen Trenchcoat und mit roten Augen durchs elegante Foyer. Er fiel nicht mehr auf als eine Straßenkatze im Rolex-Laden. Aber auch nicht weniger. Im Restaurant »Beletage« platzte er in eine Senioren-Veranstaltung, und beim Diskotheken-Personal erntete er mit seiner Standardfrage: »War Harry schon da?« ungläubige Blicke. Zumal die Disko erst vier Stunden später beginnen sollte. Er fragte hier und da nach Harry. Einem großen, sportlichen Typ. Doch weder Harry noch der gesuchte Ehebrecher waren im »Hilton«. Nach einer Stunde kam ein Kollege und flüsterte ihm ins Ohr: »Der Typ ist mit der Schnecke unterwegs nach Potsdam.«

Der Opel, mit dem Pannenberg gekommen war, hatte die Verfolgung aufgenommen. Beim Griff an die Hosentasche merkte er, daß er sein Portemonnaie vergessen hatte. Er wußte nicht, wie er hier wegkommen sollte. Er dachte an den reichen Arsch, der mit seiner Geliebten ins Wochenende düste, während seine Gattin von ihrer Grunewaldvilla aus Detektive in seine Spur beorderte.

Er beschloß, nicht mehr ins Büro
zu gehen. Sondern nach Hause zu
der Frau, die er liebte. Vielleicht würden sie morgen zusammen früh-
stücken.

Doch das war eine andere Geschichte.

Januar 1994

Vietnamesen schwitzen nicht so stark wie deutsche Arbeiter
Binh Luong Hoa und die letzten Normbrecher in einer Thüringer Lederfabrik

Es gäbe schlimmere Geschichten über Ausländer in Deutschland zu erzählen. Diese hier ist eine vom Anfang, von den Wurzeln und von Fehlern. Sie spielt in einer Lederfabrik der Thüringer Kleinstadt Weida und handelt von deutschen und vietnamesischen Arbeitern. Es ist eine Geschichte über das Heimrecht. Über die Schwierigkeit, sich mit dem Gedanken anzufreunden, daß der vermeintlich Schwächere mitunter stärker ist, als man denkt. Was besonders schwer ist, wenn vermeintlich Starke und vermeintlich Schwache gleich beschissen dran sind.

Wolfgang Heiland warf den ersten Stein. Er meinte es gut. Heiland war jahrelang Lehrmeister in den Lederwerken, »staatlich geprüft«, wie er gern anfügt. 1987, als die Vietnamesen scharenweise ins Land kamen, hielt ihn »die damalige Partei- und die Betriebsleitung« offenbar für genügend qualifiziert, die fünfzig »vietnamesischen Freunde« zu betreuen, die die Lederwerke Weida abbekamen. »Ich hab' mich natürlich mit Händen und Füßen gewehrt. Aber es half nichts«, erinnert sich Wolfgang Heiland. Da er die

Aufgabe nun einmal übernommen habe, kniete er sich auch voll rein. So sei er nun mal.

Was er nicht gelernt hat, ist das weiche »V« in Vietnam. er spricht immer noch von »meinen Fffietnamesn«. Aber er hat sie damals vom Flughafen Schönefeld abgeholt (»Die stiegen da aus mit einem Pappkarton unterm Arm als Reisegepäck.«), hat sich um die Einrichtung der Wohnheimzimmer gekümmert, organisierte die Einkleidung (»Teilweise mußte ich Kindergrößen ranschaffen, so klein wie die sind.«), schickte sie zum Sprachlehrgang (»Zweihundert Stunden Unterricht bekamen sie, aber gelernt haben sie kaum was.«), knüpfte die Fäden zur Schule, zur Essenversorgung und zum Wohnheim.

Probleme gab's mit dem »Freizeitplan«, den der vierundfünfzigjährige Meister zusammenstellte. »So 'ne Vielfalt, was ich da alles gemacht hab«, staunt er noch im nachhinein. Vor allem waren es wohl Exkursionen. Buchenwald war selbstverständlich dabei und auch Dresden. »Eigenartigerweise ging das Interesse der vietnamesischen

Freunde an meinem Freizeitplan immer mehr zurück. Auch als ich deutsche Familien auftrieb, bei denen sie Weihnachten und Ostern verbringen sollten, wollte kaum einer.« Es schwingt immer noch Unverständnis mit, wenn Heiland davon berichtet, obwohl alles schon so lange her ist. »Anfang 1991 haben sie die Planstelle für den Betreuer gestrichen. Auch meinen ehemaligen Lehrmeisterposten gab's nicht mehr. Da bin ich in die Produktion gegangen.«

Seitdem hat Heiland auch nichts mehr mit den Vietnamesen zu tun. Aber er kennt sie schon noch, seine Pappenheimer. »Sehen Sie da am Spannrahmen«, sagt Heiland und zeigt auf eine Maschine, an der zwei Vietnamesen und ein Deutscher arbeiten. »Das ist die Sechzehn, daneben die Dreiunddreißig und der Kollege Weber. Garantiert.« Mit gekrümmtem Finger lockt er einen der Vietnamesen von der Maschine. »Na, welche Nummer?« fragt er, und der Zeigefinger richtet sich auf. »Sechzehn«, antwortet Quang Troung Van pflichtbewußt. »Gut, gut. Du kannst gehen.« Heiland kichert stolz in sich hinein. »Sehen Sie.« Er hat es gut gemeint, als er ihnen Nummern gab, »damit ich die nicht durcheinanderhaue, wo sie doch alle gleich aussehen.« Er hat alles, was er damals tat, gut gemeint. Den Freizeitplan und so. Er

war eben nicht der richtige Mann für den Job.

Das ist lange her. Geblieben sind die Vorurteile. Einen Menschen, der anstatt des Namens eine Nummer trägt, kann man nicht ernst nehmen. Jemand, der »vor allem dort eingesetzt wird, wo er am dringendsten gebraucht wird« – so steht es im Regierungsabkommen zwischen der DDR und Vietnam –, kann kein vollwertiger Facharbeiter sein. Jemand, der freiwillig die blauen Anoraks der Jungpioniere trägt, der nicht weiß, daß man im Sitzen kackt und nicht im Stehen, jemand, der Angst vor dem Straßenverkehr hat, jemand, dessen gesamte Habe in einen Schuhkarton paßt, jemand, der noch nie Schnee sah, jemand, der die Mülleimer überquellen läßt und nach drei Bieren betrunken ist, so jemand also kann nicht sein wie wir. Nicht so tüchtig, nicht so sparsam, nicht so klug. So hätte es keiner der Lederwerker jemals ausgesprochen. Aber all das spukt ihnen im Hinterkopf und läuft zusammen, wenn es gebraucht wird. Wie bei der Sache mit dem Spannrahmen.

Die Lederwerke Weida hat es mächtig gebeutelt. Leder wird außerhalb von Mitteleuropa viel billiger hergestellt, und die traditionellen einheimischen Kunden, meist Schuhfabriken, haben Pleite gemacht. Das Lederwerk gehört der

Treuhand und tanzt am Abgrund. Von den ehemals neunhundert Beschäftigten blieben zweihundertfünfzig übrig. Von den fünfundsiebzig vietnamesischen Arbeitern sind noch achtzehn da.

»Natürlich haben einige der deutschen Kollegen, die wir entlassen mußten, sich aufgeregt, daß sie gehen müssen und die Ausländer bleiben dürfen«, weiß Betriebsleiter Ehrenfried Illmer. Doch er hat sich diesbezüglich nichts vorzuwerfen. »Wir haben immer gesagt, daß wir zuerst die deutschen Arbeitsplätze erhalten. Aber für die Arbeit, die die Vietnamesen machen, hat sich kein Deutscher gefunden. Wir haben sie angeboten. Aber die deutschen Bewerber haben gesagt: lieber arbeitslos als spannen. Sonst wäre kein Vietnamese mehr im Betrieb.« Dennoch rumpelt Unfrieden durch die alte Fabrik. Und Illmer ist nicht ganz schuldlos daran.

Spannen ist einer der wichtigsten Arbeitsgänge der Lederfabrikation. Er macht, wie sie sagen, »die Fläche«. Die gegerbte und gefärbte Rinderhaut wird gespannt und gespannt, um sie größer zu machen. Je größer, desto mehr Geld. Deshalb ist das Spannen wichtig. Es ist auch sehr schwer. Man kann es nämlich nirgendwo auf der Welt so richtig mechanisieren. Die finnische Werkzeugbaufirma, die das versucht hat, ist bezeichnenderweise pleite gegangen.

Also braucht man Menschen. Menschen, die die Häute über ein gelöchertes Metallbrett, den Spannrahmen, werfen und die vielen unterschiedlichen Zipfel und Enden des Leders mit kleinen Metallklammern feststecken. Ungefähr siebzig bis achtzig Metallklammern braucht man pro Haut.

Alles muß sehr schnell gehen. Denn die Spanner stehen im Akkord. Vier Leute arbeiten am Spannrahmen, zwei auf jeder Seite. Wenn sie gut sind, laufen sie wie ein Uhrwerk. Jeder verläßt sich auf den anderen, keiner steht auch nur eine Sekunde nutzlos rum. Die Vietnamesen sind gut. Es hat sich herausgestellt, daß sie besser sind als die Deutschen. Viel besser.

Dinh, Cong, Duc und Hoang schleichen wie die Katzen um das Spannblech. Man hat Schwierigkeiten, ihren Händen zu folgen. Sie verschmelzen mit der Maschine. Sie ziehen die Rahmen heran, entspannen sie, klammern die gespannte Haut ab, sortieren sie auf den fertigen Haufen, nehmen eine ungespannte von einem anderen Haufen, werfen sie über den Rahmen und klammern sie mit achtzig Haken an das Blech, spannen den Rahmen, schieben ihn in die Maschine zum Trocknen, greifen den nächsten

Rahmen ..., fünfzig Sekunden brauchen sie dafür. Immer fünfzig Sekunden, manchmal auch nur achtundvierzig. Das Famose ist, sie wirken ruhig und entspannt. Elegant, gelassen und schnell turnen sie um den Rahmen. Kein Schweißtropfen steht auf ihrer Stirn.

Zehn Meter weiter arbeitet die deutsche Spannbesatzung. Drei Frauen und ein Mann. Die Frauen haben sich dicke Pflasterstreifen um die Fingerknöchel gewickelt. Wenn sie abrutschen, reißen sie sich an dem scharfen Blech brennende Wunden in die Handrücken. Man rutscht ab, wenn man schnell sein will. Wie im Fieber stecken die Frauen Haken um Haken fest. Sie arbeiten mit dem ganzen Körper. Hektisch bücken sie sich nach heruntergefallenen Klammern. Ihre Hände sind angeschwollen, sie schwitzen unter den Kittelschürzen und haben acht Stunden lang nur einen Gedanken: daß endlich Schluß ist. Über eine Minute brauchen sie für eine Haut. Wenn man sie neben den Vietnamesen arbeiten sieht, weiß man warum.

Am Ende des Monats bekommen die Frauen für den knochenharten Job im Schichtdienst etwa 1200 Mark auf die Hand. Die Männer verdienen nicht viel mehr. In jedem Fall aber bekommen die deutschen Spanner weniger Geld als die vietnamesischen. Das ist das Gesetz der Akkordarbeit, und es ist eigentlich auch nur das kleinere Übel.

Als die Betriebsleitung begriff, daß ihre vietnamesischen Kollegen für den kranken Betrieb Gold wert sind, begann sie, um sie zu kämpfen. Am 30. September lief für die meisten die fünfjährige Frist ab, die das Regierungsabkommen, das die DDR seinerzeit mit Vietnam geschlossen hatte, für den Aufenthalt der Gastarbeiter vorsah. Geschäftsführung und Betriebsrat führten einen regen Schriftverkehr mit verschiedenen Thüringer Landesbehörden. In einem Brief ans Innenministerium vom April 1992 brachten sie ein schweres Geschütz in Stellung: »Von Gerbereien in den alten Bundesländern ist uns bekannt, daß dort die Produktionsbelegschaft fast ausschließlich aus Ausländern besteht, da deutsche Arbeitnehmer Gerbereiarbeiten meist ablehnen.« Es half alles nichts.

Im Juli lehnte das Innenministerium den Antrag auf Verlängerung der Aufenthaltsbewilligung ab. Die Lederwerker schrieben und telefonierten weiter. Und schließlich, einen Tag bevor das Bleiberecht der Vietnamesen erlosch, verlängerte die Thüringer Landesregierung. »Letzmalig« ordnete sie »die Aussetzung von Abschiebungen von

Vertragsarbeitern der ehemaligen DDR ... bis zum 31. Januar 1993« an.

Die Werkführung hatte es geschafft. Im Überschwang der Gefühle diktierte Betriebsleiter Ehrenfried Illmer der Lokalpresse: »Wäre das Bleiberecht für sie (die vietnamesischen Kollegen) mit dem gestrigen Tage erloschen, hätte auch unser Betrieb Pleite machen müssen. Die vietnamesischen Kollegen bringen aufgrund ihrer Fingerfertigkeit, der Arbeitsintensität und der hohen Temperaturbelastung achtundzwanzig bis dreißig Prozent mehr Leistung als deutsche Kollegen.« Das war der Hammer.

»Blödsinn«, findet Rolf Weber diese Behauptung. »Früher, als es noch kein Westgeld gab, haben die die Hälfte von dem gemacht, was sie heute bringen. Und außerdem sind sie nicht schneller als wir.« Andreas Hosenfelder könnte platzen, wenn er an den Artikel denkt. »Eine bodenlose Frechheit, ein Skandal«, stößt der dicke, große Mann im verschwitzten Unterhemd aus. Seine Brille mit den milchigen Gläsern hüpft fast von der Nase. »Die tun doch so, als seien die Fidschis fleißige Menschen und wir Deutschen faule Schweine. Das kann doch wohl nicht wahr sein, daß Ausländer uns im eigenen Land vorgezogen werden.« Er zeigt seine

breiten, schwieligen Hände als Dokumente des deutschen Arbeitswillens vor. Neulich, erzählt er, habe ihn der Meister gleich morgens wieder nach Hause geschickt, weil angeblich keine Arbeit dagewesen sei. »Für mich heißt das Kurzarbeit und weniger Geld. Und dann sehe ich, daß die Fidschis sogar noch eine zusätzliche Nachtschicht fahren müssen. Eine Frechheit.«

Die Erregung muß groß gewesen sein. Der zuständige Meister, Frank Hoffmann, sah sich gezwungen, den Oktober zum Monat verschärfter Qualitätskontrollen zu machen. Irgend etwas, vermuteten die deutschen Arbeiter, konnte an der Sache nicht koscher sein. Es war doch einfach nicht möglich, daß der Vietnamese prinzipiell fleißiger ist als der Deutsche. »Aber auch über die Qualität kriegten wir sie nicht. Das messen wir, indem wir stichprobenartig die gesteckten Spannhaken zählen. Es müssen mindestens siebzig pro Haut sein. Das schaffen die Vietnamesen spielend. Zum Spaß haben sie manchmal sogar neunzig Haken gesteckt, ohne weniger Leistung zu bringen. Nach den Kontrollen hatte ich eher den Eindruck, sie könnten noch mehr schaffen.«

Da also auch das nicht zog, wurde der böse Blick geprobt. Tran Dinh Truong erzählt. »Es gefällt den Deutschen nicht, daß wir soviel arbeiten.

Aber sie sagen es mir nicht ins Gesicht. Sie gucken ins Schichtbuch, sehen, wieviel wir gemacht haben, und schauen uns blöd an. So verächtlich.« Binh Luon Hoa meint: »Die deutschen Kollegen haben Angst, daß die Norm hochgesetzt wird, wenn wir soviel machen. Die Frauen, die am wenigsten verdienen, meckern überhaupt nicht. Nur die Männer. ›Du Ochse, du Schwein, arbeite nicht soviel!‹ sagen sie. Meistens sagen sie es nicht mir, weil ich gut deutsch spreche. Sie sagen es meinen Landsleuten, die schlecht sprechen und sich nicht wehren können.«

Die Leistungen der Vietnamesen sanken nicht. Die Zeit der Rechtfertigungen setzte ein. »Ich hab keine Zeit, meine Hände in Salzwasser zu legen, damit sich keine Hornhaut bildet. Ich hab eine Familie«, betont Rolf Weber. Das Familienargument schillert in allen Farben. »Der Deutsche hat eine Frau, und er hat ein Auto. Das hat der Vietnamese alles nicht«, weiß Meister Frank Hoffmann. »Die hauen sich nach der Schicht sechzehn Stunden aufs Ohr oder spielen noch ein bißchen Volleyball.« »Die rammeln doch hier nur drei Jahre durch. Aber wir müssen das zwanzig oder dreißig Jahre tun«, fällt Andreas Hosenfelder ein.

Inzwischen findet auch Betriebsleiter Illmer seine Worte in der Lokalzeitung nicht mehr ganz so zutreffend. »Daß wir ohne die Vietnamesen Pleite gemacht hätten, ist … äh … sachlich vielleicht nicht ganz amtlich«, stammelt er ängstlich. »Die Vietnamesen sind aufgrund ihrer Physis, Konstitution und, naja, Mentalität sehr wichtig für unseren Betrieb, wollen wir mal sagen. Sie, sie schwitzen nicht so stark. Aber wenn sie jetzt weggehen, können wir doch nicht den Kopf in den Sand stecken. Ich meine, unsere Werktätigen sind doch ebenfalls sehr fleißige Leute, nicht wahr?« Und beim Betriebsrat glaubt man nicht mehr daran, daß die vietnamesischen Kollegen über den 31. Januar hinaus bleiben können.

Binh Luong Hoa hat eine Familie in Weida. Seine Frau und die beiden kleinen Töchter kamen im vorigen Jahr nach Deutschland, nachdem Binh, wie ihn alle nennen, eine unbefristete Aufenthaltsgenehmigung erhalten hatte. Der Siebenunddreißigjährige hatte an der TU Dresden Betriebswirtschaft studiert, 1987 war er als Dolmetscher für die Gastarbeiter in die DDR zurückgekehrt. Diesmal nach Weida. Als 1991 dieser Posten nicht mehr bezahlt wurde, bewarb er sich beim Lederwerk in der Verkaufsabteilung. Er solle doch erst mal in der Produktion anfangen, sagte man ihm. Ein Jahr später fragte er noch mal nach, inzwischen war von einem Job außerhalb der Produktion nicht mehr die Rede. Binh arbeitet weiter als Spanner. Auch seine Knöchel sind geschwollen und voller Hornhaut. »Es stimmt, daß ich sie täglich in Salzwasser lege, damit die Hornhaut nicht ganz so wuchert. Aber doch nicht stundenlang. Ich habe schließlich auch eine Familie zu versorgen.«

Die Familie ist in eine ehemalige Betriebswohnung des Werkes in der dunkelsten Ecke Weidas gezogen. Sie haben sie so eingerichtet, wie sie sich eine gute Wohnung vorstellen. Mit dunklen, schweren Möbeln, einer wuchtigen samtenen Couchgarnitur und einem großen Wandteppich mit Löwen. Binh hofft, daß der Ausländerhaß nicht nach Weida schwappt. »Es ist eine Kleinstadt. Da kennt jeder jeden. Bis jetzt ist auch nicht viel passiert. Zweimal waren ein paar Jugendliche im Wohnheim meiner Landsleute und haben mit Steinen Fenster eingeworfen und Krawall gemacht. Aber die waren betrunken und kamen von der Disko. Manchmal schreit auch jemand einem meiner Landsleute hinterher: ›Ausländer raus‹. Aber ansonsten ist es nicht schlimm.«

Im Werk sei das Klima eigentlich auch sehr angenehm, meint Binh. Aber, daß die Deutschen sich über die Arbeitswut seiner Landsleute

aufregen, kann er nicht verstehen. »Sehen Sie, die meisten müssen im Januar nach Hause fahren. Was sie hier in einem Monat verdienen, dafür muß man in Vietnam jahrelang arbeiten. Wer dorthin nach so langer Zeit zurückkommt, muß sich wieder eine neue Existenz aufbauen. Es ist doch wohl klar, daß meine Landsleute die Zeit so intensiv wie möglich nutzen. Das muß man doch einfach verstehen.«

Die Spätschicht an den Spannrahmen hat es fast geschafft. Die Frauen sehen müde aus. Vor allem Margarete Hexler macht keinen guten Eindruck. Ihre Augen sind stumpf. Dreiundzwanzig Jahre hat sie als Sachbearbeiterin in der Finanzbuchhaltung gearbeitet, bevor die Stelle im vorigen Jahr wegfiel. Sie hat zunächst leichtere Produktionsarbeiten gemacht, dann schwerere, und seit drei Wochen spannt sie. Sie macht es, weil ihre Tochter studiert. Auch die dreiundfünfzigjährige Lore Fiedler war früher in der Verwaltung. Sie hat den Trick mit dem Salzwasser mal probiert, es aber nicht ausgehalten, weil es so brannte. Die Frauen mögen die Vietnamesen eigentlich, die dort zehn Meter neben ihnen schinden. »Sie sind freundlicher als unsere Männer«, meint Lore Fiedler.

Den Vietnamesen gehen die

Häute aus. Drei von ihnen ver-
schwinden, um eine neue Palette
heranzuschleppen. Der vierte geht
rüber zu den Frauen und hilft ihnen
ein bißchen.

November 1992

»Ich mußte zehn Jahre auf meinen Skoda warten. Na und?«
Dieter Gotthards Leben in der Braunkohle schlug keine Haken

Gotthard weiß nicht, wieso er erleichtert ist, wenn die Haustür ins Schloß fällt. Er hat noch nie darüber nachgedacht. Er schließt beim Gehen die Tür ganz leise, damit die Frau nicht aufwacht. So nennt er sie: »die Frau«. Er schaltet ihr Schnarchen ab, ihre Krücken, die am Fußende des Ehebettes lehnen, und löscht die muffige Stubenluft, die sie verbreitet, wenn sie abends noch fernsieht, während er schon schläft. Gotthard saugt die einzigartige Luft ein, die die Nacht produziert, wenn sie zum Morgen wird. Er fühlt sich frei.

Früher ist er auf die Straße getreten und hat nachgesehen, wo der Bus bleibt. Zehn, manchmal fünfzehn Minuten stand er dort und hat gewartet. Es waren die einzigen untätigen Minuten des Tages. Gotthards schönste Zeit. Tausende besinnliche, müßige Viertelstunden im Morgengrauen. Heute geht er ein paar Schritte zu seinem gebrauchten Ford Fiesta, startet ihn und fährt zur Arbeit.

Früh um fünf, wenn sich auf dem schrecklichsten Stück deutscher Autobahn zwischen Leipzig und Borna die Kumpel drängeln, wenn die Skyline von Espenhain noch nicht schäbig aussieht, sondern dämonisch, wenn der Dunst und die Dämmerung sich gnädig über Raffinerien, Kokereien, Gasereien, Kessel, Kraftwerke und Schlote legen, wirkt der Tagebau gottgewollt. Wie eine ewige, uralte Schlange liegt er leblos in der kargen Landschaft. Der Grand Canyon von Borna. Die Sandschichten schillern, und unten in schwindelnder Tiefe schlängelt sich das Braunkohleflöz wie ein schwarzer, brodelnder Fluß durchs Tal. Ein einziger gewaltiger und sanfter Riß in der mitteldeutschen Erde, dem man nicht zutraut, von Menschenhand zu stammen. Er muß schon immer dagewesen sein. Vielleicht ist es diese Urgewalt, die den Eingeborenen das Nachdenken austrieb.

Gotthard sieht nichts von dem falschen morgendlichen Zauber. Er denkt an den Kaffee, den die müden Küchenfrauen ihm gleich in die abgegriffenen Keramiktassen füllen werden. Vorher geht er an den Blechspind, wo seine durchgetretenen Arbeitsschuhe warten, die dicken Socken und der blaue Anzug, der so säuerlich riecht und immer ein bißchen feucht ist. Er zieht diese Sachen gern an, sie geben ihm Sicherheit. Die Männer schließen scheppernd ihre Blechschränke und gehen mit schweren, lässigen Schritten rüber zu den Küchenfrauen. Sie sind die Tagebaukumpel, die Wettbewerbssieger, der Stolz der Republik. Sie kommen immer ein paar Minuten zu früh zur Arbeit. Das nimmt ihnen keiner mehr.

Dieter Gotthards Karriere schlug keine Haken. Sein Vater blieb im Krieg. Die Mutter stand allein mit drei Jungen da. »Wir hatten nichts zu heizen, und im Tagebau gab's hundert Zentner Kohle Deputat im Jahr.« Er ist geblieben, auch später, als Kohlen nicht mehr knapp waren. Seit achtunddreißig Jahren arbeitet Gotthard im Tagebau. Er verlegt Gleise für die riesige Förderbrücke, die sich Meter für Meter durch die Landschaft frißt. Ein schwerer Job. Er hat aus dem vierundfünfzigjährigen Gotthard ein kleines, braungebranntes Kraftpaket gemacht, das nachts manchmal Rückenschmerzen hat. Er hat ihm einen schlichten, geraden Charakter gegeben.

Solche Charaktere waren es, die das Wirtschaftswunder DDR fertigbrachten. Ein Wunder, das nie dazu führte, daß man genug Orangen bekam oder das Auto, das man gern gehabt hätte. Eher ein kleines Wunder, das das Land im Osten Deutschlands trotz seiner vergreisten Führer so lange am Leben hielt. Ferienheime, Milch- und Essengeld, Ehekredite und Mütterurlaub, Kinderkrippen und die Volvos der Regierung, das Wohnungsbauprogramm, solche Dinge waren es, die Männer wie Gotthard möglich machten. Jedenfalls hörten sie das immer wieder. Und hörten es gern. Und wurden stolz auf sich und ihre Arbeit und ihr Land. Das kann heute niemand so richtig begreifen, der sie da stehen sieht, in den öden Tagebauen, neben schwelenden Ruinen und öligen Flüssen. Und sie von alten Zeiten schwärmen hört.

»Ich habe gern in diesem Land gelebt. Ich hatte genug Geld zum Leben. Die Sicherheit, die es damals gab, fehlt mir jetzt. Ich bin vierundfünfzig Jahre alt, das ist kein gutes Alter, um noch mal von vorn anzufangen. Und außerdem hat es mir nie an irgendwas gefehlt. Man hat doch alles bekommen, was man brauchte. Und wenn nicht, ist man eben zweimal gefahren. Oder dreimal. Ich mußte zehn Jahre lang auf meinen Skoda warten. Na und? Das war genau die richtige Zeit, um das nötige Geld dafür zusammenzusparen. Nein, das war kein schlechter Staat, die DDR. Das kann mir keiner einreden. Ich war drei Jahre lang freiwillig an der Grenze, als Soldat.«

Die stumpfe Ecke

Der einzige Makel in diesem geradeaus gelebten Leben ist der Sohn, den Gotthard zeugte. Er ist, so sieht es Gotthard, »aus der Art geschlagen«. Ein Mensch, der nicht fünf Minuten zu früh zur Arbeit erscheint, sondern eher gar nicht. »Als ich das erstemal seine Fehlschichten gesehen hab, dachte ich, mich haut's in die Fresse. Das klingt zwar blöd, aber ich habe mich regelrecht geschämt für den Jungen. Er hat ja auch im Tagebau Espenhain gearbeitet. Ich selbst brachte ihn damals hier unter. Ich hab immer gesagt, das kann doch nicht wahr sein, der Vater ist jeden Tag da, und der Sohn bummelt.«

Daß der Sohn nicht das Leben des Vaters leben wollte, ein Leben ohne Liebe, an der Seite einer kranken, immer gleichgültiger werdenden Frau, ein Leben ohne Urlaub, ohne Ferien, ein Leben, dessen sechsten Teil man auf ein Auto spart, ein Leben ohne Ausbruch aus der Bahn, das kann sich Gotthard nicht vorstellen. »Ich hab immer nach der Devise gelebt, ehrlich währt am längsten. Der Sohn aber hat Schulden gemacht, um sich ein Auto zu kaufen, er hat gesoffen und sich eine Frau genommen, die immer nur nehmen wollte, aber nie geben.«

Jetzt ist Gotthards Junge bei der Reichsbahn untergekommen und hat eine neue Frau. Eine vernünftigere, wie sein Vater findet. Eine wie seine. Vielleicht fängt sich der Sohn wieder. »Er hatte ja früher eigentlich eine gute Meinung. Er hat die zehnte Klasse gemacht und wollte danach zur Staatssicherheit gehen. Aber dann plötzlich hat er das alles hingeschmissen.« Staatssicherheit hat in diesem Satz nichts Schlechtes. Es steht für eine ordentliche, regelmäßige Arbeit.

Die Morgensonne dampft langsam die Feuchtigkeit aus dem Boden, noch löst nicht jeder Fußtritt eine Staubwolke aus. Gotthard greift die Schienenzange und packt das vier Zentner schwere Gleisstück an seiner linken, vorderen Ecke. Seine drei Kollegen verteilen sich auf die anderen Enden. Als sie die Schiene anheben, reißt einer von ihnen schmerzhaft seinen schwarzen zahnlosen Mund auf. Ein alter, dünner Mann mit gelbem Rauchergesicht. Die Arbeit ist viel zu schwer für ihn.

September 1992

Zehn leere gegen zehn volle
Achim Schwarz, Held der Arbeit,
wartet, daß es dunkel wird

Bugs bunny ist zu lustig. Viel zu lustig. »Simsalabim«, quäkt er und schwingt einen Zauberstab. Das milde Morgenlicht, das durch die Gardinen quillt, läßt den Hasen blaß aussehen. Joachim Schwarz wirkt nicht viel frischer. Die schale Fahne, die zwischen uns liegt, klärt den Sachverhalt. Wir müssen nicht darüber reden, und er muß sich nicht zusammennehmen. »Das schönste ist, daß ich jetzt ausschlafen kann«, erklärt er. Doch wir wissen beide, daß es nicht der Schlaf ist, der sein Gesicht so auftrieb. Schwarz knallt den quasselnden Trickfilmhasen mit der Fernbedienung ab.

Es ist nicht viel, was ein Arbeiter zurückläßt. Bei Achim Schwarz paßt es in die Glasvitrine einer matt glänzenden Schrankwand. »Alles selbst geblasen. Naja, kleiner Klipperkram«, sagt er. Ein paar »Asbach-Uralt«-Weinbrandschwenker stehen in der Vitrine, Tierchen aus Glas und kleine Stiefel. »Haste jetzt auch nichts mehr davon«, greint seine kranke Mutter aus der Küche. »Jetzt, wo de keine Arbeit mehr hast.« Als sie den traurigen Blick ihres Sohnes fängt, räumt sie ein: »Laß mal, Achim. Ist ja wenigstens 'ne Erinnerung.«

Zweiundvierzig Jahre lang hat Achim Schwarz im Glaswerk Jena gearbeitet. Zweiundvierzig von sechsundfünfzig Jahren Leben. Am 30. Juni schickte das Werk den Glasbläser in Vorruhestand. Seitdem sitzt er vorzugsweise in einer raschelnden Jogginghose und einem Campinghemd in der wuchtigen Couchgarnitur vor dem Fernsehgerät. Wenn er nicht gerade die Grünanlagen vor dem Haus pflegt. Oder beim Getränkehändler Nachschub holt. »Was willst'n machen?« fragt er. Genaugenommen ist es keine Frage.

Er steigt nicht mehr auf den Berg, wo seine alte Fabrik steht. Er will sich nicht wehtun. Nur mir zuliebe gehen wir durch die Schranke der Jenaer Glaswerke. Die ZIL-Hütte, in der Schwarz sein Arbeitsleben verbrachte, ist ein dunkles Loch. Ein paar Männer ziehen aus einem ringförmigen Ofenkarussell leuchtende Glasklumpen. Willfährig fließen die plumpen, roten Glasballen in die Gestalt von Teekannen, Kerzenhaltern und Aufsätzen für Petroleumlampen. Schwarz wartet im Schatten darauf, daß sie ihn erkennen.

»Mensch, Achim«, ruft jemand. Ein paar der Glasmacher kommen und begrüßen ihn, erzählen, daß die Hütte wohl bald dichtmachen wird, und fragen, wie es denn geht. Doch fünf Minuten später steht Schwarz ihnen schon wieder im Weg. »Mensch, paß doch auf, Achim, wir arbeiten hier«, schnauzt ihn ein junger Mann an. Schwarz murmelt was von »junger Spund« und verschwindet.

Das Werk unterhält einen kleinen Laden, in dem es seine Erzeugnisse ausstellt und verkauft. Teeservice, Kuchenformen, Töpfe, Pfannen, Gläser und so was. Das Geschäft hat sich in Schwarz' Abwesenheit in eine durchgestylte Boutique mit Marmorfußboden verwandelt. Hinter dem eleganten Verkaufstisch steht ein eleganter Verkäufer. Schwarz' Fahne streicht durch die Exponate. Das Was-kann-ich-für-Sie-tun? ist scharf wie ein Industriediamant. Schwarz geht auf den Mann zu und haut ihm freundschaftlich auf die Schulter. »Ach, ich hab hier mal gearbeitet und seh mir das an, wissen Sie. Wie lange sieht denn das schon so gut aus?« »In dieser repräsentativen Form seit April 92«, erklärt der Verkaufsleiter und schüttelt Schwarz' Arm ab. »Wir haben hier schließlich Gäste aus aller Welt.«

»Und nicht solche Penner wie du«, schicken seine Augen hinterher. Der Mann heißt Karl Heinz Hugh

und war vor der Wende wissenschaftlicher Assistent bei einem der unzähligen Leiter. Hugh hat von Männern wie Schwarz gelebt. Er hat keine Ahnung vom Glas. Warum zum Teufel gewinnen immer nur die Arschlöcher?

Vor dem Getränkeladen hat der gütige Händler eine Bank und einen Gartentisch aufgestellt. Leider werden die Abende kühl. Schwarz stöhnt leise, als der erste Underberg in ihn läuft. Dann geht es. Die zehn leeren Bierflaschen in seinem Weidenkorb haben sich in volle verwandelt. Schwarz wartet auf den Abend. Es wird ein Fußballspiel im Fernsehen geben. Leider beginnt es erst um zehn.

Es gibt ein Foto aus besseren Zeiten. Schwarz hat es in einen schmalen Rahmen gesteckt. Es ist ein Heldenbild. Am 5. Oktober 1984 erhielt Hans-Joachim Schwarz die Auszeichnung »Held der Arbeit«. Er wurde früh mit dem Auto abgeholt und erst nach Mitternacht wieder nach Hause gefahren. Dazwischen gab es ein großes Bankett im Palast der Republik, ein paar Reden und jenen feierlichen Augenblick, den das Foto festhält. Erich Honecker gratuliert Achim Schwarz. Honecker spitzt die Lippen, wie man es kennt. Schwarz hat einen neuen, dunklen Anzug an. Er ist ein Held.

Er war der einzige im Betrieb, der
diese Auszeichnung bekam. Warum,
weiß er bis heute nicht.

September 1992

Moni iss in ihren Suff uff Strümpe los
Polizeiobermeister Thiemann sucht eine hilflose Person

Moni ist weg. Wir haben in der Husemannstraße nachgesehen, in der Storkower, Ostseestraße und auch Ecke Greifswalder vor Kaiser's, wo man sie oft trifft. Aber wir fanden nur den bleichen Freddy, den einbeinigen Zweig und Voll, der bis über beide Ohren tätowiert ist, sowie jede Menge dreckigen Schnee. Moni ist abgetaucht, verschwunden, verschollen. Ab und zu hustet das Funkgerät eine Nachricht aus, die zu Moni paßt. Eine Hilflose im Schnee, eine geklaute Flasche Steinhäger, eine beleidigte Verkäuferin.

Und natürlich kennen sie auf dem Abschnitt einen Sackvoll Geschichten über Moni. Welche von früher und welche von heute. Traurige, unappetitliche und unglaubliche.

Polizeioberrat Kussack leitet den Berliner Polizeiabschnitt 77 und sieht eigentlich aus wie ein Mann, der nicht gern um den heißen Brei redet. Breite Schultern, breites Grinsen. »Unser Abschnitt hier, wie überhaupt der Prenzlauer Berg, ist, wie soll ich sagen, aus sozialem Blickwinkel gewissermaßen, eher schwach besattelt. Wir haben viele Arbeiter hier, was so nun auch nicht stimmt, weil die meisten ja gar keine Arbeit haben, nicht wahr.« Kussack macht eine kleine Pause, in der er mit dem Durcheinander hadert, das er da eben erzählt hat. Kussack strafft die Schultern. »Um mal ganz ehrlich zu sein, hier wird unheimlich viel gesoffen. Wir haben in unserem Abschnitt eine alkoholkranke Kundschaft, davon träumen andere Polizeiabschnitte nur. Und genauso sieht dann auch unsere Arbeit aus. Jetzt, wo es so kalt wird, wärmen sich die Leute natürlich viel in den Kaufhallen auf. Und, wenn sie schon mal drin sind, lassen sie auch mal 'ne Flasche mitgehen. Wir haben da schon einen Haufen Kandidaten, die uns immer wieder beschäftigen.«

Moni zum Beispiel. »Die iss neben Sylvia aus der Marienburger echt die schärfste Alkoholikerin im Kiez«, sagt Polizeiobermeister Thiemann. »Moni haben wir mindestens zwei bis dreimal die Woche im Streifenwagen«, ergänzt Polizeimeister Knut Jakob. Und Michael Demus, der schon als Volkspolizist in Prenzlauer Berg Streife lief, erklärt: »Moni iss 'ne Suffnudel, die kenn ick mindestens seit 1988. Damals hat se sich mal an de Protokollstrecke gestellt, und als Honecker vorbeifuhr, hat se den Pullover ausjezogen. Mit nischt drunter. Da war die Hölle los. Die haben alle gedacht, dit war politisch gemeint. Aber Moni ist einfach fertig uff de Röhren.«

Am Dienstagabend konnte Moni das Taxi nicht bezahlen, mit dem sie sich großkotzig von der Schönhauser zur Ostseestraße chauffieren ließ, Mittwoch hatte sie noch einen Ladendiebstahl. Seitdem hörte man auf der Wache nichts mehr von ihr. Doch das beunruhigt nun wirklich keinen.

Polizeiobermeister Boestel glaubt, daß wir Moni vielleicht in der Storkower finden, wo Freddy wohnt. Da sei sie zuletzt häufig gewesen. Da müssen wir später sowieso hin, weil Unbekannte Freddys Tür schwarz angemalt haben. Boestel führt den Streifenwagen durch den Kiez und gibt ein paar kriminalistische Hinweise. In der Kaufhalle Winsstraße beispielsweise werde ziemlich viel geklaut, jede Menge Schnaps natürlich, aber auch Batterien, Schokolade, Glühbirnen und Seife, sagt Boestel. »Und die armen Schweine, wie Moni, stecken sich natürlich auch Wurst und Käse ein.«

Boestel weiß zu jeder Ecke, die wir anfahren müssen, eine Geschichte. Husemann-/Naugarder Straße zum Beispiel, wohin der Streifenwagen

jetzt zu einem leichten Verkehrsunfall gerufen wird. Genau da stand vor etwa einem Monat ein Mann. Mitten auf der Straße. Er drückte sich mit beiden Händen ein großes Messer, eine Art Hirschfänger, auf den Bauch und drohte damit, sich umzubringen. »Die Arbeit weg, die Frau weg, angefangen zu saufen, dit Übliche«, erinnert sich Boestel. Sie haben eine Stunde lang auf ihn eingeredet, bis der Mann, ein Koch übrigens, erst zweiunddreißig Jahre alt und »ordentlich angezogen«, das Messer fallen und sich abtransportieren ließ. »Ich glaube, der kam gleich nach Herzberge«, sagt Streifenführer Boestel.

Es dauert ein wenig, bis Freddy seine Wohnungstür gefunden hat. Er hat sie hinter einer dicken, alten Decke versteckt, die wenigstens die Zugluft abhalten soll, wo er schon keine Kohlen mehr zum Heizen hat. Jedenfalls hat er wahrscheinlich keine Kohlen mehr. Er hat nicht nachgesehen. Freddy geht nicht mehr aus der Wohnung, seit einem Jahr nicht mehr. Vielleicht auch länger, er weiß es nicht. Er muß blinzeln, als er durch den Türspalt sieht, obwohl es in dem Hausflur nicht gerade hell ist.

»Kommt rin, kommt rin«, bittet er die Polizisten in einen Raum, der von einem flimmernden Schwarzweißfernseher, einer glimmenden

Die stumpfe Ecke

Zigarette und einem Hauch Tageslicht beleuchtet wird und riecht wie der Müllschluckerraum in einem schlampig verwalteten Hochhaus.

Die schwarzen Schmierereien an seiner Tür? Welche? Oh, die hat er gar nicht gesehen. »Nich so schlimm, nich so schlimm«, sagt er schnell. Er will ja keinen Ärger haben. Freddy ist vierundsechzig Jahre alt, leichenblaß und ein leiser, höflicher Mensch. Er fragt, ob er sich hinsetzen darf. »Mir iss irgendwie schwummrich.«

Moni? Die sei gestern vormittag – oder war es abends – plötzlich rausgerannt. Weg. »Moni iss in ihren Suff uff Strümpe los. Dit passiert manchmal, wenn se gesoffen hat. Aber jetzt iss ja besonders schlimm. Wegen die Kälte.« Er habe dann noch mit Christian, dem Bekannten von Moni, »ein bißchen gesessen«, dann, vielleicht auch am nächsten Morgen, habe Christian Monis Pelzjacke und die Schuhe mitgenommen, sei weggegangen und nicht mehr wiedergekommen. »Ick mach mir ja ooch schon Sorgen«, sagt Freddy.

Bei welcher Gelegenheit er Moni kennengelernt hat, weiß Freddy nicht mehr. Jedenfalls zu Zeiten, als er noch Miete und Strom bezahlt hat. Damals, als er noch ein gutes Verhältnis zu seinen Nachbarn hatte

und manchmal auf die Straße rausging.

Moni machte ab und zu sauber, räumte auf, brachte auch mal zu essen, zu trinken und zu rauchen und gelegentlich einen Bekannten mit. Christian zum Beispiel, der sie manchmal verprügelt, was Freddy nicht so gut findet. Andererseits hat Christian versprochen, ihn mal zum Sozialamt zu begleiten, damit er endlich die Miete bezahlen kann. »Vielleicht Freitag«, sagt Freddy. Wieso nach all den Jahren gerade Freitag? »Weil Mittwoch zu iss, globe ick«, antwortet er. Den vertrockneten Blumenstrauß auf seinem Schrank hat ihm Moni geschenkt.

Draußen vor der Tür laufen Sven-Detlef Voll und Frank Pantel vorbei. Es ist ein schöner klarer Vormittag, sie haben bei Kaiser's ein paar Schachteln Kippen geholt und zwei Fischbüchsen, Pantel hat eine Granate in der Jacke, und die Luft zwischen uns riecht so, als sei sie bereits offen. Klar kennen sie Freddy und auch Moni, Pantel hat sogar schon mal Freddys Wohnungstür eingetreten. »Die Kleene hat drinne jeschrien wie am Spieß, weil ihr Oller se vertrimmt hat. Die sah grün und blau aus. Früher wärste wegen sowat gleich abjegangen.«

Pantel weiß, wovon er redet. Er ist bis zur Halskrause volltätowiert, sein Kumpel Sven-Detlef sogar noch höher. Die Augenlider sind zu, und auf der Backe trägt er einen blauen Schlumpf. Seit der Amnestie 1990 sind beide draußen und ohne Arbeit. Sie sind jetzt »ordentliche Bürger«, sagen sie, und hätten sich sogar fast mit Polizeiobermeister Boestel zusammen fotografieren lassen, fürchteten dann aber, Ärger mit ihren Kumpels zu kriegen. »Schließlich war ick neunzehn Jahre im Bau«, erklärt Voll und haut Obermeister Boestel »nischt für unjut« freundschaftlich auf die Uniform. Pantel sagt noch: »Mensch, olle Freddy hat doch keene Hoffnung mehr. Manchmal kann ick mich richtig in die alle rinfühlen.«

In der Wache ist ein bißchen Ruhe eingekehrt. Ein paar hacken ihre Berichte in Erika-Schreibmaschinen-Monster, andere trinken Kaffee. Es wird über fehlende Vordrucke geredet. Das Antiblockiersystem der drei neuen Funkstreifenwagen, die sie jetzt bekommen haben, wird gelobt, und Wachleiter Stefan Hofmann beschwert sich aufgeräumt bei Polizeimeister Demus: »Warum hast du mir keine China-Pfanne von Streife mitgebracht, Micha?« Es wirkt fast ein wenig unangemessen, als Hofmann erklärt: »Ja, wir hier im Prenzlauer Berg haben schon ganz schön zu kämpfen.« Aber seine Kollegen füllen die Behauptung mit Leben.

Einer erzählt, daß ihn Anfang der Woche in der Kneipe »Stop 7« eine angetrunkene Frau mit einer Hundeleine verprügelt habe. Thiemann berichtet von »olle Günther Ziehfuß«, der ihn vor anderthalb Jahren mal angegriffen habe. »Da hatte Günther noch achtzig Kilo. Vor ein paar Wochen hab ick ihn tot in seiner Wohnung gefunden. Zwanzig Kilo waren noch übrig, die Leber total zerfressen und Arme so dünn wie Bleistife.« Sie erzählen von Leichen, aus denen die Maden krochen, zerschmetterten Schädeln, geplatzten Augen, abgerissenen Armen. Und Michael Demus berichtet, wie Monis Bruder starb.

»Dit war genau so ein Suffke wie Moni. Im letzten Sommer hat er im Tee an die Tür seiner Schwester gekloppt. Die saß drin mit dem Vater aus Oranienburg und hat gesoffen. Wat sonst. Sie haben einfach nicht aufgemacht. Da hat er versucht, in seinem Suff, im vierten Stock vom Hausflurfenster rüberzuklettern zur Küche und ist abgestürzt. Drinnen haben die nichts mitbekommen. Wir haben ihn später gefunden, geklingelt und der Schwester gesagt, daß ihr Bruder tot ist. Da haben se gleich die nächste Flasche aufgemacht.«

Es gibt eine »Hilli« in der Kaiser's Kaufhalle, Greifswalder Straße, sagt das Funkgerät. »Hilli ist eine hilflose Person«, erklärt Streifenführer

Oliver Thiemann. »Jemand, der ohne unsere Hilfe nicht mehr auf die Beine kommt. Ick nenne sie immer Schicksale.« Das »Schicksal« in der Kaufhalle ist nicht Moni, es ist Heinz Zweig. Er sitzt auf der Heizung der Kaufhalle und läßt das eine Bein baumeln, das er noch hat. In der Hand hält er ein Stück Quarkkuchen, neben ihm steht eine halbleere Flasche »A&P-Korn« und vor ihm die Filialleiterin Christine Jaskulka.

Eine blöde Situation. Draußen ist es bitterkalt, und Heinz Zweig scheint ganz friedlich zu sein. »Es haben sich Kunden beschwert«, sagt Frau Jaskulka leise. »Wenn er doch bloß nicht immer so krakeelen würde.« Heinz Zweig sitzt vergnügt auf der Heizung und mümmelt an seinem Kuchenstück. Das umgeschlagene Hosenbein, in dem der Stumpf steckt, ist ein bißchen vollgepinkelt. Obermeister Thiemann streift sich die Hygiene-Handschuhe über. »Komm Heinz, iß in Ruhe uff, und dann gehen wir zusammen raus, ja?« Heinz kaut eine Idee langsamer. Er grient.

Später im Auto gesteht Thiemann, daß ihm das ja leid tue, die Leute bei der Kälte rauszuwerfen. Gerade, weil Heinz Zweig ja ein so »bekanntes Schicksal« sei. »Fast schon ein Denkmal.« Aus dem Funkgerät krächzt eine Polizistenstimme, daß sie eine »Hilli« in der Charlottenburger Straße nach Weißensee verbracht hätten. »Die pennt jetzt.«

Es wird ein bißchen dicker. Ein Scheckbetrüger auf frischer Tat, eine versuchte Brandstiftung in der Rykestraße, ein leichter Verkehrsunfall auf der Storkower. Im Bötzowviertel glaubt ein Geschäftsbesitzer, in einer Kneipe einen Mann erkannt zu haben, der ihm gestern 1500 Mark seiner Einnahmen geklaut hat. Der Beschuldigte ist sturzbetrunken, streitet zunächst alles ab, ist dann bereit, das »Restgeld« zurückzugeben. Es sind noch zweihundertzwanzig Mark da.

Bis zum Schluß ist sich Thiemann sicher, daß wir Moni finden. »Entweder sie macht selber Scheiße, was am wahrscheinlichsten ist, oder wir sehen sie.« Wir fahren alle möglichen Adressen ab, wo sie oder ihre Bekannten oft sind. Husemann-, Lychener, Ostsee-, Storkower, Greifswalder und Erich-Weinert-Straße. Ohne Ergebnis. »Dann finden wir sie eben morgen oder übermorgen«, sagt Thiemann. »Irgendwann taucht Moni wieder uff.«

Polizeimeister Michael Demus hat noch einen Tip. »Geh mal morgen früh 7.30 Uhr zu Imbiß Hohnke in die Dimitroff. Da nimmt Moni immer ihren ersten Schluck. Sie ist ein Meter fünfundsechzig, hat Jeans an und einen Ost-Anorak, braune Haare und wenig Zähne. Sie ist Anfang fuffzig und sieht aus wie siebzig«, sagt Demus. Und dann: »Und sie iss im Grunde 'ne Seele von Mensch.«

Doch auch zu Hohnke kommt Moni am nächsten Morgen nicht. Die Frau, die die belegten Schrippen verkauft, hat sich oft genug über Moni geärgert. Aber jetzt, wo sie wegbleibt, macht sie sich natürlich Gedanken. Es sei ja immer schlimmer geworden mit dem Trinken, sagt sie. Sie habe was von Krankenhaus gehört. Aber auf die Quellen, die sich in Monis Nähe aufhalten, könne man sich ja nicht verlassen. Sie hofft, daß es das Krankenhaus ist.

November 1993

Ick bin doch Mäcki,
kennste ma nich?
Reinhard Lauck hat ein allerletztes Mal versucht, Fußball zu spielen

An einem verregneten Sommernachmittag fand Reinhard Lauck einen Brief in seinem Briefkasten, der mal nicht von einer Behörde kam, sondern von Jürgen Croy. Er riß ihn gleich auf. Es war eine Einladung zur Neuauflage des WM-Fußballspiels, das die DDR 1974 mit 1:0 gegen die BRD gewonnen hatte.

Lauck stand also in dem abgetakelten Hausflur seines Ostberliner Neubaublockes und las von seinem Mannschaftskameraden Jürgen Croy, der damals, vor zwanzig Jahren, im Tor stand. Er las von Sepp Maier, dem BRD-Torhüter, von Bekkenbauer, Cullmann und seinem Gegenspieler Overath. Er las von Hamann, Vogts, Breitner und Joachim Streich. Und wie er da so stand und las, da begann komischerweise sein Bauch zu schrumpfen. Die dumpfen Stiche und Drücke in seinem Körper waren plötzlich weg. Er kriegte wieder richtig Luft, er konnte riechen, seine Zunge war nicht mehr pelzig und abgestumpft, der Rasen war grün, richtig grün. Und er, Mäcki, er rannte und rannte, er kämpfte, er meldete Günter Netzer ab und Wolfgang Overath, er fiel auf die Knie, als

er eine Chance verpaßte, und sie schmerzten überhaupt nicht, er jubelte, als Sparwasser ins Tor schoß, er jubelte, als der Schlußpfiff kam. Und, wenn er nun ein Bier brauchte, dann nur, weil er durstig war. Nur deshalb.

Er brauchte ein Bier.

Nein, sagt der Sportredakteur, wir wollen nichts über Lauck. »Was willst du denn mit Lauck? Der ist doch in seinem Zustand wirklich keine Werbung mehr für den Sport.« Nein, sagt die Telefonstimme in Laucks ehemaligem Fußballklub, wir wissen nicht, wo Mäcki heute lebt und was er macht. »Aber mal im Ernst, was wollen Sie denn von dem? Der war ja nun schon vor Jahren von der Rolle.« Nein, sagt sein ehemaliger Nationaltrainer, ich weiß nicht, ob der Reinhard beim Traditionsspiel mitmacht. »Sie wissen schon, was ich meine?«

Nichts weiß ich! Welcher Zustand?

Man findet in den Zeitungsarchiven nicht viel über den Berliner Fußballspieler Reinhard Lauck. Offenbar galt er nicht als gesprächig. Es gibt ganz wenige Interviews, in denen

Lauck Sachen sagt wie: »Die Fuß-ballanhänger erwarten gerade vom Kapitän ein gutes Spiel«, »Wir wollen natürlich gewinnen, und ich glaube auch, daß uns ein Sieg gelingen kann«, oder: »Malta kann vor allem auf der Mittelmeerinsel ein sehr unbequemer Gegner werden.«

Meistens findet man mitten in diesen Interviews einen kleinen Kasten, über dem »Statistisches« steht oder »Zahlen und Fakten« oder »Zur Person« und der im Falle Reinhard Laucks so ausgefüllt wurde: »Geboren 16. 9. 1946 in Sielow, Größe: 1,76 m, Gewicht: 76 kg, Familienstand: verheiratet, Beruf: Kfz-Schlosser, größte Erfolge: Olympiasieg 1976, 6. Platz bei der Weltmeisterschaft 1974, FDGB-Pokalsieger mit dem 1. FC Union Berlin 1968, mehrfacher DDR-Meister mit dem BFC Dynamo.«

Der Mann, der etwa fünfundzwanzig Jahre nach dem Pokalsieg des 1. FC Union aus der Werkstatt kommt, hat mehr als sechsundsiebzig Kilogramm. Viel mehr. Sein Gesicht ähnelt dem auf den vergilbten Reinhard-Lauck-Fotos ein wenig. Es ist runder und röter. Es ist weich, müde, unentschlossen, ergeben. Der Mann tut, was man ihm sagt, erzählt das Gesicht.

Es ist Feierabend, Reinhard Lauck hat geduscht, die Haare gescheitelt und steckt in einem kunterbunten Jogginganzug. Es riecht um ihn nach Pitralon, Waschpaste und Pfefferminz. »Tachschen«, sagt er mit leiser, seltsam hoher Stimme und guckt ungläubig. Lange her, daß ein Reporter was von ihm wollte. Sehr lange her. Vor zwölf Jahren, als er aufhörte, gab's ein, zwei kurze Nachrufe in Berliner Zeitungen, und dann war Alltag. Arbeit, Familie, Fernsehen, mal ein Bierchen. Oder zwei.

Zum Anfang ging er immer noch zu den Heimspielen seines BFC ins Cantian-Stadion. Aber eines Tages stand da ein junger Schnösel, der ihn ohne Karte nicht reinlassen wollte. Lauck beschwerte sich. »Ick bin doch Mäcki, kennste ma nich?« Nein, der Schnösel kannte ihn nicht, und wahrscheinlich war die Beschwerde nicht von der Art, daß sie diesem den Angstschweiß auf die Stirn getrieben hätte. Mäcki ging und kam nicht wieder.

»Ick weeß zwar nich so richtig, wat de willst, aba heute iss es echt doof«, sagt Mäcki und haut mir bedauernd mit einer großen, schaufelartigen Pranke auf die Schulter. »Dit Auto muß in de Wäsche. Wegen morgen.« Der Nissan vor der Werkstatt sieht zwar schön sauber aus, aber Lauck will, daß er glänzt, wenn er zum Traditionsspiel vorfährt. Das Auto ist neu und groß, es ist sein ganzer Stolz. Etwas, was seinen ehe-

Ick bin doch Mäcki, kennste ma nich?   123

maligen Mannschaftskameraden demonstrieren kann, daß aus Mäcki auch was geworden ist. Oder anders gesagt, daß Mäcki nicht abgestürzt ist. Denn Mäcki selbst kann das nicht überzeugend belegen.

Am nächsten Morgen biegt die Pitralon-Pfefferminzwolke um eine Ecke in den Rathauspassagen. Lauck ist hier eingezogen, als es noch ein Privileg war, so dicht am Alexanderplatz zu wohnen. Heute ist es einfach nur Neubau, achter Stock. Gut gelegen, schlecht geschnitten. »Oben regnet es dir uff'n Kopp, und unten wohnen Neger-Diplomaten und so 'ne Kasperköppe«, charakterisiert Lauck die Gegend. Er glaubt, daß sein Haus sowieso bald abgerissen wird. »Dann müssen wa raus. Iss vielleicht och janz jut so.«

Es ist fünf Uhr früh. Es graut in Berlin, die Straßen sind leer. Lauck scheut den kurzen Weg durch die Mitte. »Außenrum iss et kürzer. Ick kenn ma da aus.« Er kennt sich nicht aus. Er will nicht durch den Westen fahren, sondern den Umweg, den er früher fuhr, als es nur den Umweg gab. Das kostet eine Stunde, in der Mäcki sein Leben nach dem Fußball zusammenstoppelt. Auf die Jahreszahlen bittet er verzichten zu dürfen. »Dit krieg ick jetze nich mehr allet zusammen.« Die Grenzen sind sowieso fließend.

Zuerst hat er als Kraftfahrzeugmeister im Dynamo-Fuhrpark gearbeitet, Bonzenautos repariert, dann, irgendwann, wer weiß warum, wechselte er in die Werkstatt des Energiekombinates. Aus dieser Zeit stammt das hartnäckige Gerücht, Mäcki Lauck würde jetzt auf dem Kohlenplatz arbeiten. Dann, als die Mauer fiel, war das Energiekombinat »och nischt mehr«. Lauck wechselte in den Westteil der Stadt zu einer Tiefbaubude. »Da bin ick Schweißer und Schlosser, naja, eigentlich so Mädchen für allet uff'n Hof.« Sein Chef sei ein Fußballverrückter. »Schreib dit ruhig. Norbert Lanzemann iss ein Fußballverrückter.«

Zwölf Uhr mittags wollen sich die Traditions-Spieler in einem Ferienhotel Mengersgereuth-Hämmern treffen. Ein kleiner Ort in der Nähe des Steinacher Stadions. Nicht alle werden dasein. Der alte Sammer wird nicht kommen, Hansi Kreische hat Probleme mit dem Knie und Gerd Kische wichtigere Dinge zu erledigen. »Siegmar Wätzlich, der Verteidiger, der hat ja 'ne Kneipe. Der ist viel zu fett geworden. Außerdem sind seine Knie im Arsch«, erzählt Lauck. Auch seine Knie sind »im Arsch«. Paarmal operiert, aber immer noch nicht schmerzfrei. »Ick kann se nich machen lassen, weil ick nich so lange fehlen will, dit iss ja heute anders wie früher. Aber ick hab ma für dit Spiel extra versichern lassen. Bei de West-AOK, die Ost-Versicherung wollte dit nich machen.«

Je näher wir Thüringen kommen, um so besser kann sich Lauck an damals erinnern. An den Sommer 1974. An die zum Schicksalsspiel heraufgeschriebene einzige deutsch-deutsche Fußballbegegnung aller Zeiten. Er erzählt, daß ihr schwarz-rot-goldener Mannschaftsbus auf Wunsch der DDR-Funktionäre umgespritzt werden mußte. Er erzählt, daß Franz Beckenbauer schon in der Halbzeitpause gewütet hat und die Westdeutschen nach dem Spiel »stinkesauer« waren. »Dit die absichtlich verloren haben, um in die leichtere Gruppe zu kommen, iss absoluter Quatsch.« Lauck erinnert sich, daß die DDR-Spieler die Videoanlage »mit Fernseher und allet«, die als Präsent auf ihren Hotelzimmern standen, zurückgeben mußten. »Angeblich nur, weil da so ein kleener Bundesadler druff war. Dann haben se die Dinger den Polen jegeben. Die haben se natürlich jenommen.«

Ein paarmal halten wir an Tankstellen und Raststätten an, weil Mäcki immer wieder »jewaltigen Durscht« bekommt. Am Ortsausgang von Neustadt am Rennsteig nimmt uns ein Opel die Vorfahrt. Die Opelstoßstange zerbeult die gesamte rechte Seite des glänzenden Nissan. Rechter Kotflügel vorn, rechte Tür vorn, rechte Tür hinten, rechter Kotflügel hinten. Alles im Eimer. Der Opelfahrer ist ein freundlicher, leicht trotteliger junger Mann. »Oh, das tut mir wirklich leid. Ich hab natürlich Schuld. Ist ja klar.« Mäcki Lauck weint fast. Als sie die Personalien ausgetauscht haben, fragt der Mann: »Wollt ihr auch zu dem Spiel?« Wenn er Lauck wenigstens erkannt hätte.

Zwei Stunden zu spät treffen wir in Mengersgereuth-Hämmern ein. Mäcki parkt den Nissan ein wenig vom Hotel entfernt, damit seine Mannschaftskameraden die Beulen nicht sehen. Wir stapfen den Hügel zum Hotel hoch. Mäcki keucht. Als Jürgen Croy das hochrote Gesicht sieht, bekommt er so ein verständiges Glänzen in den Blick. Ach ja, der Mäcki. Lauck pfeift auf den guten Eindruck. Er braucht jetzt ein Bier. Der Trubel beginnt, wir verlieren uns aus den Augen.

Oskar Blechschmidt, der Besitzer des kleinen Ferienhotels, könnte sie alle küssen. Egidius Braun und auch die anderen vom DFB, die – aus welchem Grund auch immer – darauf kamen, dieses hochwichtige Spiel in Steinach auszutragen. In Steinach, das kein »angemessenes Hotel« besitzt, so daß man auf Mengersgereuth-Hämmern ausweichen mußte. Overath, Breitner und viel-

leicht sogar Beckenbauer in Blech-
schmidts Ferienhotel. Unglaublich!
Lauck? Den einzigen Berliner auf
dem Platz? Oh nein, den kenne er
nicht, aber man könne ja nicht alle
kennen. »Aber sein Name muß mit
auf der Torte stehen, die wir an-
gefertigt haben«, fällt dem Hotel-
besitzer noch ein. Eine rechteckige,
grüne Torte mit Marzipantoren,
Mittellinien und Elfmeterpunkten
aus Zuckerguß, kleinen süßen
Eckfähnchen und allen Spieler-
namen.

Herbert Steinmetz vom Thüringer
Fußballverband, der die Sache hier
organisiert, kennt Reinhard Lauck
natürlich. »Ja, Mäcki, klar. Ist schon
da, ja? Sehr schön, sehr schön.«
Steinmetz lacht kurz und asthma-
artig, wobei seine Augen den Thüringer Wald hektisch nach Westge-
sichtern abtasten. Was interessiert
ihn jetzt Mäcki Lauck. Ehemalige
Ostspieler sind genug für zwei
Mannschaften da. Was fehlt, sind
richtige BRD-Nationalspieler.

Bislang ist nur ein kleiner,
freundlicher Herr da, der »Lucki«
Müller heißt und für das West-Team
auflaufen will. Steinmetz lächelt ihn
dankbar an. »Ich weiß jetzt nicht, wo
ich den Lucki hinstecken soll. Vielleicht Nürnberg, weil's auf dem
Nummernschild steht?« Die Augen
des Thüringer Sportfunktionärs
leuchten, als ein weiteres Fahrzeug

mit Westkennzeichen auf den Hof
rollt. Den großen, grauhaarigen
Mann, der dem Wagen entsteigt,
kennt er zwar auch nicht, lächelt ihn
aber vorsichtshalber mal an wie
einen ehemaligen Nationalspieler. Der Mann heißt Rainer Holzschuh. Er ist der Chefredakteur des
»Kicker«.

Eine Viertelstunde danach sitzt er
gemeinsam mit den Fußballern
Bernd Bransch, Jürgen Croy und Jürgen Sparwasser im Kleinbus, der sie
zu einem Podiumsgespräch ins
Steinacher Stadion fahren soll. Neben dem Fahrer thront Harry Felsch,
Pressesprecher des Thüringer Fuß-
ballverbandes. Chefredakteur Holzschuh schaut ungläubig auf den Po-
lizeiwagen, der ihnen mit Blaulicht
und Sirene den Weg durch die engen Thüringer Gassen bahnt. »Wie
um Himmels willen sind Sie denn
auf dieses Steinach gekommen«,
entfährt es ihm. Keine komplizierte
Frage für Sportfunktionär Felsch.
»Na, weil Motor Steinach vor dreißig
Jahren in die DDR-Oberliga aufge-
stiegen ist«, wirft er vom Beifahrer-
sitz aufgeräumt zurück. »Ach so«,
seufzt Holzschuh.

Er darf sich jetzt nicht ablenken
lassen. Wer zum Teufel ist Motor
Steinach, in diesem Moment, wo er
Probleme hat, die Namen der DDR-
Fußballer, die hier mit ihm im Bus
sitzen, zusammenzukriegen. »Sie

Die stumpfe Ecke

sind also der Brahmsch?« fragt er den ehemaligen Kapitän der DDR-Nationalmannschaft. Bransch ist inzwischen Versicherungsvertreter und widerspricht nicht mehr. »Richtig«, sagt er. »Au ja«, freut sich Holzschuh über seinen vermeintlichen Treffer und wühlt in seinen Unterlagen. »Sie haben ja ein ordentliches Spiel gemacht damals.« Bransch nickt. Croy starrt konzentriert aus dem Fenster. Und Pressesprecher Felsch berichtet stolz, daß Steinach bekannt sei für seine Schiefergriffel. »Schiefergriffel«, wiederholt Holzschuh abwesend und sieht in den Stau. Ich frage ihn nicht nach Lauck.

Vor dem Stadion hat ein geschäftstüchtiger Mensch einen Stand mit DDR-Fahnen aufgebaut. Sie gehen weg wie warme Semmeln. Menschen mit glasigen Augen, mit selbstangefertigten, zerfransten Jeanswesten schwenken die schwarz-rot-goldenen Fahnen mit Hammer, Zirkel und Ährenkranz. Fahnen, auf denen noch das Preisschild klebt. »Das ist Nationalstolz«, erklärt Lars Noll. »Ich bin Ostdeutscher, da halte ich natürlich zu den Ostdeutschen. Logisch.« Noll ist achtzehn, er kennt die Spieler nicht, denen er gleich zujubeln wird. Schon gar nicht Reinhard Lauck. »Ich kenne den Beckenbauer, Rummenigge und den mit dem großen Audi, wo ich jetzt den Namen vergessen habe.«

Das Bier fließt in Strömen, die Revolutionäre sind verwirrt. Sie wollen die DDR wiederhaben, zumindest die halbe, wenigstens aber Heinz-Florian Oertel. »Flori«, schallt es dem großen, kahlen Mann entgegen. »Flori«, »Heinz« oder auch »Waldemar«. Trunkene Hände greifen nach dem Fernsehliebling von einst, der das Jubiläumsspiel fürs Fernsehen kommentieren wird. Ein letztes Mal. Oertel, der Asket, weicht den Alkoholfahnen, die ihn umwehen, so gut es geht aus, gibt Autogramme und erkundigt sich in sanftem, gurrender Baß: »Und seid ihr aus Steinach?« »Nee, aus Saalfeld, nee, aus Sonneberg, nee, aus Meiningen!« gröhlt es zurück. »Aha«, summt es und brummt es, »also aus dem Thüringer Wald im weiteren Sinne.« »Ja, ja, ja.« Heinz-Florian Oertel versteht sie noch. »Friedensfahrt«, murmelt jemand abwesend und klappert verträumt mit den Lidern. »Friedensfahrt, Flori.«

Natürlich kennt Oertel »Mäcki« Lauck. »Er stammt ja aus der Nähe meiner Heimatstadt.« Wahrscheinlich könnte er sogar Laucks ersten Übungsleiter nennen. Den Fußballer Lauck kennt er. Was danach kam, weiß er nicht genau. Von »menschlichen Schwierigkeiten« hat er gehört. Co-Kommentator Heribert Faßbender, der das Spiel damals für die *ARD* übertrug, hat Laucks Namen vergessen. »Also, ich kann mich an den Dixie Dörner erinnern, an Jürgen Croy und natürlich an Sparwasser. Aber Lau..., was sagten Sie, also den kenne ich nicht. Es ist ja auch schon sehr lange her.«

Im Stadion findet inzwischen das Podiumsgespräch statt. Jürgen Croy erinnert daran, daß der ehemalige DDR-Fußball eine Chance bekommen muß, und kriegt dafür mehr Beifall als der Stadionsprecher für seine Mitteilung, daß soeben Franz Beckenbauer mit dem Hubschrauber in Steinach gelandet sei. Günter Netzer taucht auf und wird von einem Betrunkenen angefaßt, der beteuert, nur seinetwegen Gladbach-Fan gewesen zu sein. »Mensch Günter«, lallt der Mann. Netzer gelingt ein schiefes Lächeln.

Achim Streich ist kurz in Unterhosen zu sehen. Cullmann erzählt Overath grinsend, wie beschissen die Straßen hier sind. Steinmetz vom Thüringer Verband streckt Rainer Bonhof die Hand hin, worauf ihn Bonhof verständnislos anstarrt, und an der Kabinentür beantwortet der Trainer der DDR-Elf, Georg Buschner, die Frage des jungen Reporters vom *Bayerischen Rundfunk*, ob die DDR-Mannschaft nach ihrem 1:0-Sieg tatsächlich von Willi Stoph zum Essen eingeladen worden sei. »Nein«, sagt Buschner lächelnd. »Stoph hat sich überhaupt nicht für Fußball in-

teressiert.« Keiner versteht den anderen. Es ist nicht einfach mit den symbolischen Ereignissen.

»Spielt Reinhard Lauck?« frage ich Buschner. »Nein«, sagt der alte Trainer. »Lauck sagt, er habe Beschwerden mit dem Knie.« Dann fragt er noch: »Kennen Sie ihn?« »Ja.« »Na, dann wissen Sie ja Bescheid.« Buschner rollt die Augen und lacht. Mäcki ist voll.

Das Spiel beginnt, das Stadion tobt; wenn sie heftig genug geschwenkt werden, sehen sogar DDR-Fahnen aus wie deutsche Flaggen; Sparwasser schießt das erste Tor, und ich lese im Programmheft, was aus den Spielern geworden ist. Lothar Kurbjuweit ist Geschäftsführer eines Autohauses, Wolfgang Overath Generalvertreter einer Marketingfirma, Wolfgang Blochwitz wurde Abteilungsleiter bei Carl Zeiss Jena und Paul Breitner »Psychologe und Kolumnist«. Die meisten sind heute Trainer, Berti Vogts von der Nationalmannschaft, Erich Hamann von Motor Eberswalde. Hinter Laucks Namen steht: »Mitarbeiter beim Berliner Senat.« Weiß der Teufel, wo sie das herhaben.

Jemand, der Jürgen Rudolph heißt, bohrt mir seinen Zeigefinger in die Brust und droht: »Wenn die jetzt nicht Peter Ducke bringen, dann kracht's. Peter Ducke ist mein

Maßstab. Für alles. Ich bin nur wegen dem Peter hier.« Sie bringen ihn schließlich, und dann steht es 4 : 4, und alles ist gut. Niemand hat die Einwechslung von Reinhard Lauck gefordert. Als der Stadionsprecher ruft: »Ich hoffe, daß niemand umsonst nach Steinach gekommen ist«, muß ich an Lauck denken. Später beim Empfang steht er leicht schwankend mit einem Bierglas in der Hand.

Als er am nächsten Morgen in dem Mengersgereuther Hotelbett aufwacht, sind seine Mannschaftskameraden schon weg. Abgereist. Es ist fast Mittag, Lauck richtet sich auf und hofft für einen kurzen Moment, daß er die Sache mit der Beule nur geträumt hat.

Ein paar Wochen später besuche ich ihn zu Hause. Ich lerne seine Frau Marlinde kennen, die von Lauck nur »Paulchen« genannt wird. Die wichtigste Stütze in seinem Leben. Sie arbeitet, kauft ein, hält den Haushalt in Schuß und hilft Reinhard Lauck, sich zu erinnern. Sie weiß, daß ihr Wohnhaus nicht abgerissen, sondern saniert wird und in welcher Schublade seine goldene Olympiamedaille von Montreal liegt. »Ach Mäcki«, seufzt sie in solchen Fällen. Und Mäcki seufzt auch. Und braucht einen Schluck Bier. In die goldene Olympiamedaille hat ein Berliner Goldschmied namens Hans Sauermann (»Kannste ruhig mal erwähnen, den Sauermann.«) Laucks Namen eingraviert. Lauck holt auch noch das Mannschaftsbild aus dem Korridor und posiert damit auf der Couch. Er gibt ein bißchen an, erzählt von den vielen Freunden, die er hat, daß ihm die Leute »unten uff der Banke« oft gar nicht glauben, daß er Olympiasieger sei und daß er sich nie für irgend etwas anstellen mußte. »Die Verkäufer ham immer gesagt: ›Komm man nach vorne, Mäcki‹. Ick brauch mich auch heute nach nischt anzustellen.« »Ach Mäcki«, sagt seine Frau. »Du bist jut. Heute muß sich doch niemand mehr nach irgendwat anstellen. Dit iss ja nu vorbei.«

Über das Jubiläums-Spiel in Steinach reden wir nicht mehr. Nur noch über den Unfall. Wie blöd der Kerl war, der ihm da reinfuhr. Es kann durchaus sein, daß Mäcki Lauck, wenn er später an das Spiel gegen Beckenbauer, Netzer und Maier denkt, nur die blöde Beule an seinem Nissan einfällt.

Manche Erinnerungen kann man sich nicht wiederholen. Man verdirbt sie nur.

Dezember 1993

Reinhard Lauck ist am 22. Oktober 1997 an den Folgen einer Schädelverletzung gestorben.

Ein Pferd geht länger als eine Kuh
Bauer Lengfeld und das Gewerbezentrum

Glücklicherweise hat es Heinrich Lengfeld nicht am Montag erwischt. Montag macht IKEA auf. Da hätten sie den Alten wohl nur mit einem Hubschrauber vom Hof holen können. Es wird so voll sein, daß kein Apfel auf die Erde fallen kann, prophezeit sein Sohn.

Jetzt, am Donnerstag mittag, rollen erst wenige Autos über die neue, glatte, vierspurige Fahrbahn vor Lengfelds Gehöft. Es ist grau und nieselig. Die Männer vom Rettungsdienst setzen ihre Schritte vorsichtig auf die schlüpfrige Erde. Sie haben den Krankenwagen halb auf der Straße geparkt, weil die Bauarbeiter, die den neuen Bürgersteig pflasterten, völlig vergaßen, daß Bauer Lengfeld auch eine Einfahrt braucht. So balancieren die Krankenhelfer die Trage mit dem stöhnenden Alten ganz vorsichtig durch den Modder. Dennoch rutscht einer der Träger fast in den Kabelgraben für die neue Straßenbeleuchtung, der zwischen Zaun und Bürgersteig verläuft.

Schließlich schieben sie den dreiundneunzigjährigen Heinrich Lengfeld doch in den Wagen. »Nach Hedwigshöh«, kommandiert der Alte von drinnen. »Ich will ins Krankenhaus Hedwigshöh!«

Die Fahrer haben ihre Anweisungen. Heinrich Lengfeld soll nach Königs Wusterhausen. Und genau da kommt er hin. Wenigstens lassen sie sich erweichen, die Schwiegertochter im Wagen mitzunehmen, denn genaugenommen ist auch das gegen die Vorschrift.

Zurück bleibt ein Mann in braunen Kordhosen, blauer Wattejacke und Filzstiefeln. Er hat einen stumpfen Schnauzbart unter der Nase, weiße Stoppeln auf den Wangen und feuchte hellblaue Augen. Er ist der Herr des Hofes. Heinz Lengfeld, Heinrichs Sohn, und auch schon sechzig Jahre alt. Er starrt dem Krankenwagen nach, wie er den Vater an der fremden, neuen Welt vorbeifährt. An der blauen IKEA-Halle, an »Teppich-Kibek«, dem »Stinnes«-Baumarkt, dem Spielzeugriesen »toys-are-us«, dem »Mediamarkt« und an »Möbeltick«, bevor er in Höhe des »Höffner«-Hochregalbunkers im Novemberdunst verschwindet. »Komm zurück, Vadder«, sagt Heinz Lengfeld, schneuzt sich mit dem Handrücken und stapft durch den Schlamm auf den Hof.

Die stumpfe Ecke

Lengfeld drückt das Tor ins Schloß und läßt die fremde Welt draußen. Das modernste Einkaufszentrum vor den Toren Berlins verschwindet. Es ist einfach weg. Hier drinnen gibt es Pfützen, Schubkarren, Holzstapel, eine große Zinkbadewanne und Wäscheleinen. Es gibt Hunde und Katzen sowie jede Menge Hühner und Gänse. Lengfeld schnappt sich einen strammen Hahn, der sofort furchteinflößend zu krähen beginnt, und bittet, doch einmal den Umfang der kräftigen Keulen zu überprüfen. Dann führt er den Stall vor. Mit zwei prächtigen Pferden, von denen eines Lotte heiße und ein »edles Warmblut« sei, riesigen Schweinen, »fettarme Rasse, siebente Rippe«, wie der Hofherr stolz erklärt, und einem Sackvoll Ferkel. Wenn die Schweine grunzen, wie jetzt, hört man die Autos überhaupt nicht mehr. Man könnte glatt vergessen, daß Bauer Lengfeld auf einer Insel wohnt.

Rechts vom Hof, hinter seiner Pferdekoppel, steht der »Lilienthal-Park«, ein moderner, dreistöckiger Bau mit viel Glas und einem Fahrstuhl, der nicht das geringste Geräusch macht, wenn er fährt. Ganz oben sitzt Waltersdorfs Bürgermeisterin Renate Pillat in einem großen, lichten Büro, unten zieht gerade das »domino-Küchenstudio mit Bosch-Einbaugeräten« ein, dazwischen gibt es viel freie Büro- und Gewerbe-räume. Daneben werden bald eine BP-Tankstelle und ein McDonald's-Restaurant aufgebaut. »Plus« errichtet einen Supermarkt, um den sich viele kleine Geschäfte gruppieren werden. Wie in Amerika.

Genau vor Lengfelds Hof führt die Straße nach Grünau entlang sowie der Zubringer zur Autobahn nach Dresden, beziehungsweise ins Berliner Zentrum, und genau gegenüber stellte der schwedische Möbelfabrikant IKEA sein Kaufhaus auf. Wenigstens hinter dem Haus ist es ruhig. Manchmal. In Stoßzeiten, an Sonnabenden beispielsweise und am verkaufsoffenen Donnerstagabend, fahren hier entnervte Autofahrer vor, die vor den Warenhäusern keine Parkplätze finden.

Die Wohnküche des Bauernhauses ist bullig warm. Auf dem Fußboden stehen Freßnäpfe für die Katzen. Auf einem Tischchen neben der Spüle liegen Waschlappen und Seife, auf einem Bord stehen zwei Rasierpinsel und eine Flasche »Hattric«. Ein Badezimmer gibt es nicht, nur das Plumpsklo auf dem Hof. Lengfeld brüht türkischen Kaffee, setzt sich mit in die Sitzecke, entschuldigt sich mehrfach dafür, daß er etwas verwirrt sei. »Eigentlich haut mich so schnell nichts um, aber das mit Vadder ging mir doch ganz schön an die Nieren«, sagt er und erzählt von früher.

Von Rotbach in Schlesien, wo sie
herkommen, erzählt er. Er schwärmt
vom Vater, »der ein herzensguter
Mensch« sei und ein »Vorbild, auch
als Melker«. Nach dem Krieg kam
die Familie hierher in den Süden
von Berlin, Heinrich Lengfeld, seine
inzwischen verstorbene Frau und
ihre acht Kinder. Heinz, der älteste

Sohn, wurde Melker, wie sein Vater,
molk die Kühe der Waltersdorfer
LPG, übernahm den Hof, um den er
sich ausschließlich kümmert, seitdem er 1990 seine Arbeit verlor.

Schon etwas früher begann sich
Herr Krieger für Waltersdorf zu in-
teressieren. »Ich denke mal, als die
Mauer fiel, hat er sich eine Land-

Die stumpfe Ecke

sammengekauft. Er riß einen alten Schweinestall ab. Und auch drei schäbige Mietshäuser, deren Bewohnern er Eigentumswohnungen am Dorfrand baute und schenkte. Es war ein Überraschungscoup, der heute, rein landschaftsgestalterisch, so wohl nicht mehr möglich wäre. Doch es klingelt in der Gemeindekasse, und viele Waltersdorfer fanden Arbeit in den modernen Warenhäusern. So ist man eigentlich ganz zufrieden mit der neuen Welt.

»Beschämend« findet Heinz Lengfeld, wie es da draußen vor seiner Hoftür aussieht. »Wie Pilze sind die Häuser gewachsen. Man denkt, man ist in Berlin. Ach, ich will mich ja nicht beschweren. Wenn man abends schnell einschläft, geht es ja. Trotz der Autos.« Und gegen die großen Straßenlaternen, die die Nacht vor seinem Grundstück in den Tag verwandeln, müsse er sich eben Jalousien kaufen. Es sei gar nicht so schlimm, und die Sitzecke hier sei auch von Höffner.

»Aber, daß sie Vater so durch den Dreck tragen mußten, Mensch, wie ein Stück Vieh, das ist doch unwürdig.« Er wisse auch gar nicht mehr, wie er ohne Einfahrt mit den Pferdewagen rauskommen soll. Ein Auto hat er glücklicherweise nicht. Er erzählt, daß er vorgestern früh, als er die Tiere füttern ging, irgendwelche Bauarbeiter auf seinem Hof antraf,

karte genommen, auf Waltersdorf gezeigt und gesagt, hier will ich hin«, vermutet Bürgermeisterin Renate Pillat. Drei Tage später, so sagt die Legende, soll der West-Berliner Möbelzar bei einer Waltersdorfer Familie Kaffee getrunken haben. Noch ein bißchen später hatte er sich das Gebiet neben der Autobahn zudie durch den Zaun geklettert waren. Er erzählt von den Autofahrern, die ihn an den Wochenenden regelmäßig zuparken. »Die Menschen haben einfach keinen Anstand mehr. Man belästigt doch keine fremden Leute.«

Insgesamt 3500 Quadratmeter groß ist Lengfelds Grundstück. Natürlich gab es auch schon Interessenten. »Da waren mal zwei junge Männer da. Feine Pinkel, sage ich Ihnen, und einen Schlitten hatten die, mein lieber Mann. Die haben natürlich viel Geld geboten. Nee, das Grundstück erbt mein Ältester. Was soll ich mit den Millionen? In Berlin aus'm Fenster gucken?« Und nach einer Weile sagte er: »Das letzte Hemd hat keine Taschen« und muß natürlich wieder an den Vater denken. Da braucht er erst mal einen Schnaps. Und dann noch einen.

Und so erfahre ich viel von Fohlung und Beschälung, wie man, wenn man solche Unterarme hat wie er, ein Kalb in Rücken-Steiß-Lage allein dreht, daß er in diesem Jahr noch mal den Eber »zuläßt«, die Sau im übrigen vier Monate »geht«, während das Pferd länger geht als eine Kuh, ich erfahre, daß er, Heinz Lengfeld, mit seinen sechzig Jahren immer noch über jeden Tisch springe.

In diesem Moment kommt seine Frau wieder, wirft einen vorwurfsvollen Blick auf die geröteten Wangen ihres Gatten und sagt: »Irgendwas mit Opas Herzschrittmacher stimmt nicht. Sie sagen, im Dezember isser wieder draußen.« Heinz Lengfeld atmet auf. »Und jetzt«, sagt Inge Lengfeld, »müssen die Schweine gefüttert werden.«

Die Tür fällt hinter der Insel ins Schloß. Abgase dampfen in die Novembernacht. Glänzende, surrende Autos kriechen langsam über die breite Fahrbahn, Scheinwerferpaare suchen Parkplätze. Menschenmassen fluten in die Kaufhäuser und wieder hinaus. In Höffners Möbelpalast bewegt sich ein gläserner Fahrstuhl. Es ist Donnerstagabend, verkaufsoffen.

Im blauen IKEA-Kasten werden die letzten Möbel gerückt. Am Montag ist Eröffnung. Kein Apfel wird zu Boden fallen. Sagt der Bauer.

November 1993

Die stumpfe Ecke

Das Buch der Versuchungen

Der gespaltene Arsch
Als Wolfgang Lippert der Nachfolger von Thomas Gottschalk
werden sollte

Kregel. Was für ein Wort. Wie ist man, wenn man kregel ist? Unbeschreibbar wahrscheinlich. Nett ganz bestimmt. Aber sonst? Ist es gut, wenn einem zu dem Menschen, den man beschreiben soll, Wörter wie kregel einfallen? Man sucht nach Attributen, findet »komisch«, stößt auf »witzig« oder »schrill« und verwirft alles wieder, weil es nicht paßt. Ein bißchen schon, aber nicht ganz. Schließlich wählt man Sachen wie »nett« oder »kregel« aus, die man zwar ziemlich blöde und blaß findet, aber doch irgendwie treffend, treffender jedenfalls als alles andere. So entstehen Menschen, die kregel sind. Menschen wie Wolfgang Lippert.

In viele Artikel über den Mann schlich sich dieses tragische Attribut. Mal ist er »federnd und kregel«, dann wieder nur schlicht »der kregele Ost-Berliner«. Das blasse Profil einer Ulknudel und Frohnatur zittert da an einem vorbei, nichts Faßbares. Gottschalk ist komisch, Carrell ist erfolgreich, Elstner ist wenigstens erfolglos und staubtrocken, aber kregel ist nur Wolfgang Lippert. Sie basteln an ihm. Sie kneten ihn, formen und

drücken, doch es will kein Bild draus werden.

Wolfgang Lippert sieht müde aus. Er lungert auf dem verschlissenen Sofa eines handtuchgroßen Büros und schaut sich auf die Stiefelspitzen. Alles raucht. Lippert ist auf Klapper-Tour. In den Wochen vor seiner »Wetten, daß …«-Premiere tingelt der durch Pressekonferenzen, Talkrunden und Fernsehshows, um am weitverbreiteten und nicht unbegründeten Vorurteil, er könne Thomas Gottschalk nicht das Wasser reichen, zu kratzen. Er sitzt bei Elke Heidenreich am Tisch, bei Wim Thoelke im Klassenzimmer und plaudert mit Friedrich Küppersbusch in ZAK. »Die aktuelle Schaubude« hat ihn nach Hamburg geladen, um nach Thomas Gottschalk zu fragen, und wie es weitergeht. Das Übliche.

In dem kleinen, verrauchten Zimmerchen des *NDR* sitzen Leute mit Namen. Namen, die ein Mann wie Lippert in diesen Tagen für die Dauer einer Sendung speichern und dann sofort wieder löschen muß, um Platz zu machen für neue: von Beratern, Managern, Redakteuren,

Kameramännern, Produzenten und Regisseuren. Diesmal heißt der Redakteur Heiner Stetter. Er reißt Lippert aus dem Kurzschlaf und stellt ihm den Moderator vor. »Christian Schröder, Wolfgang Lippert!«

Lippert springt auf und schüttelt einem nervös lächelnden Menschen

Das Buch der Versuchungen

die Hand. »Aufgeregt?« fragt er und fährt fort: »Ne alte Schauspielerin hat mir mal gesagt: ›Text rauslaufen lassen und nicht an die Möbel stoßen‹«. Kurze Denkpause (war das jetzt als Witz gedacht oder nicht?), dann entscheidet sich das Team für ein artiges Schmunzeln.

Trotzdem entsteht eine dieser kleinen, unangenehmen Pausen, die der zu füllen hat, der als letzter redete. Kein Problem für Wolfgang Lippert. »Ich war gestern im Schillertheater. Ein Stück von Goethe. Wußte gar nicht, daß das von Goethe ist. Ist von dem Hausmann neu inszeniert worden. Aber nicht von dem Edzard, sondern von Leander. Richtig lustig war das. Hab herzlich gelacht. Obwohl es eigentlich 'ne Tragödie ist.« Ach ja, oha, na sieh mal an. Niemand weiß, warum Lippert das jetzt erzählt hat. Der Redakteur legt nachdenklich den Kopf schief, der Moderator flieht in die Garderobe. Lippert folgt ihm …

Der Redakteur rechnet aus der Rauchwolke »4.30 plus 1.30 für Lippert, plus Anmoderation und Applaus.« Das Fernsehkauderwelsch, das so beeindruckend klingt. »Wir wollen den Lippi nicht vorführen, sondern wirklich lieb behandeln«, gesteht er. Der Fernsehmann weiß, warum. »Er wird es sehr, sehr schwer haben«, schätzt Stetter. »Vor allem wird es darauf ankommen,

welche Berater er hat.« Das Stichwort für den Cowboy mit Lederhose und Ledergesicht, der uns die ganze Zeit aus wachen Augenschlitzen über braunen Vielraucherbeuteln beobachtet hat. »Der gespaltene Arsch macht einen guten Showmaster aus«, führt er sich ein. »Die einen sehen ihn, weil sie ihn hassen, die anderen schalten ein, weil sie ihn lieben. Aus dem ersten Grund hab ich mir immer die ›Hitparade‹ angesehen. Dieter-Thomas Heck war mein persönlicher Abkotzer.«

Der Cowboy heißt Dieter Krap und weiß, was er sagt. Drei Jahre lang hat er Rudi Carell produziert, dann Opernstars, er hat Spielideen für Kulenkampff und Michael Schanze entwickelt, war zuletzt Berater bei »Super!« und arbeitet nun frei für den *NDR*. Seine besten Jahre liegen weit hinter ihm. Er frißt Zigaretten und schüttelt sich dabei unter gewitterartigen Zuckungen. Er kennt alle Etagen des Geschäftes.

»Man kann das mit einem Produkt vergleichen. Ob du Placido Domingo, Rudi Carrell oder ein Industrieprodukt vermarktest, macht letztlich keinen Unterschied.« Krap schnippt sich die nächste Lulle aus dem Päckchen und erklärt, was Wolfgang Lippert machen muß, um gekauft zu werden. »Er muß von *seinen* Vorgängern sprechen. Die

Leute müssen sich wieder daran erinnern, daß die Sendung früher von dem drögen Elstner gemacht wurde. Nur so kommt Lippert von dem unseligen Gottschalk-Vergleich weg. Er muß sorgfältig überlegen, was er anzieht. Carrell beispielsweise hatte einen optischen Berater aus England, der zu jeder Sendung extra eingeflogen wurde. Lippert könnte witzige Brillen tragen, immer andere. So ein wenig wie Elton John. Aber nur, wenn er damit leben kann. Er muß sich wohl fühlen, das ist wichtig. Und schließlich muß er die Presse irgendwie bändigen. Du mußt dich mit *BILD* verheiraten, anders geht es nicht. Elstner zum Beispiel hat seine ›Nase-vorn‹-Geschichte an den *stern* verkauft«, erzählt Krap und macht eine Kunstpause. »Drei Monate später war er tot.«

Der Regisseur fliegt vorbei. »Was sind das für komische Gäste, die dort am Bühnenrand sitzen. Ich will dort schöne Menschen haben. Versteht ihr. Schöne Menschen.« Die häßlichen Gäste werden ausgetauscht. Noch zehn Minuten bis Sendebeginn.

Lippi hat die schwarze Lederjacke gegen eines dieser schrecklichen, bonbonfarbenen Jacketts ausgetauscht. Er tänzelt hinterm Bühneneingang und pumpt sich auf. Er swingt die Eröffnungsmelodie mit,

schnipst ein wenig mit dem Daumen, feuert die Claqueure an. »Ha, die Herren mit den großen Händen.« Vor allem probiert er sein gewaltiges Grinsen. Ein Grinsen, das ihn nie verläßt, wenn er Rotlicht hat. Die Brille bewegt sich schon wieder auf Lipperts Nasenspitze zu. Vielleicht grinst er ja dagegen an, daß sie ganz herunterrutscht. Das würde manches erklären. Einer der unzähligen hektischen jungen Männer, mit Stoppuhr am Hals, Walkie-talkie in der Hand und dem Ohne-mich-läuft-hier-gar-nichts-Ausdruck in den Augen, zerrt Lippi vom Bühneneingang weg. GiGi Anderson, der gleich singen wird, läuft unter uns vorbei. Eine anderthalb Meter hohe Schaufensterpuppe mit Wachsgesicht und Fönfrisur. »Wie hieß der Moderator noch mal mit Vornamen?« fragt Lippert.

Er sammelt Punkte im Norden. Der Kumpel Lippi bringt einen mit Pannen präparierten Trabbi während der Sendung wieder zum Laufen, macht ein paar derbe Scherze, erntet herzliche Lacher, kriegt einen goldenen Schraubenschlüssel und eine Tüte Gummibärchen geschenkt, sagt: »Es geht nicht darum, Thomas Gottschalk zu ersetzen, ich will sein Nachfolger sein.« Und grinst, wenn er Rotlicht hat. Das Publikum ist von der Art, das in endlosen Beifallssturm ausbricht, nachdem GiGi Anderson seinen kulturellen Beitrag »Weiße Rosen schenk ich dir« beendet hat. Außerdem treten noch auf eine ältere, korpulente Kunstpfeiferin, die aus Böhmen kommt, und ein komisches Parodisten-Duo namens Till und Obel. Als die beiden anfangen, verläßt Lippert das Studio. Später wird er Till auf dem Garderobenflur zurufen: »Ihr wart wirklich gut.«

Vor der Garderobentür spielen sich herzzerreißende Szenen ab. Etwa fünf Frauen küssen GiGi Anderson, fotografieren sich wechselweise mit ihm und rufen dem kleinen Schlagersänger zu: »Dann bis zur ›Hitparade‹«. Sie reisen ihm offenbar wirklich nach. Lippert bettelt kokett: »Ich habe zufällig auch Autogrammpostkarten dabei«, worauf die Damen sich nun auf ihn stürzen. Eine heißt Steffi. Dazu fällt Lippi spontan ein: »Aber du spielst kein Tennis, oder?« Es wird laut gelacht. Dann stößt die Kunstpfeiferin dazu und erzählt, daß sie Hans-Joachim Wolfram und auch Bitterfeld kennt. Lippi staunt, lächelt, unterschreibt Postkarten, läßt sich fotografieren und hoppelt bereits ein bißchen nervös, weil er sich mit dem Moderator noch auf ein Bier verabredet hat. Er muß es jetzt allen recht machen.

Der Kern der Fernsehmannschaft versucht, Lippi zu überreden, den Rest des Abends in einer spanischen Kneipe zu verbringen. Schließlich landen wir dann aber doch im Bierrestaurant des Interconti. Lippert, Krap, GiGi Anderson, sein Manager und eine kleine Frau. Anderson preist seine neue LP an, die »wahnsinnig läuft«. Er erzählt von seiner Fangemeinde im Osten und fragt, ob wir denn die Sendung »Da lacht der Bär« kennen. »Das«, sagt Lippert vorsichtig, »war ein bißchen vor meiner Zeit.« Als sie über die Szene reden, könnte man meinen, die beiden arbeiten für die Mafia. Von Mio's ist die Rede, davon, wer wen um hunderttausend Mark geprellt hat, von Dieter-Thomas Heck, der sein Schloß ganz billig (für zwei Mio) gekauft habe, und von Leuten, denen GiGi Anderson »die Fresse polieren« würde, sollte er sie noch mal sehen. »Zumindest hätte ich die Männer, die das erledigen würden.« Nach dem Essen wird über Politik geredet. Lippi erzählt, daß »bei der Einheit jeder ein bißchen mithelfen muß«, und GiGi beklagt, daß man »beim Aldi bei mir in Eschwege nicht mehr richtig einkaufen kann. Die Regale sind leer«. Dann muß Anderson endlich ins Bett. Verstohlen fragt mich sein Manager, ob man nicht vielleicht mal die Erfolgsstory des GiGi Anderson schreiben könne. Lippi lächelt zum Abschied.

»So ein eitler Kerl«, schnauft Lippert. Ja, aber wieso lacht er dann mit ihm und geht nicht ins spanische Restaurant zu den anderen? »Ich bin Moderator«, sagt Lippert. »Und Moderator heißt ja auch irgendwie, dazwischen zu sein.« Im übrigen habe er eine gesunde Einstellung zu Eitelkeiten aller Art.

Lippert bestellt die Biere so, daß auch dem letzten Gast der Kneipe klar sein muß, wer hier sitzt. Nicht mal aufs Klo gehen kann er lautlos. »Ich muß mal pipi machen«, teilt er der Kellnerin mit. Die läuft knallrot an. »Na ja. Dann gehen Sie mal.« Voila und noch einen drauf. »Da können Sie mir ja schlecht helfen, nicht wahr?« kreischt Lippert durch den Raum.

Rastlos sucht sein Blick den Kneipenraum nach potentiellem Publikum ab. Erst nachts, als wir ganz allein dasitzen und Bier trinken, findet er die Muße zu längeren, unpointierten Ausführungen. Er erzählt vom Publikum, das er liebt, und von ehrlichen Kollegen, die ihm wirklich Glück wünschen. Jeder zweite Name, den er erwähnt, gehört einem »guten Freund von mir«. Er muß viele gute Freunde haben. Er sagt, er vertraue der guten Idee der Show. »›Wetten, daß …?‹ ist eine geniale Erfindung, die kriegt man nicht so leicht tot.« Das ganze Zeug, das er auswendig gelernt hat.

Nicht die Kritiker sind wichtig, sondern das Publikum. »Für das Publikum arbeite ich. Die lassen dich in ihr Wohnzimmer. Per Bildschirm. Das ist doch was ganz Intimes. Die sitzen da in Latschen vor dir, im Nachthemd. Die lieben sich vor dir.«

Karl Dall ist sein Freund und Jürgen von der Lippe, Günther Jauch mag er außerordentlich, mit Frank Elstner geht er öfter in Luxemburg essen. Der einzige, in dessen »inneren Freundeskreis« nicht vorgedrungen ist, scheint Thomas Gottschalk zu sein. Schade, denn den bewundert er wirklich. »Er hat ideale Voraussetzungen für einen Entertainer. Er ist ein Witzbold und schnell im Kopf. Und er ist einer der wenigen, die keine Kunstfigur sind. Er ist privat genauso wie auf der Bühne. Es gibt eigentlich nichts, was man dem Thomas vorwerfen könnte.«

Er kann viel erzählen, daß er nicht Ersatz, sondern Nachfolger von Gottschalk sein will. Er wird an ihm gemessen werden. Das Schlimme ist, er mißt sich selbst an ihm. »Ich finde, wir sind gar nicht so verschieden.«

Der Unterschied ist riesig. Gottschalk ist witzig, Lippi erzählt Witze. Wenn man Witze erzählt, muß gelacht werden, bei Gottschalk darf gelacht werden. Ich hätte das alles sagen können. Statt dessen lasse ich Lippi trotzig behaupten: »Ich finde, ich bin auch witzig.« Langsam begreife ich, warum niemand so richtig Lust hat, den Mann fertigzumachen. Damals, als ihn Gottschalk als seinen Nachfolger vorstellte, hat er wohl das erste Mal begriffen, worauf er sich einläßt. »Ich kam mir vor, als sei ich zu einer Party zu spät gekommen.« Ein gutes Bild. Am stärksten ist Lippert, wenn er ehrlich ist. »Schön«, sagt Wolfgang Lippert zu mir, »daß du hergekommen bist. Vor allem stellst du nicht die gleichen Fragen wie die anderen.« Er macht wieder alles kaputt. Ich habe genau die gleichen Fragen gestellt wie alle anderen.

Am nächsten Tag ziehen wir durch Hamburg. Es ist heiter und kühl, der Wind hetzt weiße Wolken über die Alster. Wir gehen die Reeperbahn rauf und runter, kehren in einer abgefuckten Kneipe ein, wo um die Mittagszeit volltrunkene, zahnlose Gestalten den Tresen belagern und Hans-Albers-Lieder krächzen. Lippi zeigt mir, wie die 328 PS seines 500SL wirken, und freut sich wie ein Kind, als es mich in die Polster wirft. »Ich mußte dieses Ding einfach haben«, gesteht er halb stolz, halb verlegen. »Eigentlich ist er ja viel zu teuer, aber da kannst du jede Schraube rausnehmen und dich daran freuen.«

Er erzählt die saukomische Geschichte von seiner ersten eigenen Samstagabendshow beim DDR-Fernsehen. »Also ich steh da auf der Bühne, und die *Puhdys* spielen. Harry Jeske zupft an seinem Baß, regungslos wie immer. Während er so zupft, raunt er mir ansatzlos zu: ›Sag mal, willst du 'n Golf koofen. Grün und wenig Kilometer?‹ Dit war der völlige Wahnsinn.«

Am Hafen essen wir Fischbrötchen, Lipperts Frisur weht davon, und er bekommt Lust auf eine Hafenrundfahrt. Er hat, gesteht er mir, noch keine richtige Lust, nach Hause zu fahren, weil seine Frau irgendein Konzert in Cottbus gibt. Hafenrundfahrt allein macht auch keinen Spaß. Also schaukeln wir an haushohen Schiffen vorbei, lachen über die Sprüche des Käpt'ns, und Lippi berichtet, daß er Häfen liebt, weil sie so was Sentimentales hätten. Er sei hier schon dutzendmal durchgeschippert. Später auf der Landungsbrücke spielt er mir die beiden Theaterstücke vor, die er für die Kinder im Pionierpark Wuhlheide geschrieben hat. Mir klappern schon die Zähne vor Kälte, aber er kann einfach nicht aufhören. Er tanzt wie Rumpelstilzchen um die Bank. Ich kann mir vorstellen, daß ihn die Kinder lieben. Vielleicht sind die Unterschiede zwischen dem Samstagabend-Show-Zuschauer und einem

Schulkind ja gar nicht so groß. Es wäre Lippert zu wünschen.

Vom Autotelefon aus macht er noch einen Abendtermin mit Krap (»hieß der jetzt Dieter?«), den er plötzlich für eine »erfahrene Kanalratte« hält. Krap kommt mit seiner Harley Davidson vors Interconti gefahren. Während Lippert wie ein Kind auf dem schweren Motorrad herumturnt und auf verschiedene Köpfe drückt, frage ich Krap, wie ihm denn Lippert gestern abend gefallen habe. »Nicht schlecht«, antwortet der alte Fuchs. »Nur die Brille ist ein Problem. Sobald er im Profil zu sehen ist, sind die Augen weg.«

Als ich Lippert zwei Wochen später in ZAK sehe, hat er eine neue Brille auf. So eine randlose, eckige. Ich weiß nicht, ob er sich damit wohl fühlt.

September 1992

Zusammen 305 Kilo
Die *Herzbuben* Wilfried Gliem
und Wolfgang Schwalm sind
Scherzartikel

Es war Anfang Dezember. Draußen regnete es. Da sagte die Rundfunkreporterin von *Radio Sachsen-Anhalt* zu Herzbube Wilfried: »Heute ist Weihnachten«. Und es ward Weihnachten. Genauer gesagt, wurde aus einem verregneten Spätherbstabend der erste Weihnachtsfeiertag, denn die Rundfunkreporterin fragte Herzbube Wilfried nun: »Was hat Herzbube Wilfried denn gestern, am Heiligen Abend gemacht?«

»Ach, das war schön. Besinnlich. Die Kinder und Enkelkinder waren zu Besuch bei uns. Wir haben Geschichten erzählt und gesungen.« »Was für Lieder?« fragte die Rundfunkreporterin. »Stille Nacht, natürlich«, antwortete Herzbube Wilfried. »Und viele andere Weihnachtslieder.« »Was gab es denn zu essen? Eine traditionelle Speise?« bohrte die Rundfunkreporterin weiter. »Nein, nein. Es gab einen großen Topf Gulasch«, erinnerte sich Herzbube Wilfried und schaute so treu dabei, als habe er noch ein paar Fleischreste zwischen den Zähnen.

Die Rundfunkreporterin bedankte sich, schaltete ihr Tonbandgerät ab, und es war wieder Anfang Dezember. Herzbube Wilfried und Herzbube Wolfgang zogen sich ihre roten Westen an, um Silvester zu feiern. Draußen auf dem Gang lagen bunte Papierschlangen und Konfettischnipsel.

Es gibt kaum eine bessere Gelegenheit, die Verlogenheit und Künstlichkeit der Fernsehunterhaltung zu überprüfen, als sich die Aufzeichnung einer Silvestershow anzuschauen. Da sitzen festlich gekleidete Menschen an einem beliebigen Tag des Jahres, nur eben nicht am 31. Dezember, in einem Fernsehstudio und tun so, als feierten sie Silvester. Auf der Bühne toben ausgelassene Unterhaltungskünstler der zweiten Garnitur. Es gibt einen Mann, der alle zwei Minuten eine Konfettikanone abfeuert, ein Moderatorenpärchen in Abendrobe, das schlechte Witze reißt, ein Ballett, leicht bekleidete Kellnerinnen und jede Menge wichtige Fernsehleute, die das Ganze je nach Situation aufgeregt bis verächtlich verfolgen. So war es jedenfalls, als der MDR Anfang Dezember in Berlin-Adlershof seine Silvestershow aufzeichnete.

»Wir geben heut das Letzte« heißt sie. Und der Name ist irgendwie Programm. Zu den mitwirkenden Künstlern zählten unter anderem GiGi Anderson, Gunther Emmerlich, Tony Christie, das Rock-’n’-Roll-Orchester, eine Sängerin namens Simone, ein gewisser Herr Quirlitz, der unter Ablaufpunkt 42 mit Titel »Joe-Cocker-Parodie« auftaucht, und die *Wildecker Herzbuben*. Programmpunkt 24. Titel: »Wir werden alle hundert«.

Wilfried Gliem und Wolfgang Schwalm sind für zwei Tage nach Berlin gekommen, um dieses eine Lied aufzuzeichnen. So sitzen sie in ihrer Umkleidekabine und schweigen. Und warten. »Wir sind gern in Berlin«, sagt Wilfried Gliem. »Das Berliner Publikum hat eine ganz besondere Herzlichkeit.« »Das hast du gut gesagt«, wirft Wolfgang Schwalm ein. Schwingt da eine leise Ironie? Nein, wohl nicht. Sie ruhen wieder. Kein Zucken in den Mundwinkeln, kein spöttischer Blick. Die *Wildecker Herzbuben* sind so freundlich wie ihre Lieder, die »Am schönsten ist es daheim« heißen, »So wunder-, wunderschön«, »Das tut gut« und immer wieder aus den Versatzstücken »Glück«, »Heimat«, »ohne Sorgen«, »Schatz« und gelegentlich einem »kleinen Gläsle Wein« zusammengebastelt sind. Das Berliner Publikum ist so herz-

lich wie das Dresdner und das in Wuppertal. Die Kollegen sind nett. Das Leben ist schön. Wunder-, wunderschön.

Der Ablaufplan gerät etwas ins Stocken, das Publikum ist noch nicht so hemmungslos, wie es sein sollte, die Mädchen vom Ballett flattern über den langen, neonhellen Flur vorm Studio, Petra Zieger zuppelt an ihrem schwarzen Umhang, Nicole fährt sich nervös durch die Frisur, Emmerlich guckt Fußball. Die *Wildecker Herzbuben* hocken sich in riesigen Unterhemden stoisch gegenüber. Ihre weißen Herzbuben-Hemden, die roten Westen, die Herzbuben-Knickerbocker und Herzbuben-Kniestrümpfe warten. Wolfgang Schwalm raucht. Wilfried Gliem ißt sukzessive eine große Keks-Blechbüchse leer. Irgendwann sagt er: »Fernsehen macht auch Spaß, weil dich auf einen Schlag Millionen Menschen sehen, aber Spaß macht's keinen.« Was für ein Satz.

Zwanzig Jahre lang spielten die beiden Hessen in verschiedenen Volksmusikkapellen, die letzte Zeit in der Begleitband des Schlagersängers GiGi Anderson. Bis 1989 ein Interpret für den Titel »Herzilein« gesucht wurde. Keiner wollte Ihn. Nicht Peter Alexander, nicht das *Naabtal-Duo*, nicht mal Gottlieb

Wendehals. Selbst GiGi Anderson war er zu blöd. »Das machen die beiden Dicken aus meiner Band«, beschloß er. Die Dicken machten es. Und es knallte.

»Herzilein« wurde zum vielleicht erfolgreichsten Volksmusiktitel der Nachkriegszeit. Die Platte tummelte sich ein Jahr lang mit Elton John und David Hasselhoff in den Charts und erhielt zweimal Platin. Wilfried Gliem und Wolfgang Schwalm wurden Millionäre. Vor allem aber wurden sie zu einem Markenprodukt. Wie Klementine, Flipper oder Onkel Dagobert.

»Wir haben ja damals überlegt, wie wir uns nennen sollen«, erinnert sich Wilfried Gliem. »Pfundskerle ist uns eingefallen. Aber das ging ja nicht, weil wir ja eigentlich keine Pfundskerle sind. Da haben wir uns dann ›Wildecker Herzbuben‹ genannt.« Zum nächsten Fasching habe es in ganz Deutschland keinen roten Stoff mehr gegeben, sagen sie, weil sich so viele Leute als Wildecker Herzbuben verkleiden wollten. Inzwischen tingeln im volkstümlichen Bereich unzählige Duos mit roten Westen als Herzbuben-Kopie durch die Bierzelte, und die Plattenfirma druckte auf die »Herzilein«-CD den Zusatz: »Das Original«.

Die beiden Sänger werden inzwischen aus rein optischen Erwägungen für alle möglichen Fernsehshows beordert, in denen es um gute Laune geht. Allein Silvester werden sie dreimal auftreten. Zweimal im MDR, einmal in SAT.1.

In Zeitungsberichten steht als Zusatzinformation immer ihr Gewicht hinterm Namen, manchmal auch das Gesamtgewicht. »Die Wildecker Herzbuben, zusammen 305 Kilo.« Als seien sie Zuchtbullen. Jeder Reporter duzt sie, wildfremde Menschen betasten ihre Bäuche, auf dem Cover ihrer Platten tauchen nicht einmal ihre richtigen Namen auf, und in Interviews sprechen sie von sich selbst als »Herzbube Wilfried« und »Herzbube Wolfgang«. Sie sind zu guter Laune verdammt. Scherzartikel. Und wenn sie nicht ihre roten Westen anhaben, die albernen Hüte und Kniestrümpfe, will sie auch niemand haben. Sie sollten die Klamotten verbrennen. Wahrscheinlich ist es zu spät.

GiGi Anderson, Programmpunkt Nummer 3, hat seinen Auftritt hinter sich und kehrt ausgelassen mit seinem Manager zurück in die Garderobe, wo die Herzbuben mit einer Dame von ihrer Plattenfirma warten. Der Manager erzählt einen schweinischen Witz, bei dem es um einen onanierenden Vogel geht. GiGi Anderson, der eigentlich Gerd Grabowski heißt, fragt, ob das Gegenteil von open air bekannt sei. »Unten sie.« Diese Volksmusikanten! Und weil alle lachen, selbst die Frau von der Plattenfirma, fühlt sich der schweigsame Herzbube Wolfgang nun auch bemüßigt, etwas beizusteuern. »Bei einer jungen Frau heißt es Vaginchen, wie nennt man es bei einer alten Frau?« Betretenes Schweigen. Schluß jetzt Wolfgang! Doch Herzbube Wolfgang will jetzt auch mal unanständig sein. »Waggon«, prustet er. »Oho«, ruft Gerd Grabowski. Und die Frau von der Plattenfirma droht kokett mit dem Zeigefinger. Sie schaut Wolfgang Schwalm dabei an, wie man ein Kind anschaut, das einen Witz nacherzählt, den es gar nicht versteht.

Im Kostüm wäre das nicht passiert. Später auf dem Flur, gepudert und mit Hut, funktionieren die Herzbuben wieder einwandfrei. Ein Fernsehteam will wissen, was sie zu Weihnachten machen, was sie essen und was sie als Kind geschenkt bekamen. Die Reporterin von *Radio Sachsen-Anhalt* braucht noch schnell einen Neujahrsgruß an die Hörer von *Radio Sachsen-Anhalt*. Und dann noch einen für die Hörer von *Antenne Brandenburg*.

Weihnachten, Silvester, Neujahr. Das Leben ist schön. Und gleich. Wahrscheinlich könnten die beiden auch jetzt schon sagen, was sie im Jahr 2004 am Ostersonntag zu Mittag aßen.

Ein Mann von einem Berliner Karnevalsverein schlägt Wilfried Gliem allein deshalb so vertraut auf die Schulter, »weil ich zum Fasching auch immer als Herzbube gehe«. Herzbube Wilfried lächelt verbindlich.

Dann endlich ist Auftritt. In Position 23 kündigt Moderator Dieter Krebs die beiden mit einem albernen Scherz an: »Euch kenn ich, ihr seid doch Hauff-Henkler.« Als könne man sie verwechseln. Position 34: »Das Leben ist schön, weil wir uns verstehen … Ich hab dich lieb, du hast mich lieb …« Die Gäste sind warm. Sie schunkeln. Die *Wildecker Herzbuben* wiegen vergnügt ihre Körper. Wie zwei Gartenzwerge. Unmittelbar hinter ihnen explodiert die Konfettikanone. Doch die Herzbuben zucken nicht mal mit der Wimper.

Wer sollte auch auf sie schießen. *Weihnachten 1994*

Du mußt kein Schwein sein
Sebastian Krumbiegel von den
Prinzen zitiert Freddy Mercury,
kauft Immobilien und wählt die
PDS

Der Rauch des Hochzeitsfestes klebt
noch im Zimmer. Die Braut schläft.
Im Fernsehen kämpft der rosarote
Panther gegen Inspektor Clouseau.
Und beide gegen die Sonnenstrahlen, die durch große Mansardenfen-
ster in den Raum fallen. Auf dem
Flügel glitzern Schnapsflaschen.
Eine ist mit dem uralten Scotch gefüllt, in den er gestern nacht seinen
Zeigefinger tauchte und dann an-
zündete, um die Qualität des Stof-
fes zu demonstrieren. Der Finger
brannte. Doch an Whisky kann er
jetzt nicht denken, nicht mal an
guten. Jetzt, da die Leipziger Mit-
tagssonne nach nur fünf Stunden
Schlaf seine Augen quält, die noch
Froschaugen sind. Keine Prinzenaugen. Er setzt die Sonnenbrille dagegen, die er zu Ostern in London
kaufte.

Er ist ein Popstar. Heißt es.

Die Gläser stehen bereits in der
Spülmaschine. Die Aschenbecher
sind geleert, Käse- und Kaviarreste
lagern ordnungsgemäß im Kühl-
schrank, die leeren Bierflaschen
stehen wieder in den Kästen. Er
hat keine Hausangestellten. Und
im Wohnzimmer wird sonst

nicht geraucht. Er ist jetzt verheiratet.

Er ist ein bürgerlicher Typ. Sagt
er.

In meiner Tasche lästern die Ko-
pien aus unserem Zeitungsarchiv.
Pumuckl, bekennender Leipziger,
Shootingstar, Naivling, Vorzeige-
Ossi, Jammer-Ossi, Villenbesitzer,
Teenie-Idol, Eintagsfliege, Witzbold,
Konservenprodukt. Millionär. Ge-
puscht von der Hamburger Produ-
zentin Anette Humpe, geliebt von
Kindern, Omis und sonst nieman-
dem.

Das ist er. Berichten die Klischees.

Die Post, die an diesem Sonn-
abendmittag kommt, gibt auch
noch ihr Urteil ab. Ein Brief von der
Commerzbank, ein Paketzettel von
der Plattenfirma und seine Tageszeitung. Die *junge Welt*.

Alles nicht so einfach. Erzählt die
Post.

Die goldenen Schallplatten an
der Wand lachen mich aus, die Bü-
cherregale, in denen Zola, Chandler,
Goldt und Simonow neben den
»Mosaik«-Sammelbänden stehen,
warnen vor vorschnellen Urteilen,
und das weiße Käfer-Cabrio unten

Das Buch der Versuchungen

vor der Tür erzählt wieder eine ganz andere Geschichte. Welche auch immer. Und wie um Himmels willen ist ein Mensch einzuschätzen, der ein T-Shirt trägt, auf dem steht: »Sumsen ist buper?«

Vergessen wir das.

Sebastian Krumbiegel ist 28 Jahre alt. Er wurde in Leipzig geboren und wuchs dort in wohlbehüteten Verhältnissen auf. Sein Vater ist Chemiker, seine Mutter leitet das Bach-Museum, seine Oma war eine ziemlich bekannte Opernsängerin. Zu Weihnachten sang die Familie, zu der noch zwei weitere musikalische Kinder gehörten, in der alten Gohliser Villa, wo sie zur Miete wohnten, und mit sieben Jahren trat Sebastian Krumbiegel dem berühmten Thomanerchor bei. Er besuchte den Religionsunterricht, die Pionierveranstaltungen und mit zehn Jahren das erste Mal Japan, wo ihn vor allem die vielen Matchboxautos in den Spielzeugläden beeindruckten. Er lernte Trompete, Klavier und Schlagzeug spielen, er türmte gelegentlich aus dem Thomaner-Internat und sammelte *Queen*-Platten.

Später gründete er mit ein paar Freunden aus dem Chor die *Herzbuben*, die vergleichsweise erfolglos über die Wende dümpelten, bis sie zu den *Prinzen* wurden. Es machte

peng. Sie verkauften Millionen Platten, sie füllten mehrmals hintereinander die Deutschlandhalle, sie gewannen Preise, goldene und Platin-CDs, sie wurden die erfolgreichste deutsche Popband. Ein Ende ist nicht abzusehen. Gestern, pünktlich zum Hochzeitsfest, traf ein Fax von der Plattenfirma ein: »Wir haben GOLD für die ›Schweine‹-CD mit der Auslieferung.«

Das alles führte dazu, daß es neben Sebastian Krumbiegel jetzt auch den *Prinzen* Sebastian gibt.

Prinz Sebastian ist der dicke Prinz mit den abstehenden roten Haaren, der immer so lustig ist. Dann gibt's noch den blonden, der immer lustig ist, den mit Baseballmütze, dann den, der jetzt mit der Frau von Matthias Liebers zusammen ist, und den schönen Prinzen. Wenn man sich's richtig überlegt, sind sie alle lustig. Eigentlich hat Sebastian Krumbiegel auch keine roten Haare mehr. Macht aber nichts. Er ist Prinz Sebastian. Und der hat rote Haare. Der ist auch dann noch lustig, wenn er weint.

Prinzen sind auch unzertrennlich. »Wir haben uns mal vorgenommen, daß wir in den Medien, also auch bei Interviews, immer nur zusammen auftreten. Damit kein Keil zwischen uns getrieben wird«, erklärt Krumbiegel. Das hat so gut funktioniert, daß es inzwischen schwierig ist, die anderen vier zu vergessen, wenn man mit einem spricht. Sie kleben im Raum wie der kalte Zigarettenrauch der letzten Nacht. Wie die roten Haare an Krumbiegels Kopf. Und wenn er sagt, »das Musketierding ist eigentlich vorbei«, singen die anderen vier den Chor.

Vielleicht verletzt Krumbiegel das Unternehmensprinzip, weil man sich auf die Nerven geht, wenn man wochenlang zusammen im Studio hockt, vielleicht, weil er, wie er sagt, »ein großes wandelndes ICH« ist, vielleicht aber auch, weil er eine Kunstfigur zerschlagen will. Das heißt, zerschlagen will er sie nicht, nur beschädigen. Ein bißchen jedenfalls. »Ich weiß ja nicht, wie lange es die *Prinzen* als Band noch gibt«, sagt er, nachdem er über künstlerische Differenzen geredet hat. Und nach einer Pause. »Ich hoffe sehr, sehr, sehr, sehr lange.« Er hat wirklich viermal »sehr« gesagt.

Natürlich hat die Figur längst ein Eigenleben. Alles, was Sebastian Krumbiegel tut, wird am Prinzen Sebastian gemessen. Beim Autokauf muß berücksichtigt werden, daß es mal ein Lied gab, in dem »jeder Popel einen Opel« fuhr. Das würde ja noch angehen, wenn es nicht auch hieße »jeder Dödel Jaguar«. Lebt er

noch in Leipzig, heißt es »wie kokett«, würde er wegziehen, hieße es »wie größenwahnsinnig«. Singen sie Lieder übers Fahrradfahren, schreibt der Kritiker »wie kindisch«, singen sie Lieder über Umweltverschmutzung oder Rechtsradikale, sagt der Kritiker »singt lieber Kinderlieder«.

Kinderstars rauchen keine Joints. *Bravo*-Helden heiraten nicht. Rocker ziehen nicht in Maisonette-Wohnungen. Ostler haben keine Westfans. Wer auf *VIVA* rauf- und runtergespielt wird, erinnert nicht an die sozialen Ungerechtigkeiten nach der Wende. Alles ist deutbar. Der Whisky, die Spülmaschine, Simonow im Bücherregal und die *junge Welt* am Frühstückstisch.

Sebastian Krumbiegel kümmert das alles, und es kümmert ihn nicht. Er ist noch weich. Er ist ein kleiner Junge, der sich Eigentumswohnungen kauft, um Steuern zu sparen. Er ist ein alter Mann, der sich manchmal wünscht, »daß es ist wie früher«. Er ist ein bürgerlicher Popstar. Er ist ein Unternehmer, der PDS wählt, aber nur hoffen kann, daß sie nie gewinnt. Er kämpft gegen die Klischees, indem er sich mit ihnen arrangiert.

Es hat ihn angekotzt, immer wieder auf die Bigotterie der Liedzeile »Ich wär so gerne Millionär« angesprochen zu werden. Auf der neuen Platte gibt es von ihm den Titel »Geld ist schön«. Weil er das aber auch nicht so absolut stehenlassen konnte, hat er in Klammern für seine Fans dahintergeschrieben »danke«. Damit kann man leben.

Genau wie er mit seinem weißen Käfer-Cabrio weiterleben könnte. Wenn es nur zwei Airbags und ABS hätte.

»Ich will doch nur, daß mich alle lieben«, sagt Krumbiegel. Und weil er so ist, wie er ist, versucht er das zu realisieren, obwohl er weiß, daß es nicht geht. Er schreibt Geld-ist-schön-Rechtfertigungssongs, aber auch Lieder voller seltsamer Sehnsucht nach Liebe. Er sagt Sachen wie: »Das einzige Kriterium der Popmusik ist, wie viele Platten du verkaufst, der Rest ist Geschmackssache«, um Leute zu überzeugen, die die *Prinzen*-Lieder nicht mögen. Und wenn sie es immer noch nicht glauben, haut er ihnen noch sein Lieblingszitat von Freddy Mercury um die Ohren: »Alles was zählt, ist die Nummer eins zu sein.« Er kaufte die Villa in Gohlis, wo er groß geworden ist, renovierte sie und läßt seine Eltern, seine Oma und die anderen Ureinwohner dort zu einer günstigen Miete wohnen.

Er hat keinen Haß auf die DDR, er hat keinen auf die BRD, und er ist zu der Erkenntnis gekommen, »daß man in jedem System manchen Leuten in den Arsch kriechen muß«.

Und wenn er die ganze ernsthafte Rechtfertigungsscheiße richtig satt hat, oder wenn er gar keine Antworten mehr weiß, flüchtet er auch im Zivilgespräch in die *Prinzen*-Rolle, in der man alles sagen darf. Dann rollt er die Augen, hebt königlich die rechte Hand und sagt mit tiefer, feierlicher Stimme: »Natürlich darf man das gemeine Volk nie aus den Augen lassen.« Er mag das. Er könnte sich auch vorstellen, mit Federboa am Hals die große Showtreppe hinabzuschreiten. Vielleicht liegt das daran, daß er sich früher viel in Kirchen rumtreiben mußte, vielleicht daran, daß er mit Udo Lindenberg befreundet ist. Vielleicht aber auch daran, daß er *Queen* so abgöttisch liebt.

»Ich weiß, daß es total vermessen ist. Aber mit *Queen* würde ich die *Prinzen* am liebsten vergleichen«, sagt der kleine Junge Sebastian, von dem alles Königliche abgefallen ist. Er ist wieder raus aus der Rolle.

Im Gegensatz zu Udo Lindenberg kommt Krumbiegel von seinen Kurzausflügen in die Phantasiewelt immer wieder in der Wirklichkeit an.

»Es ist ja tatsächlich ein schizophrener Job, den ich da mache. Und manchmal, wenn ich von einer Tour nach Hause komme, denke ich zuerst wirklich, ich bin der Papst. Aber das gibt sich dann relativ schnell.« Das liegt an seiner überaus bodenständigen und allürenfreien Frau. Das liegt an Leipzig. Das liegt daran, daß er es nicht besonders toll findet, sich mit Mütze und Sonnenbrille zu tarnen, bevor er das Haus verläßt. Und es liegt daran, daß er ein umwerfend netter Kerl ist.

Was sagt uns also die Picasso-Lithographie da an der Wohnzimmerwand über ihren Besitzer Sebastian Krumbiegel? Ein Schöngeist? »Das ist praktisch 'ne Garage. Also das Ding war so teuer wie 'ne Garage. Ich freue mich jeden Tag, daß ich das habe. Ich find das kultisch. Einen Picasso.« Was soll man von einem jungen Menschen halten, der Schachteln und Dosen sammelt, die viel zu klein sind, um irgend etwas darin zu verstauen? Ein Schwachkopf? »Ich find so kleine Dosen einfach schön«, sagt er träumerisch. Wie ist ein gesamtdeutscher Popstar zu bewerten, der sich halbtot freut, daß ihm seine Oma ihren DDR-Nationalpreis von 1959, eigenhändig unterschrieben von Wilhelm Pieck, zur Hochzeit schenkt? Ein Nostalgiker? »Ich war in der Schule immer wahnsinnig stolz auf meine Oma. Ich hab überall rumerzählt, daß sie Nationalbriefträgerin ist.«

Später, als seine Augen immer noch keine Prinzenaugen sind, aber auch keine Froschaugen mehr, sondern irgendwie dazwischenliegen, zeigt er uns noch die Villa, die er gekauft hat. Es ist ein Riesending, mit einem Garten davor, in dem sein Vater steht. In Turnhosen und Unterhemd. Vielleicht erzählt er ihm später noch, daß er gestern nacht erfahren hat, daß die neue Platte bereits vergoldet ist, bevor sie in die Läden kommt. Im Augenblick hört er geduldig zu, wie sich sein Vater ärgert, daß ihm für die Beetbegrenzung blöderweise ein Stein fehlt. So ein schwarzer Schlackestein.

Mai 1995

Das Buch der Versuchungen

Sepp Herberger in Parchim
Berthold Fieber kaufte sich
einen afrikanischen Stürmer-
star

Als Berthold Fieber, der eine mittel-
große Baufirma in Parchim besitzt,
den Hörer auflegte, hatte er so ein
Kribbeln im Bauch. Mafumba! Er
hörte schon die Buschtrommeln
schlagen. Mafumba! Klang das
nicht wie Okocha? Oder gar Yeboah.
Er, Berthold Fieber, Präsident,
Hauptsponsor und Gründungsmit-
glied des Parchimer FC 92, würde
Mafumba, die »schwarze Perle« ver-
pflichten.

Fieber lehnte sich in seinen
schwarzen Lederdrehstuhl zurück.
Er blickte wohlwollend auf sein
großes, glänzendes Arbeitszimmer,
mit der schwarzledernen Sitzgruppe, zu der ein dunkelgefliester
Couchtisch gehörte, die Palmen und
die Modellhäuser von Fieber-Bau an
der Wand, er dachte an den 720er
BMW draußen vor der Tür, an die
vielen Baustellen im Kreis Parchim
und an die Bandenwerbung im
Stadion am See. So sollte es sein.
Vor sechs Jahren hatte er noch den
Investbauverantwortlichen der
LPG gemacht, und jetzt schaffte er
hier einen echten afrikanischen
Nationalspieler ran. Einen Stür-
mer noch dazu. Das paßte hervor-
ragend. Volker Röhrich hatte ja im-

mer noch Probleme mit der Achil-
lessehne.

Mafumba! Die Oberliga Nordost
konnte sich frischmachen.

Jean-Rene Mafumba schreitet
durchs Gate 4 des Flughafens Tegel.
Er schaut ein wenig verunsichert.
Niemand erwartet ihn. Sein Gepäck
ist irgendwo zwischen Brazzaville
und Paris. Aus dem Lautsprecher
knistert eine Durchsage, in der sein
Name vorkommt. Erst in Deutsch,
dann in Englisch. Würde Jean-Rene
Mafumba Deutsch oder Englisch
verstehen, hätte er jetzt gewußt,
daß sich Herr Fieber verspätet. Er
hätte auch gewußt, daß er in der
Haupthalle auf ihn warten soll. Er
hätte sich sicher gewundert, weil die
Haupthalle schließlich sehr groß ist,
und wäre vielleicht darauf gekommen, daß Herr Fieber nicht eben der
weltmännischste Fußballpräsident
ist. Womöglich hat Herr Fieber ja
gedacht, einen Neger in der Haupthalle findet man immer. Und so ist
es vielleicht gar nicht so schlecht,
daß Jean-Rene Mafumba weder
Deutsch noch Englisch versteht.

Mafumba wartet. Irgendwann
wird der dicke, große Mann mit

dem Mohrrübenhaar, irgendwann wird Monsieur Fieber schon kommen.

»Sascha! Oh, Sascha!« Berthold Fieber, der Präsident, nähert sich mit großen Schritten. Ein dunkler Wollmantel umweht seinen mächtigen Leib, und ein Mann mit grauer Gesichtsfarbe versucht, neben ihm Schritt zu halten. Das ist Bernd Böttcher, der in einer Sanitärinstallationsfirma arbeitet, die den Parchimer FC 92 sponsert. »Problem. Termin. Straße schlecht«, ruft Berthold Fieber atemlos. Er kommt eine Dreiviertelstunde zu spät. Jean-Rene Mafumba begreift instinktiv, daß er ab jetzt der »Sascha« ist und lächelt vorsichtig. Was ist schon eine Dreiviertelstunde. »Wie lange fährt man von Kongo bis Berlin?« fragt Bernd Böttcher interessiert.

Fieber klopft heftig auf den schmalen Schultern seines neuen Stürmerstars herum, Sachen wie »Okay Sascha«, »Gut, gut«, »Flug okay?«, »No Probleme?« ausstoßend. Dann begreift er, daß da doch ein Problem ist. Ein einziger Rucksack ist selbst für einen afrikanischen Besucher etwas wenig Reisegepäck. »Wo sind deine Töppen, Sascha?« Jean-Rene Mafumba versteht nicht. Töppen? Mmmh.

Leider spricht auch Sanitärinstallateur Bernd Böttcher kein Französisch und Lingala, Mafumbas Stammesprache, wohl auch nicht. Aber ihm fällt etwas ein. »Letzten Sommer in Mallorca, da waren in unserer Reisegruppe sogar vier Koffer verschwunden«, sagt Bernd Böttcher zu Jean-Rene Mafumba. Der schaut erschrocken. Mallorca? Er ist froh, daß er endlich in Deutschland ist.

Man fährt lange von Kongo nach Berlin. Böttcher holt erst mal was zu essen. Fieber und Mafumba sitzen sich im Flughafen-Café schweigend gegenüber. »Dünne Arme haste, Jung«, sagt Berthold Fieber. Böttcher hat aus gutem Grund Käsebrötchen gewählt. »Manchmal essen sie ja kein Fleisch.« Mafumba beißt hungrig in die Schrippe. »Gut so, Jung. Bißchen happi happi. Bißchen Fitneßcenter. Wir päppeln dich schon auf«, sagt Fieber mehr zu sich selbst. Hoffentlich war das kein Fehleinkauf.

Ach was, bei 15 000 Dollar kann man kaum was falsch machen. Und die 2000 Mark netto, die Mafumba im Monat bekommt, kann sich der Klub leisten. Hoppen hatte ihm gesagt, daß die nur Wasser trinken, was ja auch gut ist. Jetzt müssen sie nur noch die Wohnung besorgen, die sie versprochen hatten.

»Wohnung kriegste auch, Sascha«, sagt Fieber, »mit Gasheizung.« »Die kennen doch dort unten gar keine Kohlen. Nee, Ofen wär nich gut«, sagt Bernd Böttcher. »Bist du verrückt. Der brennt uns doch die ganze Bude ab«, stimmt Berthold Fieber zu.

Als Rosi Richter, die am Parchimer Gymnasium unterrichtet und der einzige Berthold Fieber bekannte Mensch ist, der Französisch spricht, am Abend ins Sportlerheim kommt, um bei den Vertragsverhandlungen mit Jean-Rene Mafumba zu dolmetschen, saßen plötzlich zwei Neger da. Und ein Spielervermittler. Und ein Herr Fickert, Nationaltrainer von Kongo. Viel zu übersetzen war nicht. »Die haben nicht Miff und nicht Muff gesagt. Die haben ein Fußballspiel im Fernsehen angeguckt«, sagt Rosi Richter. »Aber ich glaube, sie haben den anderen Afrikaner auch genommen.«

Weil die Parchimer offensichtlich ein kauffreudiges Völkchen waren, hatte der rheinländische Spielervermittler Willy Hoppen zur Vertragsunterzeichnung mit Mafumba gleich noch einen zweiten Afrikaner mitgebracht. Dieser heißt Assana Tope, ist auch nicht teurer und kommt aus dem Kongo. Fieber hat ihn mitgenommen. »Ich hab zwar nicht schlecht geguckt, als da plötzlich noch ein Schwarzer war. Aber der Preis stimmt, und außerdem fühlt sich der Sascha dann nicht so allein. Zu zweit ist immer besser.«

Jean-Rene Mafumba hat ein feingeschnittenes Gesicht, meistens wirkt es nachdenklich, ernsthaft, verschlossen irgendwie. Er lacht selten. Wie er da in seinen glänzenden Fußballsachen im zugigen Flur zu den Parchimer Umkleidekabinen steht, zwischen den weggeworfenen Tickets und Bierbüchsen vom letzten Heimspiel, da sieht es fast so aus, als stehe er über den Dingen. Das könnte ihm zum Verhängnis werden, wenn er keine Tore schießt.

Immerhin spult er artig seine Höflichkeitsfloskeln ab. Joachim Fickert, der im Auftrag des Auswärtigen Amtes fünf Jahre lang die kongolesische Nationalmannschaft trainiert hat, übersetzt und interpretiert. »Er sagt, daß er froh ist, hier zu sein. Erstens würde er sowieso nicht die Wahrheit sagen, wenn es nicht so wäre, und zweitens stimmt es. Da unten in Brazzaville hat er dreißig Mark im Monat verdient. Und dann war ja jetzt Bürgerkrieg da. Ich hab ihn da rausgeholt, weil er das verdient hat«, sagt Fickert. Von Jean-Rene Mafumba ist noch zu erfahren, daß er stolz sei, hier spielen zu dürfen, seine Mitspieler nett seien und Deutschland die besten Fußballmannschaften der Welt habe. Von Joachim Fickert ist zu erfahren, daß er schon in über 45 afrikanischen Ländern war und demnächst Mosambik trainieren wird. Und dann Malawi. Oder Kambodscha.

»Borussia Mönchengladbach ist sein Lieblingsverein, sagt er. Na, ich will mal so sagen, das hier muß wirklich nicht die Endstation sein. Ich vergleiche das immer mit den amerikanischen Boxern. Die wollen raus aus dem Ghetto.«

Präsident Berthold Fieber hat mächtig gerudert, um »Sascha« Mafumbas Spielberechtigung für das wichtige Heimspiel gegen den 1. FC Magdeburg zu bekommen. Er hat von seinem Autotelefon aus mit einem kongolesischen Fußball-Präsidenten telefoniert, er war in der DFB-Filiale von Mecklenburg-Vorpommern, und er hat Fußballschuhe für Mafumba besorgt. Welche mit Stollen. Es hatte ein bißchen geschneit.

Hat Mafumba überhaupt jemals vorher Schnee gesehen?

»Höchstens auf'm Kilimandscharo«, sagt Fieber und lacht. Dann ernst: »Aber da muß er sich dran gewöhnen, der Jung. Bei uns schneit's eben manchmal.«

Fiebers Mühen haben sich gelohnt. »Sascha« kann spielen.

Kurz vor dem Anpfiff übersetzt Rosi Richter dem neuen Mann noch ein paar taktische Instruktionen des Trainers. »Er soll die Bälle flach halten und irgend etwas mit kurzem

Pfosten«, erinnert sich Rosi Richter an das kurze Gespräch hinter verschlossenen Türen. Hat Mafumba sie denn verstanden? »Weiß nicht.«

Der Stadionsprecher stellt Sascha als »Schascha« vor, vermutlich, weil das etwas afrikanischer klingt. Wer Berthold Fieber beim Spiel seiner Mannschaft sieht, kann Mafumba nur wünschen, daß er viele Tore schießt. Berthold Fieber verwandelt sich mit dem Anpfiff in eine Bombe. Erst tippelt der Präsident, dann hüpft er, dann springt er ganz hoch und explodiert. Sein schwarzer Mantel versucht vergeblich die Bewegungen nachzuvollziehen, sein dünnes, rotes Haar springt in alle Richtungen weg, und manchmal, wenn der Gegner kurz vorm Parchimer Tor steht, hat man Angst, daß Berthold Fieber die Augen rausfallen könnten. Das hier ist sein Leben. Eigentlich arbeitet seine Baufirma mit all ihren 69 Beschäftigten nur für diese 90 Minuten. Das ist seine Mannschaft. Das sind seine Spieler. Sein Sascha.

Glücklicherweise fallen schnell drei Tore, und alle drei für Parchim. Da ist zu verschmerzen, daß Mafumba noch nicht so richtig in die Mannschaft paßt. Die besoffenen Zuschauer, der verkrustete Schnee vor der Eckfahne, die vielen bunten Tafeln, die am Spielfeldrand für »Meyer-Getränke«, »Elektro-

Helmcko« und die »Holzwerke Lübz« werben, die elende Kälte und Mannschaftskameraden, die eher Rugby spielen als Fußball. Jean-Rene Mafumba fremdelt über den Rasen, und einmal, als er eine große Chance hat, stolpert er und fällt um. »Husch, husch, husch – Neger in den Busch«, grölt es von den Rängen.

Dann ist Schluß, der 1. FC Magdeburg, Europapokalsieger von 1974, ist geschlagen.

Berthold Fieber ordnet seine Mantelschöße und wird wieder Mensch. Oder besser Präsident. Auch das ist er von ganzem Herzen.

Beim Parchimer FC 92 denkt man nicht in Oberliga-Nordost-Dimensionen. Die Stadionkneipe heißt hier VIP-Raum, es gibt ein Büfett wie bei Bayern München und einen ehemaligen »Sportschau«-Moderator, der die Pressekonferenz leitet. Noch ist kaum Presse da, aber der Ex-Moderator überspielt das routiniert. »Sepp Herberger sagte ja, der nächste Gegner sei immer der schwerste. Was erwarten Sie kommenden Samstag bei Motor Eberswalde?« fragt er Parchims Trainer Jürgen Decker. Die Wangen der Sponsoren glühen. Sepp Herberger in Parchim! So klingt sie, die große weite Fußballwelt.

Präsident Fieber bestellt einen Korn und wartet mit den Bauherren, Klempnern, Autohändlern und Tischlern aus dem Sponsorenpool auf den Fernsehbericht. Noch läuft der Parchimer FC 92 nicht in »ran«, aber es gibt ja Videotext. Auf der N3-Tafel leuchten Ergebnis und Tabelle. Parchim ist Zweiter, Fieber bestellt noch einen Korn. »Nächstes Jahr sind wir Regionalliga«, verkündet Vizepräsident Garbe, der mit Computern und Immobilien handelt. Trainer Decker schaut traurig. Heute wird es wieder schlimm. Nach dem zehnten Bier spielt Parchim in der Bundesliga.

In der Gaststätte »Zum Wockertor« sitzen vier Afrikaner über großen Tellern mit Hamburger Schnitzel und Bratkartoffeln. Jean-Rene Mafumba und Assana Tope vom Parchimer FC sowie Francis Makaya von Erzgebirge Aue und dessen Frau Bertille. Die beiden Parchimer Neuverpflichtungen wohnen in den Fremdenzimmern über der Kneipe, bis eine Wohnung gefunden ist, Makaya und seine Frau sind zu Besuch da. Über Parchims Dächern steht der Vollmond, in der Tür ein sanft schwankender Präsident. Er ist bei Korn geblieben.

»Nächstes Spiel in Eberswalde, Jungs. Wir essen in Honeckers Jagdrevier zu Mittag«, ruft Berthold Fieber der Runde zu. »Honecker?« fragt Makaya. »Der DDR-Präsident«, hilft Joachim Fickert, der auch noch da

ist. »Nee, nee«, korrigiert ihn Fieber.
»Nix Präsident. Staatsratsvorsitzen-
der.« Später hält Fieber minuten-
lang die zierliche, schwarze Hand
von Bertille Makaya zwischen seinen rosa Pranken. »Du hast kalte
Hände, Mädel«, sagt er verträumt.
Die Buschtrommeln spielen sanft
ihr Lied dazu.

Am nächsten Morgen steht kalter
Rauch im »Wockertor«. Ein nach-
denklicher Präsident stürzt sein
zweites Glas Apfelschorle hinunter.
»Sascha« hat Blasen an den Füßen
und Bauchschmerzen. »Zuviel Hamburger Schnitzel wahrscheinlich«,
sagt Fieber. Am Tresen erzählt ein
aufgeräumter Joachim Fickert der
Wirtin von komplizierten kongolesischen Hochzeitsriten. »Dat is schon
wat«, sagt die Wirtin interessiert.
»Vor allem, wenn man dat nich so
kennt.« Dann geht sie in die Küche.

Die Bockwurst für Berthold Fieber ist heiß. Die Buschtrommeln
schweigen.

November 1995

Der Pate von Dresden
Der ehemalige Dynamo-
Präsident Rolf-Jürgen Otto
spielte mit allem – und
verlor

Otto spielt toter Mann. Er hockt hinter einem edlen Schreibtisch, der mitten in der vornehmen Lobby des Dresdner Bellevue-Hotels steht, und läßt die Lider langsam über seine Froschaugen wandern. Auf und ab und auf und ab. Der Abend ist jung, die Lobby ist leer, der Hotel-Pianist hat den Blues. Auf dem Schreibtisch liegt neben dem Telefon noch ein blinkendes Handy und des Präsidenten Telefonliste vom Tage, sechs Blatt eng mit Nummern beschrieben, die er heute anzuwählen hatte, ein fast leergerauchtes Marlboro-Päckchen und ein Scheckheft. Vor dem Tisch kauert Willy Konrad wie ein Schoßhund. Konrad ist ein hessischer Spielervermittler mit zweifelhaftem Ruf, den Otto seit zwanzig Jahren kennt.

Kippen, Schecks und Konrad. Es ist alles da, was Otto braucht. Trotzdem wirkt der Präsident seltsam müde und leer. Träge gleitet sein Blick immer wieder zur Eingangstür des Hotels. Als sei von da mit Erlösung zu rechnen. »Wenn mer die Liga halten könnten. Des wär eine Sensation«, versucht Willy Konrad. Doch Ottos Lider schleichen teil-nahmslos weiter. Alles ist aus. Ist es das?

Vor etwa drei Jahren kam Rolf-Jürgen Otto über Dresden. Der Frankfurter Baulöwe, der einst als Lasterfahrer ins Berufsleben gestartet war, hatte auf dem Wege nach Sachsen Gotha ausprobiert, wo er eine Fensterfirma gründete, dann Leipzig getestet und war schließlich in Dresden gelandet. »Ich war ja vorher nie im Osten gewesen. Von Dresden hatte mir mal einer gesagt, das wird mal wie München. Das stimmte. Besser als Leipzig. Leipzig war nicht meine Stadt.« Da hat Leipzig noch mal Glück gehabt.

Rolf-Jürgen Otto mietete ein Appartment im ersten Hotel am Platz, sondierte kurz die Lage und eroberte in der Folge alle strategisch wichtigen Stellen der Landeshauptstadt. Inzwischen hat er ein Kieswerk in Dresden, eine Hoch- und Tiefbau-Firma in Großenhain, die Trendbau-Gesellschaft, die am Rand von Dresden in Weißig eine Art Kleinstadt aufbaut, und eine Baufirma in Meißen, er sitzt für die FDP im Dresdner Stadtparlament, wo er im Sport-, im Finanz- und Liegenschaftsausschuß sowie im Bauausschuß arbeitet, er ist Mitglied des Dresdner Rennvereins 1890 e.V., auf dessen Rennbahn drei seiner Pferde laufen. Und am allerwichtigsten: Rolf-Jürgen Otto ist Präsident von Sachsens ganzem Stolz. Dem FC Dynamo Dresden. Gewählt mit überwältigender Mehrheit.

Nicht schlecht für einen Mann, der aussieht wie ein Gebrauchtwagenhändler. Otto trägt eine protzige Goldrandbrille, Jacketkronen und Anzüge, die nicht zur Farbe seiner Hemden passen, er zockt des öfteren im Casino des Bellevue-Hotels um hohe Beträge, er hat weder Ahnung von Pferden noch von Fußball und einen grottenschlechten Ruf als Unternehmer, er gilt als Choleriker und umgibt sich mit Leuten wie Willy Konrad, der Goldketten trägt und Fußballturniere in Bangkok und Schanghai organisiert.

All das störte die Sachsen nicht. »Otto ist der Größte«, jubelten sie ihm auf der Rennbahn und im Stadion zu, in seinem Wahlkreis, der Arbeitergegend Prohlis, war er eine Art Volksheld, und im Hotelfoyer drängelten sich die Autogrammsammler. Vielleicht führten die ganzen Enthüllungsgeschichten in *Spiegel* und *Super Illu* deshalb nie zu richtigen Konsequenzen. Rolf-Jürgen Otto wirbelte unbeeindruckt. Er

baute weiter Häuser, er wurde sogar Politiker, seine Pferde gewannen, und Dynamo Dresden spielte schließlich immer noch in der 1. Bundesliga.

»Die Dresdner wollen Leute, die ihnen viel versprechen. Sie schätzen Menschen, die ständig in Bewegung sind. Und Otto hat diesen Hauruck-Charme«, sagt Klaus Strietzel von den Bündnisgrünen, der Rolf-Jürgen Otto aus dem Dresdner Parlament kennt. »Ohne Otto gäbe es Dynamo Dresden nicht mehr. Der redet nicht nur, der handelt«, sagt Volkmar Burger, Marketingchef der Dresdner Pferderennbahn. »Wir hatten doch keinen anderen, der den Dynamo-Präsidenten machen konnte. Und wir haben immer noch keine Alternative«, sagt der Wirt der Dynamo-Kneipe.

Otto steht früh auf und geht spät ins Bett. Dazwischen ist er ständig in Bewegung. Jemand, der die Arbeit macht. Deshalb war er Sachsens Mann.

»Also isch hätt die Kraft nich, wo er hat«, versucht Konrad noch mal die Weltuntergangsstimmung aus der Lobby zu jagen. Diesmal hat er Erfolg. Es geht ein Ruck durch seinen Präsidenten. »Ich hab Sonnentage erlebt, ich werde auch den Regen überstehen«, sagt Otto. »Dann wird mich auch die Presse wieder lieben.

Das Buch der Versuchungen

Und Mohren, der Sportchef vom MDR-Fernsehen, hat sich doch bloß so auf mich eingeschossen, weil er Schulden bei mir hat, die er nicht zurückzahlen kann.«

Damit gleich ein bißchen Sonne durch den Regen scheint, winkt Otto einen der livrierten Pagen an den Schreibtisch. »Das ist der Herr Lung- witz. Wir haben ein ausgezeichne- tes Verhältnis zueinander«, erklärt der Präsident. »Finden Sie, daß ich aufbrausend und cholerisch bin, Herr Lungwitz?« Die Goldknöpfe an Lungwitz' Uniform glitzern. »Keines- wegs, Herr Otto.« Sehr schön.

Aber Otto will noch mehr Sonne. Er stemmt sich aus dem Sessel und gibt dem Pianisten ein kurzes Zeichen, worauf dieser »New York, New York« zu spielen beginnt. »Mein Lieblingslied«, erklärt Rolf-Jürgen Otto zufrieden.

Man kann sich vorstellen, wie er ist, wenn er nicht den toten Mann spielt. Sondern den Paten von Dresden.

Vielleicht hat Dynamo Dresden ein bißchen zu oft verloren. Vielleicht hätte Otto nicht Horst Hrubesch zum Trainer machen sollen. Vielleicht lag es auch an den harschen Worten, mit denen er seine Fußballer nach dem hart erkämpften Unentschieden in Duisburg vor der Fernsehkamera kritisierte. Ganz sicher aber hat es mit Dynamo Dresden zu tun, daß Rolf-Jürgen Ottos Bild plötzlich kippte. Denn Dynamo ist mehr als ein Fußballverein. Der Ruf des Ostens steht auf dem Spiel.

Otto machte nichts anders als früher. Aber nun wurde ihm seine Geschäftigkeit als Windigkeit ausgelegt. Seine guten Beziehungen zu Wirtschaft und Politik waren Filz. Engagiertheit wurde zu Cholerik. Erfahrung zu Besserwisserei. Intuition zu Konzeptlosigkeit. Er hat einen Haufen Versager wie Sassen, Waas und Andersen gekauft, er soll völlig pleite sein, und die Häuser, die er baut, taugen auch nichts.

»Stadtrat Otto ist so ein Hoppla-hier-komm-ich-Typ. Der verbreitet nur heiße Luft«, sagt Strietzel vom Bündnis. »Otto als solcher ist Bankrotteur«, sagt Andreas Weniger, Vorsitzender des Dynamo-Fanprojektes. »Nur weil der mit den Politikern mauschelt, konnte der in unserem Ort an eine Stelle, wo eigentlich Kinderspielplätze hinsollten, seine Häuser bauen. Und höher als erlaubt sind sie auch noch«, sagt Michael Kissing aus Weißig.

»Ob er Ahnung von Fußball hat?« grübelt Dresdens Trainer Ralf Minge. »Sagen wir so: Er hat auch Pferde.« Dann rollt er vielsagend die Augen. »Kein normaler Mensch würde so konzeptlos Spieler kaufen und verkaufen. Es sei denn, er will Geld bewegen, um es sauberzumachen«, munkelt der Wirt der Dynamo-Kneipe. »Der Mannschaft ist nach und nach der Charakter geraubt worden. Hier spielt doch kaum noch jemand, für den der Name Dynamo irgendwas bedeutet«, sagt Hartmut Schade, ein Fußballstar aus glorreicheren Zeiten.

Na klar sind Otto die Traditionen von Dynamo Dresden scheißegal. Er weiß auch nicht, wer Siegmar Wätzlich ist und spricht das schöne weiche Wort Dynamo immer noch so herzlos aus, als hätte es vorn ein kurzes Ü und hinten drei dicke M. Aber das würde alles nichts zählen, wenn ihn nicht das Glück verlassen hätte. Oder um es mit den Worten seines hessischen Zockerkumpels Konrad zu sagen: »Mir habe die Seusche. Wo mer hingreife, Seusche.« Die Spieler, die sie gekauft haben, hätten ja auch voll einschlagen können, gibt Konrad zu bedenken. Das sei, so Konrad, wie mit dem »Buttergaul«, den Otto vor etwa zwei Jahren für 100 000 Mark gekauft habe. Dann gewann das Pferd überraschend vier große Rennen hintereinander, und ein Jahr später verkaufte Otto es für anderthalb Millionen.

Pferde sind wie Fußballer. Pferde sind auch wie Autos, Häuser oder die unberechenbar hüpfende Roulettekugel. So jedenfalls sieht es Otto. Das ist sein eigentliches Problem. Und damit das von Dynamo Dresden.

»Der da war auch mal mein Freund«, sagt Otto und zeigt auf einen elegant gekleideten Herrn mit Lederköfferchen, der in der Lobby wartet. »Ich hab ihm Geld besorgt und Kontakte, aber jetzt, wo er es geschafft hat, kennt er mich nicht mehr.«

Der Pianist spielt was Trauriges. Otto spielt tot. Aber diesmal verliert er.

April 1995

Der Pate von Dresden

Den Damen muß man guten Tag sagen
Michail Gorbatschow auf dem Weg zum idealen Werbeträger

Wenn Michail Gorbatschow diesen Artikel schreiben müßte, würde er vielleicht so anfangen: »Wie ich meine, ist diese Frage von grundlegender Bedeutung, obwohl ich denke, wir können, und da werden Sie mir sicher zustimmen, nie alle Fragen vollständig beantworten, aber wir können es versuchen, und das wird ein wichtiger Schritt sein.« Genauso begann er in dieser Woche einen Vortrag über den Weg Europas ins 21. Jahrhundert. Leider.

Da kommt er, Michail Sergejewitsch. In einem sympathischen, einfachen Anzug steckt er. Nicht so was aufgesetzt Lockeres oder Elegantes. Und die braunen Augen sind so ausgelassen, wie wir sie in Erinnerung haben. Raissa Maximowa hat sich bei ihm untergehakt und teilt Lächeln aus. Sie haben Freunde aus Moskau mitgebracht. Einen kleinen, unruhigen Sekretär und einen coolen Dolmetscher, dessen Zigarette nie aufhört zu qualmen und der auch mal »die Leute, die jetzt regieren« aus alter Gewohnheit mit »die Machthaber« übersetzt. Diese freundliche russische Quadriga reiste jüngst durch Deutschland. Und alle freuten sich.

Als er Anfang der Woche einen ostdeutschen Betrieb besuchte, fragte Gorbatschow den Geschäftsführer: »Wer ist Ihr Konkurrent?« »Die Firma Müller-Weingarten«, antwortete der Geschäftsführer. »Es ist gut, einen Konkurrenten zu haben«, sagte Gorbatschow. »Damit Sie sich nicht so langweilen.« Dann lachte er herzlich. Er ging zu den Arbeitern an die Drehbänke und fragte: »Nun, wie ist die Lage?« Die Arbeiter klagten, daß sie nur 70 Prozent des Westlohnes bekämen und viele von ihnen bis zum Jahresende entlassen würden. »Das sind ernsthafte Probleme«, schätzte Gorbatschow ein. »Wißt ihr was?« sagte er. »Ihr müßt ein Programm ausarbeiten.« Dann war er weg. Draußen vorm Verwaltungsgebäude standen Frauen und winkten. Gorbatschow scherte aus dem Troß aus und schüttelte ihnen die Hand. »Den Damen muß man guten Tag sagen«, erklärte er. »Frauen brauchen soviel gute Laune. Für die Arbeit, den Mann und die Kinder.« Die Bürofrauen strahlten.

»Ein interessanter Betrieb«, resümierte Gorbatschow beim Hinausgehen. Und dem Geschäftsführer des 2000-Mann-Unternehmens gab er noch mit auf den Weg: »Ich merke, Sie haben schwierige Probleme. Aber ich sage Ihnen eines. Ohne Probleme macht das Leben keinen Spaß. Wichtig ist nur, daß sie lösbar sind.« Der Geschäftsführer lächelte dankbar. Als sei er nun aus dem Schneider.

Michail Gorbatschow hat die Welt verändert. Ein Generalsekretär der KPdSU, der tolerant war, menschlich, mutig. Einer mit Zivilcourage. Und auch jetzt, drei Jahre nach seinem Rücktritt als sowjetischer Präsident, strahlt Gorbatschows historischer Glanz immer noch so stark, daß die meisten Menschen nicht sehen, daß ein guter Kerl, der sich dreißig Jahre lang durch die Nomenklatura einer bürokratischen Partei wurstelte, nicht zwangsläufig ein weiser Staatsmann wird. Und auch Gorbatschow sieht es nicht. Oder will es nicht wahrhaben.

Auf einem Meeting mit Künstlern fragte ihn vor ein paar Tagen eine junge, etwas abgedrehte Dichterin, ob es denn einen ganz bestimmten Augenblick gab, einen Geruch vielleicht oder eine Farbe, der ihn zur Perestroika inspiriert habe. »Lesen Sie mein Buch«, sagte Gorbatschow. »Es hat 2500 Seiten, da steht alles drin.« Da stand Raissa Gorbatschowa auf und erzählte

eine Geschichte. »Es war 1985, und es war drei Uhr nachts. Wir machten einen Spaziergang. Gorbatschow sagte zu mir: ›Weißt du, es kann sein, daß ich an die Spitze des Staates gestellt werde. Das kann sehr schwierig werden. Aber ich gehe es an.‹« Dann setzte sie sich wieder hin, und Michail Gorbatschow bemerkte ergriffen: »So war es.« 1985, nachts um drei.

Gorbatschow spricht, wenn er sich an früher erinnert, von sich selbst oft in der dritten Person. »Gorbatschow« nennt er sich oder auch »der Präsident«. Er malt kräftig mit an dem Bild, das alle gern von ihm hätten. Auf die Frage, wie man denn als aufsässiger Reformer an die Spitze der Partei gelangen konnte, erklärt er: »Wissen Sie, es war ein schwerer Weg, den wir gegangen sind. Einige von uns gingen ins Ausland, einige ins Gefängnis. Ich wußte, es kam darauf an, die fortschrittlichen Kräfte in der Partei zu motivieren.« Und auch seine Erinnerungen an den Besuch zum 40. Jahrestag der DDR im Oktober 1989 sind dramatisch eingefärbt. »Als ich da auf dieser Tribüne stand und die leuchtenden Augen der jungen, kräftigen Menschen sah – ich nehme an, es waren Aktivisten –, da wußte ich: Das ist das Ende.« Als jemand nachfragt, ob er da wirklich den Fackelzug der FDJ meine, sagt

Gorbatschow: »Nun, es war neben diesem großen Haus, diesem Glaskasten.« Und sein rauchender Dolmetscher übersetzt: »im Spiegelsaal.« Wenn schon Geschichte, dann auch mit Spiegelsaal.

Gorbatschow leitet heute ein Institut, von dem keiner so richtig weiß, was dort eigentlich geforscht wird. Er hat ein Buch geschrieben, das ein bißchen zu dick scheint, um gedruckt zu werden. Das ist alles nicht so beeindruckend für einen Mann, der Weltgeschichte schrieb, denkt sich Gorbatschow wohl und flicht in seine Reden immer kleine, oft unmotivierte und eitle Ausflüge an exotische Orte und zu wichtigen Persönlichkeiten ein. »Neulich hielt ich eine Rede in Fulton.« »Kanzler Kohl sagte zu mir, Michail, was die Wirtschaft angeht, haben wir uns verrechnet.« »Kürzlich mußte ich in St. Petersburg 25 Interviews an einem Tag geben.« »Vorige Woche habe ich ein Telegramm von meinem Freund Genscher erhalten.« »Vor zwei Jahren sprach ich mit Professor Schulz in Stanford. Es war abends.« Was seine Verdienste angeht, darüber solle die Geschichte befinden, sagt Gorbatschow bescheiden. Und an anderer Stelle: »Wissen Sie, es gibt 1500 Bücher über Gorbatschow. Einige habe ich sogar gelesen.«

Michail Gorbatschow sehnt sich nach einer wirklichen Aufgabe. Er ist wütend auf Jelzin, er will etwas verändern, er fürchtet um die Demokratie in Rußland. Wenn das Volk ihn rufe, werde er in die politische Arena zurückkehren, sagt er. »Dann werde ich eine demokratische Alternative ins Leben rufen.« Aber was ist das? Will sie jemand? Will ihn jemand in Rußland?

Die Perestroika und auch Gorbatschows Außenpolitik waren von seinem gesunden Menschenverstand diktiert. So waren auch seine Reden damals. Vernünftig, menschlich, einleuchtend. Heute redet er ohne Dramaturgie, ohne Konzept. Er stellt sich einfach ans Pult, verläßt sich auf seinen historischen Glanz, fängt irgendwo an, springt durch Kontinente und Gesellschaftsordnungen, erzählt Binsenwahrheiten und hört nach anderthalb Stunden wieder irgendwo auf. Er will ein neues Gesellschaftsmodell, weil alle anderen versagt hätten. Wie heißt es? »Neue Zivilisation.« Wie soll es aussehen? »Es soll sozialistische Züge tragen, sozialdemokratische, selbstverständlich auch christlich-demokratische und konservative.«

So passiert das Schlimmste, was passieren kann. Die Leute nehmen ihn nicht mehr ernst. Sie klatschen immer, egal, was er sagt. »Die Lage in Rußland ist ernst«, berichtet Gorbatschow, und seine Zuhörer gucken erschrocken. Sie lachen, wenn er lacht. Und wenn er August Bebel, den er sehr bewundere, Babel nennt, hört es keiner.

Gorbatschow sitzt neben Bernhard Vogel von der CDU und schildert die Vorzüge des Sozialismus. In vierzig Jahren DDR sei auch viel Gutes passiert. »Die Sportler siegten; es wurden Denkmäler errichtet und Häuser gebaut.« Er sagt, daß er es »wunderbar« findet, daß es die PDS gibt. »In vielen ehemaligen sozialistischen Ländern haben sich solche Parteien gegründet. Es sind demokratische, linke Parteien, die sich von ihrer fundamentalistischen Basis getrennt haben.« Und was macht Vogel? Er sitzt daneben, pafft genüßlich eine Zigarre und grinst. Nicht den leisesten Einwand hat er. Alles in Butter. Schön, daß Sie hier sind, Genosse Gorbatschow.

Gorbatschow ist auf dem besten Weg, eine universell einsetzbare Kunstfigur zu werden. Ein tragikomischer Held, der erzählen kann, was er will, er ist immer eine gute Besetzung. Diesmal war er zum CDU-Wahlkampf in Thüringen. Vielleicht holt man ihn demnächst zur Eröffnung eines Autohauses.

Anfang der Woche hat ihn jemand aus Ilmenau zu den Ilmenauer Studentenwochen im nächsten Jahr eingeladen. Gorbatschow hat nicht ja gesagt. Aber auch nicht nein.

September 1994

Bringt das was?
Gregor Gysi muß immer schlagfertig und witzig sein, auch
wenn er traurig ist

Angie scheint voll zu sein. Unsicher
schwankt sie auf hohen Absätzen
über die kleine Tanzfläche, sucht
nach Worten, einem Mikrofon und
ihren drei Kolleginnen. »Hallo, ihr«,
lallt sie mit unzureichend verstell-
ter Männerstimme ins Publikum.
Aus dem roten Seidenkleid quellen die Brusthaare, unterm Puder
schimmert der Bart. Schließlich tritt
eine Schlagermelodie aus der Box,
Angie bewegt die Lippen, und ihr
Schwanken könnte jetzt auch eine
Art Tanz sein. Die Travestie-Show,
wenn man es so nennen will, hat
begonnen.

Gregor Gysi sitzt in der ersten
Reihe des Erlanger Schwulenzen-
trums, grinst und flüstert: »Ich
hätte jetzt gern den Modrow hier.
Der kann so herrlich verlegen sein.
Ich mag solche grotesken Situatio-
nen.« Er lehnt sich zurück, es war ein
langer Tag.

Am Vormittag war »Fraktions«-
Sitzung in Bonn, danach brach Gysi
zu einer anderthalbtägigen Wahl-
kampftour durch Bayern auf. In Er-
langen holte er sich von 500 Studenten der Universität mit Sätzen
wie »Helmut Kohl hat ja für seinen
Juraabschluß auch sechzehn Seme-

ster gebraucht, obwohl er aus besseren Verhältnissen stammt« anhal-
tenden Applaus und sicher ein paar
der Stimmen, die seine Partei im
Westen so dringend braucht. Selbst
wenn es für die PDS bei der Bundes-
tagswahl im Osten optimal läuft,
benötigt sie in den alten Ländern
anderthalb bis zwei Prozent. In Er-
langen waren es zuletzt 0,5. Und
Günter Meinke, Chef der örtlichen
PDS-Gruppe, sieht nicht unbedingt
so aus, als könne er zwei draus machen.

Meinke trägt eine bunte, zerknitterte Mütze, einen Bauch und einen
Sticker, auf dem »Günter« steht,
er hat Gysi hierher ins Schwulen-
und Lesbenzentrum der Stadt geführt. In jedem zweiten Satz erzählt
Meinke, daß er der Kandidat für den
ersten Listenplatz der PDS in Bayern
sei. In jedem vierten outet er sich
als bekennender Schwuler. Daß
»der Gregor« heute hier war, findet
Meinke »schon ganz wichtig«. Es ist
zu bezweifeln, daß Gysi das genauso sieht.

Etwas lustlos hockt er zwischen
bunten PDS-Luftballons und den
sanften Porträts nackter junger
Männer mit waschbrettartiger

Das Buch der Versuchungen

Bauchmuskulatur. Der angetrunkene Oberfranke, der in Kittelschürze Johanna von Koczian imitiert, ist eine Zumutung. Zwischen zwei Nummern flüchtet Gysi.

Im Auto fragt er sich laut: »Hören die mir überhaupt zu? Bringt das was? Ich weiß nicht.« Seit vier Jahren macht er das jetzt. Immer witzig sein, immer klug, schlagfertig, schnell. Und vor allem ganz allein.

Am nächsten Morgen steht das Würzburger PDS-Mitglied Holger Grünwedel unter einem Regenschirm an einer Autobahnraststätte, um Gysi das aktuelle Tagesprogramm zu erläutern. Grünwedel war ganz früher in der SPD, dann wechselte er in die DKP, bevor er vor einem Jahr der PDS beitrat, deren Würzburger Sprecher er werden will. Grünwedel redet und organisiert gern. Beruflich vertreibt er Schlauchboote. Und jetzt drückt er aufs Tempo.

Im »Bräustübl«, einer Kneipe in der Kitzinger Fußgängerzone, warten nämlich bereits zwei Personen, die im Auftrag der Würzburger Stadtillustrierten *Schmidt* ein Interview mit Gysi führen sollen. Ein junger schweigsamer Mann und eine aufgeregte Dame namens Dr. Margret Popp, die »ohne lange Vorrede« wissen will, warum Gysi in der DDR Karriere gemacht hat, was er da-

mals für die Umwelt tat und ob es, was sie stark bezweifle, einen Unterschied zwischen SED und PDS gebe. Gysi antwortet geduldig, versucht zu erklären. Doch das Interview wird immer mehr zum Verhör. Frau Dr. Popp konfrontiert Gysi schweratmend mit abgehangenen Stasi-Vorwürfen und fragt triumphierend: »In Hohenschönhausen gab es einen Stasi-Spezialknast. Im Mai 1992 wurde die PDS dort stärkste Partei. Wie erklären Sie sich das?«

Frau Dr. Popps Hand zittert wie Espenlaub. Sie hatte sich so viel vorgenommen.

»Soll ich so was abbrechen?« fragt Gysi draußen auf dem Fußgängerboulevard. »Sie holen jetzt wieder die Keulen raus. Ein Jahr lang hatte ich Ruhe vor SED-Nachfolgepartei- und Stasi-Vorwürfen. Aber seit dem Wahlergebnis in Brandenburg fangen sie wieder mit diesem Zeug an.« Andererseits müsse man wohl mit der Presse reden, die hätten ohnehin Schwierigkeiten genug, die PDS ins Blatt zu bekommen.

Gysi bekommt von einem jungen Menschen, der sich sowohl in der Kuba-, als auch in der Kurdistan-Hilfe engagiert, eine kleine Papierfahne überreicht und wird dann ins Kitzinger Fastnachtsmuseum geführt, wo er Hans-Joachim Schumacher vom *Bund deutscher Karneval* kennenlernt und auch den Strohbär, den Huddelbätz sowie den Rummelspott. Zwischen den Karnevalsfiguren, in dem kühlen, muffigen Turm schaltet er das einzige Mal an diesem Tag ab.

Es folgt ein Interview für den *Bayerischen Rundfunk* und eine Brotzeit in einer kleinen Weinkellerei, wo Gysi den anwesenden Unternehmern und Weinbau-Funktionären die mittelstandsfreundlichen Ziele seiner Partei erläutert. »In der Leitungsebene der PDS arbeiten 20 Prozent Unternehmerinnen und Unternehmer. Damit sind wir besser als die FDP.« Gysi plaudert charmant, lobt den Frankenwein, kriegt eine Flasche und vielleicht ein, zwei Stimmen.

»In Bayern wie überhaupt im Westen sind sie immer nett zu dir, wenn du prominent bist«, sagt Gysi auf der Fahrt nach Würzburg. Leider sei er fast der einzige Prominente seiner Partei. Rhetorisch begabter Nachwuchs ist nicht in Sicht. So muß er vieles allein machen. Dreimal saß er auf dem »heißen Stuhl«, dreimal bei Böhme im »Turm«, Gysi könnte jeden Tag irgendwo im Westen auftreten. Im Osten sowieso. Würde er auch machen, wenn sein Privatleben nicht »völlig weggebrochen« wäre. Bis 1998 will er für die Partei da sein. Dann wieder als An-

walt arbeiten oder was ganz anderes machen.

In Würzburg gibt es eine Pressekonferenz, zu der ein einziger Journalist erscheint, dem Gysi erklärt, daß sich seine Partei von den Grünen und der SPD vor allem unterscheide, daß sie noch nicht vereinnahmt sei. Eine Stunde später fragt ihn der Moderator von *TV-Würzburg* in einem kurzen Studiogespräch »leider wieder nur nach dem Osten«, wie sich Gysi anschließend beklagt. »Da kann ich immer nur rüberbringen, daß ich kein Menschenfresser bin.« Ist ja auch was. In einer Würzburger Straßenumfrage des Senders bekannten sieben von acht Passanten, daß sie Gysi nicht gut fänden. Der achte kannte ihn nicht.

Im Hinterstübchen eines Restaurants findet ein Gespräch mit einem Haufen unbedeutender Wichtigtuer statt, die PDS-Schlauchbootverkäufer Grünwedel als Honoratioren der Stadt angekündigt hat. Gysi wird nicht warm, wirkt müde, doch eine halbe Stunde später läuft er wieder auf Hochtouren.

Trotz Regen und Europacupspiel ist der Wolfskeelsaal der Festung Marienberg knüppeldickevoll. Gysi bedankt sich bei den 600 Leuten mit einer zündenden Ansprache. Er kritisiert Maastricht und die 40jährige Alleinherrschaft der CSU, deren Länge er als DDR-Bürger einschätzen könne, erklärt, daß er bei den meisten Bonner Politikern prophezeien könnte, was aus denen in der DDR geworden wäre, und behauptet, daß es niemals eine rot-grüne Koalition geben werde, weil die Sozialdemokraten im Falle einer Krise dann keinen Reservepartner hätten. »Wenn es mit den Grünen zu Ende geht, müßte die SPD ja uns fragen. Können Sie sich das vorstellen?«

Es sei ein Unding, daß Autofahren in Berlin billiger sei als Busfahren. Er würde sehr gern in einem subventionierten Bus zur Arbeit fahren und dabei gemütlich eine Tasse Kaffee trinken. »Wer soll denn den Kaffee bezahlen?« ruft ein junger Mann. »Na ich«, sagt Gysi. »Deswegen sollen Sie mich ja wählen.« Er wechselt vernünftige Argumente mit abstrusen, sonderbaren Schlüssen, er streichelt sein Publikum, bis es ihn liebt. Wenn es soweit ist, läßt er die Korken knallen. »Der Kanzler, der ja auch mein Kanzler ist, obwohl ich bezweifle, daß er das weiß, der Kanzler also sagt jetzt immer mal wieder einen seiner berüchtigten Sätze: ›Ich will es noch einmal wissen!‹ Ich finde, wir sollten dafür sorgen, daß er es auch erfährt.«

Gysi verläßt mit glänzenden Augen den Saal. »Tausend Stimmen wollen wir in Würzburg kriegen? Die Hälfte haben wir jetzt«, sagt er. Und fährt nach Bonn zurück. Beglei-

tet von seiner gutfrisierten Referentin und dem Bundestagsfahrer, der jeden fährt, den er zugeteilt bekommt.

April 1994

Der Herbstrevolutionär
im Beamtenkleid
Joachim Gauck und die Akten

Vorne auf der Bühne explodiert gerade Regine Hildebrandt. Ihr kleiner Kopf hüpft auf dem Kostüm, und der Zeigefinger sticht ins Publikum. »Jeder kleine IM iss jetzt der große Buhmann. Na Hilfe!« Es grummelt. Zustimmendes Grunzen, wegwerfende Handbewegungen. Der Moderator zieht seinen Kopf ins Sakko. Gauck macht ganz kurz den Mund auf und wieder zu. Dann starrt er weiter an die Decke. Er wußte ja, was ihn erwartet. Er hat sich fest vorgenommen, ruhig zu bleiben.

Der kleine, gemütliche Musikclub des Berliner Schauspielhauses ist gut gefüllt. Lothar de Maizière sitzt im Publikum, Hans-Otto Bräutigam, Helga Königsdorf und Wolfgang Thierse. Auch ein paar Journalisten sind zu dem Streitgespräch zwischen Joachim Gauck und Regine Hildebrandt über das Für und Wider der Stasi-Akten-Schließung gekommen. Regine Hildebrandt ruft: »Ick hab keine Akteneinsicht beantragt, ick hab keine Zeit für so wat.« Gaucks Mund geht lautlos auf und zu.

Dann spricht er. Verglichen mit der aufgescheuchten Sozialministerin fließt seine Rede ruhig und gelassen. Seine Stimme kennt keine Höhen und Tiefen, vor allem kennt sie keine »ähs«. Kein einziges »äh«! Dafür tummeln sich in Gaucks Ansprachen würdevolle Substantive wie »Begrifflichkeit«, »Beauskunftung« und »Schriftgut«. Gern bringt er auch englische Wörter ins Spiel, »essential« und »appeasement« und »mainstream«. Und immer wird zitiert. Havel, Bonhoeffer, Jaspers. Gauck will kleine Glanzlichter setzen. Wenn der Inhalt staubig ist, poliert er die Form; er wienert die Sprache, bis sie angemessen schimmert. »Jeder sollte erkennen, wie wir gelebt worden sind«, sagt er.

Regine Hildebrandt erzählt, wie sie von der Volkspolizei schikaniert worden sei, weil ihr langer Name nicht in die Formulare paßte. »Die haben mich in meiner Würde mehr verletzt als mancher IM.« Im Publikum wird gelacht. Gauck verzieht keine Miene. Auf diesem Niveau will er sich eigentlich nicht unterhalten, aber scharf zurückschießen darf er nicht. Also lächelt er. Das Gauck-Lächeln. Er tut ein bißchen Ironie hinein, ein wenig Selbstbewußtsein, einen Schuß Allwissenheit und eine Prise Selbstzufriedenheit. Er lächelt und wartet. Das hat er in letzter Zeit häufig getan.

Das Buch der Versuchungen

Dem Bundesbeauftragten für die Stasi-Unterlagen und seiner Behörde blies in den vergangenen Monaten der Wind heftig ins Gesicht. Die plötzlich, scheinbar beliebig und doch immer irgendwie pünktlich auftauchenden Informationen zu Stolpe, Wehner und Kutzmutz nährten die prominenten Stimmen, die die Aktenschränke zumindest ein Superwahljahr lang abschließen wollen. Zwar hat Schorlemmer sein »Freudenfeuerwort« inzwischen zurückgezogen, und auch der Bundeskanzler hat es wohl nicht so gemeint, als er von »üblen Gerüchen« im Aktenberg sprach, doch es blieb ein unscharfes, zitterndes Bild vom Racheengel Gauck zurück. Gauck, der unbarmherzige Stasi-Jäger, der Stolpe zum Duell fordere, Gauck, der unbeherrschte Beamte, Gauck, für den die ganze Wahrheit in den Akten stehe.

Ein bißchen von diesen Vorurteilen liest er auch in den Augen des Publikums da unten im Musikclub. Bei Wolfgang Thierse, der das Stasi-Unterlagen-Gesetz »novellieren« will, weil er findet, »daß die Mutter nicht darunter leiden darf, daß die Tochter gut schwimmen kann«. Beim Bürgerrechtler Dr. Fischbeck, der zwar gegen die Schließung der Akten ist, aber sagt: »Die im Westen verbreitete Meinung, die Ostler hätten sich doch alle irgendwie einge-

lassen, ist doch ein Ergebnis der in die Irre gegangenen Stasi-Debatte.« Bei Hans-Otto Bräutigam, der zu bedenken gibt: »Die Folgen für den normalen IM stehen oft in keinem Verhältnis zu seiner Schuld. Sie werden ihn ein Leben lang begleiten. Das Prinzip der Verjährung gibt es nicht.«

Gauck stellt sein Lächeln ab und redet. Davon, daß die »Fälschungstheorie« der Stasi-Akten »wissenschaftlich widerlegt« sei, davon, daß nur ein Prozent der DDR-Bevölkerung IM gewesen sei. »Wir waren kein Volk von Verrätern.« Er beteuert, daß auch ihn mitunter die »Blindheit und Rigidität der Behörden« beim Umgang mit seinen Auskünften ärgert. »Aber vergessen Sie bitte nicht: Nicht ich, Joachim Gauck, befinde über gut und böse. Ich handele auf der Grundlage und im Auftrage eines Gesetzes. Und ich kann, ich darf gar nicht entscheiden, wer ein guter und wer ein schlechter IM gewesen ist.« Regine Hildebrandt hustet noch zwei-, dreimal wie ein kranker Motor. Gauck schaut triumphierend in den Saal und sagt abschließend: »Wahrheit befreit.«

»Wat?« brüllt die Sozialministerin. »Ihre Wahrheit befreit überhaupt nicht. Die verunsichert. Ick will ja nicht vom Stolpe-Fall anfangen.«

Gaucks Mund geht auf. Und diesmal sagt er was. »Das können Sie gerne. Das Verfahren, das er gegen mich angestrengt hat, ist ja nicht gerade zu meinen Ungunsten ausgegangen.« Sein Lächeln fällt eine Spur zu selbstgefällig aus.

Der große Saal des Magdeburger Innenministeriums ist proppenvoll. Oberst Manfred Blume begrüßt die ungefähr 500 Gäste seiner Bundeswehr-Kommandantur zur Veranstaltung »Aufarbeitung der Stasivergangenheit – Überflüssige Last oder Gewinn?« Und besonders herzlich den Referenten Joachim Gauck. Während der Oberst durch seine einleitenden Worte stolpert, taxiert Gauck in erstklassiger militärischer Haltung sein Publikum. In den ersten Reihen ausschließlich Uniformträger, dahinter Honoratioren aus Sachsen-Anhalt.

Es könnte ein Geschichtenabend werden. Gauck ist ein erstklassiger Geschichtenerzähler. Doch zunächst breitet er den offiziellen Teil aus. Wie ein Museumsführer begleitet er das Magdeburger Publikum symbolisch durch seine Behörde. Er nennt Zahlen von Mitarbeitern, gestellten und bearbeiteten Anträgen und bringt das oft bemühte Bild von den »180 Kilometern Schriftgut«, die man verwalte.

Fünfmal regnet es »Begrifflich-

keit«, viermal das »Oben-unten-Problem«. Gauck setzt die verschnörkeltsten Sätze zusammen wie ein Puzzle und findet mühelos das letzte Teil. »Es gibt eine Neigung zur Vergesellschaftung allerprivatester Angelegenheiten, die die positive Rezeption unseres Gesetzes mindert.« Seine schwerfällige Rede legt sich beruhigend auf die Zuhörer, bis diese, wie nach einem schweren Essen, satt und müde in den Sesseln hängen. Jetzt ist die Zeit für spannende Geschichten aus dem Stasi-Füllhorn.

Es gab einmal ein junges Mädchen, das eine überzeugte Kommunistin war. Die Stasi überredete das Mädchen, sich taufen zu lassen, Theologie zu studieren und schließlich Pastorin zu werden. Immer im Auftrag der Staatssicherheit. Nach der Wende verließ die Frau die Kirche, um in einer Wachschutzfirma unterzukommen. »Ohne die Akten«, folgert der Erzähler, »würde die Frau wahrscheinlich heute noch das heilige Abendmahl reichen.« Es ist still im Saal. Gauck genießt die Andacht und macht eine effektvolle Pause.

Zur Auflockerung gibt's die Geschichte des IM, der beim Betriebsvergnügen spionieren soll, seinem Führungsoffizier später aber mitteilen muß, daß er zu betrunken gewesen sei, um sich an etwas zu erinnern. Lachen im Saal, Schmunzeln

Das Buch der Versuchungen

bei Gauck. Gute Geschichte. Jetzt was Skurriles. Der junge Mann, der aus dem Kirchenvorstand zurücktrat, weil man in seinem Dorf »glaubte«, er sei IM gewesen, obwohl das nachweislich nicht stimmte. Gauck erzählt seine Stories wie Witze, wie Anekdoten.

Zum Schluß gibt es die Geschichte, die illustrieren soll, »daß in den Akten nicht nur Schlechtes, sondern auch sehr viel Positives« zu finden sei. »Diese Geschichte«, sagt Gauck, »erzähle ich immer.« Es gab also einmal eine Genossin, die die Stasi als informelle Mitarbeiterin anwerben wollte. Es findet ein Gespräch statt, in dem die Frau nicht den Mut zu einem klaren Nein aufbringt. Sie verbringt eine schlaflose Nacht und kommt schließlich auf eine famose Idee. Am nächsten Tag erzählt sie ihren Kollegen in der Kantine: »Stellt euch vor, welches Vertrauen die Genossen jetzt in mich setzen. Sie wollen mich sogar als Mitarbeiterin für die Staatssicherheit gewinnen.« Sie hat sich »versehentlich« dekonspiriert und ist nicht mehr IM-tauglich.

Gauck zieht die Regler noch mal voll auf. »Die junge Frau hat, ohne nein zu sagen, nein *getan*. Das ist Zivilcourage. Ich danke Ihnen.«

In diesem Moment wäre wohl selbst ein unenttarnter IM im Saal gegen die Schließung der Akten.

Oberst Blume bemerkt: »Ich denke, daß dieser Vortrag alle tief berührt hat, und wen dieser Vortrag nicht tief berührt hat, der muß sich fragen lassen, äh, was ihn überhaupt tief berührt.« Gauck kriegt das Buch »Deutscher Übungsverband Somalia« überreicht.

Auf der Couch in Gaucks Chefzimmer hat mal Regine Hildebrandt gesessen, um ihn davon zu überzeugen, daß Stolpe unschuldig ist. Gauck lacht. Er mag an Regine Hildebrandt, »daß sie ihr Schicksal nicht demütig hinnimmt. Aber sie glaubt irgendwie, daß ganz Brandenburg zusammenbricht, wenn Stolpe geht.« Gauck sagt, daß ihn an dem Mann nicht störe, was er getan habe, sondern, wie er sich heute dazu verhält. »Stolpe ist ein Opfer seiner Persönlichkeitsstruktur.« Fadenscheinige Inszenierungen statt offener Worte. Als Gauck dann von Diestel spricht, schaltet sein Pressesprecher mein Diktiergerät ab.

»Der Herbst 89«, sagt Gauck, »war die allerschönste Zeit meines Lebens. Wir haben in Rostock die Montagsdemos bis zum Januar durchgezogen und als Nachschlag den Bürgermeister gestürzt. Ach, ja. Und was wir dann in der Volkskammer gemacht haben, wie wir dieses Gesetz durchgeboxt haben. Das war toll. Das ist doch das, was wir einzubringen haben. Wir müssen den Menschen zeigen, daß sich Zivilcourage lohnt. Mich macht das wütend, wenn ich sehe, wie sich die gebeutelte Ostmentalität und die verwöhnte Westmentalität heute die Hände reichen. Das produziert Menschen, die sagen: Ach Gott, was soll man denn machen. Diese Struktur des Todes ist mir so was von zuwider.« Ein leidenschaftliches Plädoyer.

Andauernd rebelliert es im Bundesbeauftragten gegen die Beamtenfassade. Immer wieder versucht der Pastor, der Herbstrevolutionär, der wütende, fühlende, sinnliche Mensch Gauck, aus dem grauen Beamtenanzug auszubrechen. Wenn er »essential« sagt und Havel zitiert, wenn er seine Geschichten aus den Akten erzählt, spannend und pointiert, zwinkert er den Leuten zu: Hallo, ich bin kein langweiliger Beamter. Ich hab Feuer unterm Hintern. Wenn er einen das erste Mal ansieht, klingelt das schlechte Gewissen Sturm. Dieser Blick. Als gebe er den Namen seines Gegenübers in einen kleinen Computer, den er unter der breiten Mecklenburger Stirn trägt. Klick, Klick, Klick. Gibt's da was? Haben wir ein paar Daten über den? Man hat das Gefühl, er geht zum Aktenschrank, wenn man aus der Tür raus ist. Ein Bekannter

hat mal gesagt: »Sie sollten Freya Klier auf Gaucks Stuhl setzen, das wäre konsequent.«

Gauck ist nicht der staubtrockene, nüchterne Beamte, den das schwierige Amt verlangt. Und eigentlich weiß er das. »Ach wissen Sie, ich bin ein Mensch, der gestalten will, eingreifen, und nicht hinterher Urteile abgeben«, antwortet er auf die Frage, wieso er kein Buch schreibt.

In dem kleinen Hörsaal der Warschauer Universität, in dem Gauck an einem kalten Winternachmittag auftritt, sitzen Solidarność-Veteranen, ein paar Studenten, Wissenschaftler und Journalisten.

Die Frau neben mir öffnet ihre Tasche und zieht einen Stapel Akten heraus. Es sind Stasi-Akten, oben steht etwas von Rostock. Geschwärzt ist nichts. Die Frau zeigt die Akten ihrem polnischen Nachbarn. Die beiden tuscheln angeregt. Dann reicht der Mann die Akten weiter an seinen Nachbarn. Die Frau ist Journalistin. Es ist Joachim Gaucks Freundin.

Vorn auf dem Podium erklärt Joachim Gauck gerade, warum es so wichtig ist, ein Gesetz für die Stasi-Unterlagen zu haben.

März 1994

Venus wollte am Schluß nicht einmal zahlen
Meister Krüger und seine ehemalige Rohrlegerbrigade

»Der Brigadeleiter leitete die Jahresabschlußfeier durch eine Rede ein, und dann konnte schon mit einem Essen und einigen genußvollen Getränken die Feier beginnen. Alle Kollegen kamen sich auch in diesem Jahr durch diese nette und durchgeführte Feier entgegen.«

(Aus dem Tagebuch der Brigade »Michael Niederkirchner«, Dezember 1974)

Das Schwein dreht sich langsam in der Nachmittagssonne. Es ist fast durch. Sie stehen mit dem ersten Bier in der Hand noch etwas steif rum. Der Corrado vor der Tür gibt ein wenig Gesprächsstoff. Dann trinken sie wieder und mustern einander. Die meisten haben sich kaum verändert in den vier Jahren. Nur die Hemden sind bunter geworden, und Krüger hinkt ein wenig, seit er den schlimmen Unfall hatte. Gut, Venus ist ein bißchen dicker geworden, und ein Haufen Goldkram klimpert an ihm rum, Schmidt hat so einen Funk-Pieper an der Hose, damit er erreichbar ist, weil er ja jetzt den »Schmidt-Bau« hat und 15 Beschäftigte. Und natürlich hat Eckard Goerke keine Lücken mehr im Frontzahn-Bereich, sondern Jacketkronen. Aber sie erkennen sich alle wieder, und nach dem

zweiten Bier können sie auch miteinander reden. Über die Autos, die Kinder und wieviel sie verdienen. Aber später will Krüger mit ihnen über früher sprechen und in den roten Büchern blättern. Staunen werden sie.

Als sie 1990 die FDJ-Fahnen und auch die roten, die Kampfgruppen-Uniformen, die Honecker-Sindermann-Stoph-Porträts, die Wettbewerbsverpflichtungen, Mitgliedsbücher und Urkunden, die unzähligen Broschüren von Plänen, Parteitagen und Bestarbeiterkonferenzen in die Müllcontainer auf dem Werkshof warfen, da hat Manfred Krüger vorsichtshalber die Brigadetagebücher eingesammelt und weggeschlossen. Gerettet, sagt er heute. Später, als die Baracken abgerissen wurden, in denen seine Rohrlegerbrigade »Michael Niederkirchner« untergebracht war, nahm Meister Krüger die dicken, roten Bücher mit nach Hause.

Neun Bände, die sechzehn Jahre Brigadeleben festhalten. Sauber getrennt in »sozialistisch arbeiten«, »sozialistisch lernen« und schließlich »sozialistisch leben«, was vor allem die gesellige Seite umschrieb. Rechenschaftsberichte, Auszeichnungen im Wandzeitungswettbewerb, kurze, ungeschickte Protokolle von Weihnachtsfeiern und Brigadefahrten, Urlaubspostkarten, Grüße von der Patenbrigade, Stellungnahmen, Aufnahmeanträge sowie Urkunden vom Luftgewehrschießen und Preisangeln.

Die Bücher erzählen Begebenheiten aus einer Zeit, die sehr weit zurückzuliegen scheint. In einer Sprache, die sehr komisch und seltsam vertraut klingt. Es sind Geschichtsbücher. Im Februar 1975 wurde »mit dem Kollegen Reinhardt unter großer Teilnahme der Brigade ein erzieherisches Verfahren durchgeführt, um ihn wieder auf den Weg der Brigade zu führen«. Das gelang offenbar. »Am 9. Dezember wurde Kollege Reinhardt in die Gesellschaft für Deutsch-Sowjetische Freundschaft aufgenommen.« Am 11. August 1981 übergab die Brigade achtzehn Brillen für Nikaragua. Sieben Tage später schloß sie sich »der weltweiten Empörung über die USA-Hochrüstung sowie die Produktion der Neutronenbomben an«. Zwei Seiten später kann man lesen: »Ein weiterer Höhepunkt in unserem Brigadeleben war der 32. Jahrestag der Gründung der DDR.«

Die Geschichte nimmt ihren Lauf. Im August 1988 »renovierte Kollege Klotzbücher die vierte Etage und den Treppenaufgang in der Alfred-Randt-Str. 32 im Rahmen Sozialistisch Leben und Wohnen«, im Reservistenherbstmarsch 1989 belegte die Mannschaft der Rohrleger mit 280 Punkten den ersten Platz, im Dezember 1989 heißt es zum Wettbewerbspunkt »Patenschaft mit der Kindertagesstätte Liddy Kilian« trotzig: »Jetzt erst recht.« Die Aufzeichnungen enden mit den letzten Urlaubspostkarten, die die Kollegen im Sommer 1990 ans Kollektiv schickten. »Urlaubsgrüße aus Ost und West« steht launig über der Seite mit den bunten Kartenschnipseln. Vorerst ist ein Westgruß dabei. Er kommt aus Paderborn.

1990 begann das Kollektiv zu zerfallen. Die Jungen gingen in den Westen, manche wechselten zu entstehenden Privatfirmen, einige wurden arbeitslos. Im Sommer 1990 machten sie ihre letzte Feier, 1991 gab es keine Brigade »Michael Niederkirchner« mehr.

Vor zwei Jahren hatte Manfred Krüger einen schweren Autounfall. In langen Krankenhauswochen renovierte er die verstaubten Brigadetagebücher. Er klebte abgefallene Fotos ein, machte bunte Unterstreichungen, Umrahmungen und fügte hier und da eine Überschrift hinzu. Vor allem aber schmökerte er. Von hier, aus dem Krankenbett, wirkte das Brigadeleben doppelt bunt und innig. Um die Veteranen hatten sie sich gekümmert, und zum Frauentag 1986 »bedachte unsere Brigade die Patenschaft mit der Tagesstätte Liddy Kilian und überbrachte Glückwünsche und eine Grünpflanze«!

Zur Hochzeit des Kollegen Goldschmidt »konnte am 11. 4. 1985 eine komplette Bettgarnitur für zwei Personen überreicht werden«. Und immer wieder gab es wackelige Fotos von lustigen Rohrlegern, die sich mit Berliner Pilsner zuprosteten. Bilder von den vielen Brigadefeiern, die gewöhnlich »mit zünftigen Speisen, deftigen Getränken und Musike vom Tonband ausklangen«, wie die Jahresabschlußfeier 1988.

Wieso sollte es nicht noch einmal so sein wie früher? Manfred Krüger entschloß sich, eine Brigadefeier zu organisieren. »Die einen sagen, dit ist Nostalgie, die anderen alte Ostscheiße, aber dit war doch irgendwie unser Leben, dit kann man doch nicht in die Mülltonne schmeißen.«

Gemeinsam mit Jürgen Wolf, dessen 15jähriges Betriebsjubiläum 1988 die Brigade noch »mit einem wohlschmeckenden Broiler und diversen Genußmitteln ausklingen« ließ, machte er sich auf die Suche nach seinen ehemaligen Kollegen. Die meisten hatten sie fast vier Jahre lang nicht gesehen, einige waren umgezogen, etwa zwanzig

fanden sie und schrieben ihnen: »Endlich ist es soweit. Wir sehen uns wieder! Wir wollen gemütlich zusammensitzen, und an Essen und Trinken soll es nicht fehlen. Mitzubringen sind gute Laune und Bilder aus alten und neuen Tagen.«

Jürgen Wolf richtete seinen Garten und auch die Garage feierlich her, Manfred Krüger bestellte ein Schwein zum Grillen, zwei Fässer Bürgerbräu, sechs Flaschen Braunen, sechs Flaschen Weißen, einen Kasten Cola, sechs Flaschen Spumante für wen auch immer, einige andere Getränke und außerdem 48 Fläschchen Kümmerling. Weil bitter lustig macht.

Ganz zum Schluß baute Meister Krüger die roten Brigadetagebücher sorgsam auf einem Bord in Jürgen Wolfs Garage auf. Draußen endete ein wunderschöner Frühlingstag. Die ersten Gäste standen vor der Tür.

Eigentlich geht es allen ganz gut. Rohrleger werden überall gebraucht. Nur Sockoll ist seit kurzem arbeitslos und mit 53 Jahren nicht besonders hoffnungsvoll. Früher, das bestätigen auch die anderen, war es auch schön. Mitunter sogar noch schöner. »Wir haben mehr zusammengehalten«, erklärt Sockoll. »Alle wie wir hier sitzen. Und um unsere Behinderten wie Bernde haben wir uns auch gekümmert, nich Bernde?«

Bernd Zimmermann, der den ganzen Abend nichts sagt, schwingt jetzt mit dem schweren, tiefhängenden Kopf über seinem Glas hin und her und lächelt verträumt. Er ist geistig behindert, sein Arbeitsplatz im Betrieb ist geschützt. Peter Sockoll nimmt schnell einen weiteren Schnaps, um den Groll, den er gegen die neuen Besitzer des Werkes und die Westler an sich hegt, niederzukämpfen, doch es hilft nichts: »Haha. Die Westler wollen uns dit Arbeiten beibringen«, meckert er. »Dit ham se aber nicht geschafft«, ergänzt Hartmut Lehmann, der gerade umschult, durchaus ernsthaft. »Nee«, beschließt Sockoll, »dit schaffen se och nicht.«

Eckard Goerke fand auch die Berlin-Initiative, die ihn vor zwanzig Jahren in die Hauptstadt der DDR führte, »ne gute Sache«. Aber die Baufirma in Schöneiche, bei der er seit drei Jahren arbeite, die sei »top«. Michael Goldschmidt hat seinen Kollegen noch im Mai 1989 einen Brief aus dem NVA-Ehrendienst geschickt, der vor allem von überfüllten Kneipen und Unteroffizieren, die »an den Ketten drehen« handelt. Der Brief klebt heute in einem der Brigadebücher, und Michael Goldschmidt ist Rohrleger bei einer Privatfirma, wo er festge-

stellt hat: »Da geht jeder nach Feierabend seiner Wege. Außerhalb der Arbeit treffen wir uns nie. Früher haben wir ja Ausflüge gemacht, Feiern, und im Sommer sind wir auch immer nach der Arbeit ins ›Mecklenburger Dorf‹ gegangen auf'n Bierchen.«

Dirk Venus taucht in den Brigadebüchern ziemlich häufig auf. Kein Subbotnik ohne ihn, kein Bowlingabend, wo er nicht unter den ersten drei war, jedes Sportfest hat er gewonnen. Bilder von seinem Polterabend kleben in den Büchern und auch sein Aufnahmegesuch in die SED. Nach der Wende hat Venus als ambulanter Schmuckhändler gearbeitet, jetzt ist er wieder Rohrleger und hat genug Schnaps im Bauch, um den alten Solidaritätsgeist zu beschwören. »Ist doch egal, ob dit nun ›Max braucht Schrott‹ hieß, ›Ordnungsgruppe der FDJ‹ oder ›Marsch der Bewährung‹. Wir haben zusammengehalten wie Mist.«

Die Jüngeren am Tisch bestätigen, daß Venus immer Konzertkarten über die FDJ-Kreisleitung organisiert hat. *Cool and the Gang* und Peter Maffay zum Beispiel. Venus wischt sich stolz funkelnde Goldkrone-Tröpfchen aus dem Zwirbelbart. »Eins sage ick euch. Dit mit den Brigadefeiern machen wir ab jetzt jedes Jahr.« Die andern nicken

Das Buch der Versuchungen

begeistert. Und Bernd Zimmermanns schwerer Kopf schwingt wieder. Zunächst verabreden sich alle für den nächsten Dienstagabend bei Manfred Krüger, um die Feier auszuwerten.

Das Schwein schmeckt, die Plaste-Enten auf dem Goldfischteich in Wolfs Kleingarten schaukeln leicht im Abendwind, und die Brigadefeier hat jenen Punkt erreicht, an dem man weiß, daß die Stimmung nicht mehr steigen kann. Und man trotzdem noch dableibt. Einen Augenblick jedenfalls. Die Kollegen formieren sich zum Gruppenbild. Der Fotograf hat ein Honecker-Porträt in der Garagenecke entdeckt und bittet einen, das Bild zu halten. Alle lachen, »Besser den als Schönhuber« ruft jemand und: »Dit schicken wir dir nach Chile, Honni«, doch dann wandert der Generalsekretär durch die Reihen, niemand will ihn haben. Schließlich faßt sich einer ein Herz, alle lachen, selbst Honecker schmunzelt, die Brigade prostet dem Fotografen zu. Wie früher.

Eine Stunde später macht Manfred Krüger noch mal auf die Tagebücher aufmerksam. Doch nur drei, vier interessiert der rote Stapel. Werner Müller schlägt den 86er Band auf. »Hier 60 Mark für den dritten Platz im Wandzeitungswettbewerb, uuaahhh«, gröhlt er, klappt

das Buch wieder zu und wirft es achtlos zu den anderen. »Dit ist bestimmt wat wert, Manne«, lallt Sockoll. »Dit kannste verkoofen.« Krüger, der Schriftführer, guckt traurig. »Nee, verkoof ick nicht. Mein Banner hab ick auch nicht verkooft.«

Etwas später, halb neun etwa, geht der erste und löst eine Lawine aus. Einige werden von ihren Frauen abgeholt, für Bernde Zimmermann kommt ein Taxi, und Sockoll, der ein, zwei Schnäpse zuviel hatte, wird von seinem Schwiegersohn gestützt. Kurz nach neun sitzt Manfred Krüger mit Jürgen Wolf und dessen Vater allein am Goldfisch-Teich. Später kommen noch die Nachbarn rüber. Manfred Krüger, der Brigadier, ist »erschüttert«. Er weiß jetzt, daß es bestimmt die letzte Brigadefeier war. Er ärgert sich über den Aufwand, den er betrieben hat, und versteht die Welt nicht mehr. »Wir waren doch als Kollektiv so 'ne gute Truppe gewesen. Die beste Brigade im Werk«, wundert sich Krüger. »Jetzt hat zum Abschluß nicht mal jemand gesagt, daß es ihm gut gefallen hat. Und Venus hat sich geweigert, die zwanzig Mark Obolus zu zahlen, obwohl er getrunken hat wie ein Loch. Es wird keine Feier mehr geben.«

Am nächsten Dienstagabend erscheint nur ein einziger zu der Ver-

abredung bei Krüger. Und einer ruft
an. Er habe Angst, gemeinsam mit
Honecker auf einem Foto zu sein.

Mai 1994

Klavier konnte ich auch

Die 52jährige Berliner Trinkerin Monika Kößler wurde wegen Kleindiebstählen zu dreieinhalb Jahren Haft verurteilt

»Frau Kößler zeigte in der Stargarder Str. 10 an, daß in ihrer Wohnung ein geklautes Fahrrad steht und sie Angst habe nach Hause zu gehen. Gegen 11 Uhr fuhren wir mit ihr zu ihrer Wohnung. Dort fanden wir im Treppenhaus ein Fahrrad. Die Wohnung von Frau Kößler befand sich in einem ausgebrannten Zustand. Die restlichen Gegenstände warf Frau K. aus ihrem Fenster (4. OG) als wir das Haus verlassen wollten.«
(Aus einer Ordnungswidrigkeitsanzeige der Polizei)

Lehmann sagt mir, daß sein Vorname »Tute« sei, wie der von allen Menschen, die Lehmann hießen. Ich verstehe nicht, aber Lehmann ist nicht bereit, weitere Erklärungen dazu abzugeben. Statt dessen kramt er einen zerknautschten, speckigen Zettel aus seiner Gesäßtasche, der beweisen soll, daß er einst im Stasi-Knast saß. Er wedelt kurz mit dem Zettel, steckt ihn dann schnell wieder ein. Zu gefährlich. Lehmann ist sechzig, untersetzt und hinkt ein bißchen. Den Kehlkopf habe ihm Greinert eingeschlagen, das Schwein. Deswegen rede er so komisch. Wir stehen dann schweigend vor dem Gerichtssaal 371 rum, wo gleich das Urteil über Monika Kößler gesprochen werden soll.

Draußen ist ein sonniger Maitag. Lehmann und ich scheinen die einzigen Besucher zu sein. Warum ist er da? »Ick war ma ein paar Jahre mit Moni zusammen«, sagt Lehmann. Wann? Er weiß nicht mehr, irgendwann nach Bautzen wohl. Keine weiteren Erklärungen.

Es ist schwer, Monika Kößler kennenzulernen. Ab und zu tauchen ein paar Bilder aus dem Nebel. Gezeichnet von Leuten, die sie kannten, liebten, sahen, manchmal von ihr selbst. Man glaubt die Frau zu kennen, doch im gleichen Augenblick zerfließt alles wieder in einer Soße aus Widersprüchen, Ungenauigkeiten und Lügen. Nur ein unbestimmtes Gefühl von Angst, Gewalt, Entzug und Hoffnungslosigkeit bleibt dann. Bis man zu wissen glaubt, was ein beschissenes Leben ist.

Lehmann drückt seine Kippe zwischen Daumen und Zeigefinger aus und sagt lapidar: »Ick liebe se immer noch.« Dann gehen wir in den Gerichtssaal, um uns die Plädoyers anzuhören und das Urteil.

Im vorigen November fuhr ich drei Tage lang mit Polizisten vom Abschnitt 76 durch den Prenzlauer Berg. Sie wollten mir unbedingt Moni zeigen, weil die die bekannteste »Suffnudel« im ganzen Kiez sei. Ein Schicksal, und was für eins. Wir fanden sie nicht. Sie war bei Fredi Kurz, einem anderen Schicksal, aus dem Fenster in den Schnee gesprungen und weggerannt. Später erfuhr ich, daß sie sich drei Tage bei ihrem Schwager versteckt hielt. Aus Angst vor ihrem Lebens- und Saufgefährten Ernst-Christian Greinert, der sie manchmal bis zur Besinnungslosigkeit verprügelte, wenn sie nicht bereit war, Schnaps zu klauen. Im vorigen Sommer hatte er sogar versucht, sie anzuzünden, sie erlitt Verbrennungen an den Armen, ihre Wohnung brannte aus.

Monika Kößler schlüpfte also bei ihrem Schwager, dem Witwer ihrer verstorbenen Schwester, in Weißensee unter. Doch der Schwager, sagt sie, wollte als Belohnung mit ihr ins Bett. Und weil sie nicht wollte, brach er ihr den Arm. Einfach so. Mit bloßen Händen. Der Schwager sei Fleischer gewesen, ein Bär, sagte sie erklärend.

Am 24. November erließ Frau Richterin Brömer vom Amtsgericht Tiergarten gegen Monika Kößler einen Haftbefehl, weil sie einer Ladung ferngeblieben war. Am 11. Dezember wollte Frau Kößler aus einer Dogerie in der Dimitroffstraße vier Strumpfhosen und eine Seifenschale klauen, die alarmierten Polizeibeamten brachten sie in Untersuchungshaft. Bis zur Hauptverhandlung im April gab es elf Anklageschriften mit etwa 40 Vorwürfen.

Wirre, irrationale Geschichten. Schon die Auswahl des Diebesgutes erzählt über die Diebin. In einer Minol-Tankstelle stahl sie »acht Büchsen Bier, einmal Zewa Soft, einmal Frikadellen und einmal Spielzeug (Puppe)«, bei REWE »Schweinekopfsülze, Ketchup und Eierlikör«. Fast immer waren Schnaps und Zigaretten dabei, oft Seife, einmal klaute sie vier Laken, ein anderes Mal fünf Duschvorhänge.

Meistens griff sie die Sachen einfach und lief weg. Wie ein Kind. Bei »McTrend« nahm sie eine Lederjacke vom Haken, »rannte aus dem Laden und wollte sich im danebenliegenden Fleischwarengeschäft verbergen«, heißt es in einer Strafanzeige. »Sie gab an, daß sie die Jacke nur anprobieren wollte.«

Immer war sie betrunken, wenn sie stahl, manchmal wurde sie wütend, wenn sie ertappt wurde, warf die geklauten Sachen einfach auf den Fußboden oder setzte die Flasche Schnaps schnell noch an den Hals, bevor man sie ihr wegnahm.

Das Buch der Versuchungen

Als sie von Polizeihauptmeister Schwambach »im Zuge der Bearbeitung eines Diebstahls nach den noch unter ihren Kleidungsstücken befindlichen Gegenständen kontrolliert werden sollte«, ergriff Frau Kößler den Zeigefinger des Beamten und drehte ihn »kräftig zur Seite«.

Schwambach gab ihr daraufhin eine Ohrfeige und notierte später: »Nach dem Geschehen hatte ich leichte Schmerzen im Zeigefinger. Ich verbleibe im Dienst.«

Ihr Pflichtverteidiger Winfried Heck hat mal addiert, was bei den 40 Vorwürfen an Schaden zusammenkam. »Es sind etwa 3000 Mark. Weil die meisten Sachen ja zurückgegeben wurden, bleibt letztlich nicht mehr als 1000 Mark Schaden.«

Einen halben Tag sollte die Verhandlung ursprünglich dauern, es werden drei Tage. Volle Tage. Dreißig Zeugen werden gehört. Ladenbesitzer, Polizisten, Verkäuferinnen. Es fällt auf, daß niemand von ihnen so richtig böse auf Frau Kößler ist. Monika Kößler schweigt meist. Nur als der neurologisch-psychiatrische Gutachter erwähnt, daß ihr Vater Maler gewesen sei, ruft sie stolz dazwischen: »Malermeister«. Ihr Vater wurde Ende des Zweiten Weltkrieges als Deserteur erschossen. »Das Verhältnis zu ihrer Mutter sei stets gut gewesen und das zum Stief-vater hätte sich in ihrer Jugend verschlechtert, nachdem dieser sie ›begrapschen‹ wollte«, heißt es im Gutachten lapidar.

Chronologisch werden zwei Ehen, mehrfache Männerbekanntschaften und sechs Kinder abgearbeitet. Dann kommen die Krankheiten. Mit dem »vermehrten Alkoholtrinken« habe sie wohl Mitte der 80er Jahre angefangen. Warum, bleibt unerklärt, zum »Wieviel« nimmt das Gutachten Stellung: Zunächst eine halbe bis eine Flasche Jägermeister am Tag, zum Schluß habe sie mit »Herrn Greinert und einem anderen Mann täglich zirka 4 Flaschen Korn bzw. Goldbrand getrunken«. Regungslos läßt die Angeklagte Ausführungen zu ihrer »sehr niedrigen Intelligenz« sowie zum »abklingenden Hautausschlag nach Krätze« über sich ergehen. Was Scham ist, hat sie vergessen.

Lehmann sitzt still im Zuschauerraum und fixiert seine Moni. Manchmal schaut sie zurück, doch ihre Gesichtszüge hellen sich nicht auf. Vielleicht erkennt sie Lehmann, vielleicht auch nicht. Lehmann hat Tränen in den Augen, der Staatsanwalt rechnet. Dieter Rolfsmeyer addiert Orte beziehungsweise Waren zu Monaten. »McTrend, Lederjacke – drei Monate, Minol – drei Monate, Fishpoint, zwei Büchsen Ölsardinen – drei Monate.« Für den umgedrehten Zeigefinger veranschlagt er wegen des »tiefsitzenden Gefühls der Rechtsverachtung« sechs Monate. Am Schluß kommt Staatsanwalt Rolfsmeyer auf 37 strafbare Handlungen und 121 Monate. Das sind zehn Jahre. Die Höchststrafe eines Schöffengerichtes sind allerdings nur vier Jahre. Rolfsmeyer beantragt die vier zur Verfügung stehenden Jahre mit den Worten: »Zugunsten der Angeklagten spricht überhaupt nichts, Hohes Gericht. Gar nichts!«

Verteidiger Windfried Heck versucht ruhig, Anklagepunkt für Anklagepunkt zu entkräften, erinnert an das Gutachten, die Umstände, den Prenzlauer Berg und die vergleichsweise lächerliche Schadenshöhe, plädiert auf Freispruch und rechnet, wegen der Vorstrafen, mit einem Jahr ohne Bewährung. Richterin Brömer verhängt dreieinhalb Jahre. Ohne Bewährung.

Heck ist schockiert. Er legt Berufung ein. Rolfsmeyer ist zufrieden. Tute Lehmann schaut die Verurteilte verliebt an. Monika Kößler erzahlt in einem wirren Schlußwort, wie Greinert einmal ihre Zähne aus dem Fenster warf.

Maria Echtermayer glaubt es nicht. »Dreieinhalb Jahre? Das kann nicht sein.« Seit zwei Jahren ist sie die Bewährungshelferin von Monika Kößler. Sie hat sie betrunken

gesehen, mit gebrochenen Armen, blauen Flecken, Platzwunden und Verbrennungen. »Die muß weg vom Alkohol, weg von den Männern, die sie verprügeln, aber doch nicht in den Knast. Da wirst du total entmündigt. Alles wird dir abgenommen. Wenn Frau Kößler einen Rest an Selbständigkeit besitzt, verliert sie ihn da. Wenn sie nach dreieinhalb Jahren rauskommt, kann ich Ihnen sagen, was passiert.«

Monika Kößler hat ihre familiären Bande solange strapaziert, bis sie rissen. Von ihrem ersten Mann ließ sie sich nach drei Jahren scheiden. Die beiden Töchter dieser Ehe wuchsen bei der Oma auf, als ihre Mutter zu ihrem zweiten Mann nach Riesa zog. Eine uneheliche Tochter wähnt Monika Kößler in München. Die jüngsten Kinder leben beim Vater in Riesa. Die älteste Tochter will nichts mehr mit der Mutter zu tun haben. Die Kinder kennen nur die Oma des Vaters.

Nur die zweitälteste Tochter, Jana, hält zur Mutter. Sie ist jetzt 29 Jahre alt, hat eine kleine Tochter, einen arbeitsamen Mann und eine gemütliche Wohnung. Solange sie denken kann, hat sie ihrer Mutter Geld zugesteckt. 100 bis 150 Mark jeden Monat. Sie hat ihr die Wohnung besorgt, die Greinert ausbrannte. Sie ist die einzige, die sie im Gefängnis besucht. Aus einem Schrank holt sie ein paar Fotos. Ein ganz altes von der Konfirmation der Mutter, ein Hochzeitsbild mit dem zweiten Ehemann und eines, das die Mutter als Schlagersängerin zeigt. »Sie war im Schlagerchor im ›Haus der jungen Talente‹ und konnte auch Akkordeon spielen. Aber der Alkohol und die vielen Zigaretten haben ihre Stimme kaputt gemacht. Wenn sie zum Schluß beim Geburtstag sang, mußte man sich die Ohren zuhalten. Meine große Schwester hat die Mutter einmal gesehen, wie sie auf dem Alexanderplatz betrunken gesungen hat. Sie ist schnell weitergelaufen.«

Dann kommt ihr Mann nach Hause. Er will nicht über die Schwiegermutter reden. »Die hat oft genug im Treppenhaus randaliert, einmal kam sie nachts um drei mit der Polizei, und jedesmal total beschimpft hat sie mich, wenn sie betrunken war. Nee, dit ist schon gut, dit die im Knast ist. Da haben wir unsere Ruhe.« Jana sagt nichts. Morgen fährt sie wieder ins Gefängnis.

Die getönte Tür fällt sanft hinter mir ins elektronische Schloß. Menschen hinter getönten Glaswänden stellen mir Fragen, bekommen Antworten. Türen öffnen sich, schließen sich, ich werde abgetastet, muß Treppen hochgehen, weitere Türen passieren, bis ich irgendwann in einen kleinen hellen Raum trete. Monika Kößler hat sich schick gemacht. Ihre Haare sind frisch frisiert, die Fingernägel knallrot lackiert, nur die wächserne ungesunde Gesichtsfarbe, der zahnlose Mund und die Brandwunden an ihrem Arm erzählen von früher. Wir machen aus, daß sie mir in der halben Stunde, die wir haben, soviel wie möglich aus ihrem Leben berichtet.

Lehmann kommt oft, sagt sie. »Und heulen tut er immer. Also jut. Ick bin Sängerin gewesen, und Klavier konnte ick auch. Mein Stiefvater wollte immer was ganz Besonderes aus mir machen. Im Schlagerchor hat es Abwerbungen gegeben in Richtung Chanson, bitte schön, aber ick hab nun mal Schlager geliebt. Dann war ick im ›Sporthaus Olympia‹ und dann Telefonistin im ›Colosseum‹, keine popelige Platzanweiserin, wobei ick nichts gegen Platzanweiserinnen sagen will. Das Künstlerische war ein bißchen dringewesen in der Familie. Mein Stiefbruder Heinz Schröder dürfte Ihnen wat sagen. Nein? Er war Schauspieler. Vor allem Nazirollen in Serien und so. Und Wolfgang Arlt, mein richtiger Bruder, war zweifacher Skatmeister in Berlin gewesen, stand sogar in der Zeitung. Später hatte er dann einen Weihnachts-

stand in der Dimitroff. Mit Zucker-
watte. Leider ist mein anderer Bruder aus dem Fenster gestürzt. War
so bißchen das schwarze Schaf gewesen. Mit mir. Sigi Kößler, mein
Zweiter, war ja Fußballer. Dann hat
er Scheckbetrug gemacht, und wir
mußten nach Riesa. Er hat jetzt
einen Barkas, einen Obststand und
säuft wohl nicht mehr so ville. Den
Kindern geht's allen gut. Auf meine
Kinder bin ick stolz. Muß ick ja auch
als Mutter.«

Der Wärter bittet, zum Ende zu
kommen. »Ick werde dann wahrscheinlich Herrn Böhm heiraten.
Warum auch nicht? Der hat mich
gefragt. Und der trinkt nicht. Mal
ein Bierchen, aber dagegen hat ja
keiner was«, sagt Frau Kößler noch
schnell. »Irgenwas muß ick ja machen, wenn ick hier rauskomme.«
Der Wärter tippt mir ein letztes Mal
auf die Schulter. Die halbe Stunde
ist seit zehn Minuten vorbei.

Beim Gang durch die vielen
Türen denke ich an Staatsanwalt
Rolfsmeyer. »Natürlich hätte sie
auch Glück haben und eine meiner
jungen Kolleginnen kriegen können, die sich eher als Sozialarbeite-
rinnen verstehen«, sagte er nach
dem Urteil. »Die hätten bestimmt
nur zwei Jahre beantragt.«

Monika Kößler hat aber kein
Glück.

Juni 1991

Der Kohlhaas von Köpenick
Von seinem Sofa aus rechnet Aurel Müller-Schönlein mit dem »Mistvolk« dieser Welt ab

»Bei der Aussprache kam es zu keinem vernünftigen Ergebnis. Sofort bemerkte ich, daß man mich nur verschaukeln wollte. Ich bin nicht aus der Partei rausgeflogen. Ich bin ausgetreten. Wegen Schweinereien.«
(Beschwerde 1984)

»Was ist mit meinem versprochenen Bargeldgewinn? Sollten Sie mich weiter verarschen, bringe ich die ganze Sache an die Öffentlichkeit. Mein Name lautet übrigens Müller-Schönlein. Nicht Müller-Schönle!«
(Beschwerde 1994)

Wie er da so sitzt, fest in die Schondecke der Couch gegossen, umgeben von friedlichen Sofakissen, ein wissendes Lächeln im Bart, verschiedene Zigarettenschachteln exakt auf dem Tisch ausgerichtet und auch sonst alles in Reichweite, was er braucht, Aschenbecher, Seltersflaschen und das Feuerzeug, direkt an der Tischkante, kurz vor dem Unterhemd, das von seinem mächtigen Bauch bedrängt wird, das Fernsehprogramm von heute, davor, rechts neben seiner Kaffeetasse, ein Duden, auf dem, parallel zum Buchrücken die Fernbedienung wartet, die zu dem TV-Gerät gehört, das sich in einer Achse mit ihm selbst und dem Ölbild, das ein Segelschiff auf hoher See zeigt, befindet, und rechts in einem Schrankwandfach, im äußersten Bereich seiner Reichweite das Kreuzworträtsellexikon, wie er also sitzt, wie er die meiste Zeit des Tages sitzt, könnte man denken, er sei zufrieden. Doch Aurel Müller-Schönlein ist nicht zufrieden. Wie auch?

»Seit ick zwölf bin, mach ick Opposition«, sagt er. Das ist sein ganzer Stolz. Und auch die Tragik dieses Mannes.

Vielleicht hängt es damit zusammen, daß Aurel Müller-Schönlein den unglücklichen römischen Kaiser Mark Aurel, nach dem er benannt wurde, für einen Widerstandskämpfer aus dem Mittelalter hält. Vielleicht auch damit, daß sein Vater dem zwölfjährigen Aurel riet: »Junge, laß dir nichts gefallen. Hau immer zurück.« Wer weiß. Auf jeden Fall verstritt sich Aurel Müller-Schönlein, gelernter Koch und Bürger von Köpenick, zunächst mit seinem Vater und dann mit dem Rest der Menschheit. Soweit er zurückblicken kann, hatte er vor allem Feinde. Erst die Kapitalisten, dann die Stalinisten, Kollegen, Parteisekretäre, Nachbarn, Honecker,

Ulbricht, Gorbatschow und nun wieder die Kapitalisten. Und die Versandhäuser. Die Welt hat sich gegen ihn verschworen. Und sie wurde nicht besser dadurch, daß er sie in den letzten zwei Jahren vor allem aus der Sofa-Perspektive zur Kenntnis genommen hat.

Eigentlich hat er die Presse ja bestellt, um den »orjinalen Beschiß« aufzudecken, den die Versandhausfirmen ihm Tag für Tag in den Briefkasten werfen. Die ganzen BMW und Mercedes, die Geldbündel und Schiffsreisen, die sie ihm versprachen, wenn er nur ihre Billiguhren, Flaschenöffner und Spezialcremes bestellt. Er hat bestellt und bestellt und müßte eigentlich »der reichste Mann von Köpenick« sein. Eingetroffen ist aber nur eine Kette mit Blechherz, die sogar seine kleine Enkeltochter verschmähte.

Da das nun aufgedeckt ist, und endlich mal jemand da ist, der ihm zuhört, kann er auch den ganzen anderen Betrug enthüllen. »Im Grunde bin ick mein janzet Leben nur betrogen worden. Und habe immer dagegen angekämpft. Ick bin ein orjinaler Kohlhaas, hör mal. Also nimm mal für deinen Artikel die Überschrift: Kohlhaas, früher beschissen, heute beschissen. Ick hol mal die Beweise.« Er stemmt sich aus dem Sofa.

»Wo hab ick denn die Ordner?«

ruft er aus dem Wohnzimmer raus ins Dunkel, wo sich offenbar seine Frau befindet. »Welche Ordner denn?« ruft sie zurück. »Na, die mit den Beschwerden. Dit Stalinistenzeug.« Müller-Schönlein hat jetzt jede Schranktür mindestens zwei-

mal auf- und wieder zugemacht und
ist ein bißchen wütend. »Die haste
weggeschmissen«, ruft seine Frau.
»Niemals hab ick die weggeschmissen. Dit sind Beweise.« Dann verläßt
er das Wohnzimmer. Man hört
weitere Schranktüren klappen und

Gesprächsfetzen. »Weggeschmis-
sen ... Beweise ... Schweinebande.«
Schließlich kehrt Müller-Schönlein
mürrisch ins Wohnzimmer zurück.
»Vieleicht hab ick dit auch versteckt.
Damit die Scheiße keiner findet.«
Doch dann spürt er den Ordner

mit dem Beweismaterial doch noch auf.

»Dit ging allet hoch bis zu Erich«, erzählt er, als er wieder auf dem Sofa sitzt. »Ick hab jeden Tag damit gerechnet, daß ick abgehe. Und uffm Bürgersteig bin ick immer ganz dicht an den Häusern lang gelaufen. Damit mich nicht ganz zufällig ein Auto überfährt.« Aurel Müller-Schönlein startet nun zu einer wilden Verfolgungsfahrt durch sein Leben. Sie ist bunt und verwirrend, liefert aber keinerlei Gründe, jemanden vorsätzlich mit dem Auto zu überfahren.

Wir sind in den 60er Jahren, Müller-Schönlein ist »junger Genosse«, Fahrer im Finanzministerium und verbrennt sich die Zunge. Woran? »Na politisch.« Dann ist er Koch auf einem Fischfangschiff und legt sich mit dem Kapitän an. »Schwarz ist nicht weiß«, habe er ihm gesagt, worauf der Kapitän seine Kartoffelpuffer einmal verächtlich und vor allem »Blaßärsche« nannte. Seine erste Frau trennte sich von ihm, weil er so selten da war, er bekam Gürtelrose und sein erstes Magengeschwür. Und weil er sich immer so geärgert habe, seien später noch einige dazugekommen. Aurel Müller-Schönlein steht auf, zerrt sich das Unterhemd hoch bis zur Brust und zeigt seinen gewaltigen weißen Bauch. »Dit ist ja nicht zufällig so

dick«, erklärt er und tastet sich vorsichtig ab. »Dit ist ein orjinaler Narbenbruch, hör mal.«

Nachfragen beantwortet Müller-Schönlein nur ungern. Er hetzt weiter durch sein Leben. In Schleuderfahrt geht es durch die Küchen von Kantinen und Gaststätten, Namen von Objektleitern, Parteisekretären, Direktoren wirbeln vorbei, Entlassungsgründe, Klagen, Betrügereien schwirren durch das kleine Zimmer, daß einem schwindlig wird. Nur eine Konstante gibt es. Das Opfer. Aurel Müller-Schönlein. Eine Küche verließ er, weil der Objektleiter Salamis und Fischbüchsen verschob, einmal ging er, weil man Metallspäne in seinen Buletten gefunden hatte, ein anderes Mal, weil er seine Kollegen »Mistvolk« genannt hatte und dabei blieb, einmal rammte er einem Kollegen ein Messer in den Hintern, weil der Erich Honecker beleidigt hatte, und seinen letzten Betrieb verließ er unter anderem, weil »es mich ankotzte, dem Westarsch von Direktor immer das Essen warmzuhalten, obwohl längst Küchenschluß war«.

1977 ist er aus der SED ausgetreten. Wieder hatte er einen Betrug aufgedeckt. Er wandte sich an die Zentrale Parteikontrollkommission. »Da erzählte mir die olle Kuh, daß die Beweise, die ick gesammelt hatte, nicht reichen. Da wollte ick natürlich gleich Honecker sprechen. Da sagte mir die Olle, det der keine Zeit hat. Na da bin ick doch stutzig geworden. Angeblich hatte der doch für jeden Zeit. Ick vermute mal, sie haben ihn gar nicht gefragt, ob er mit mir sprechen will. Da bin ick ausgetreten. Dit hatten se nun davon.«

Trotzdem sei er Kommunist geblieben, erklärt Müller-Schönlein, Thälmann-Kommunist allerdings. »Weil Thälmann für einen gerechten Kampf war und auch mal zugeschlagen hat, wenn ihn was gestört hat. Der war wie ick bin.«

In dem roten Hefter, den er so lange suchte, liegen ein paar Beschwerdebriefe, die Müller-Schönlein selbst getippt hat, ein Zeitungsausschnitt über einen Schauspieler, den er immer bewundert hat, ein paar Begründungsschreiben für Prämien und seine Facharbeiterarbeit. »Thema: Der Fisch und seine Bedeutung für die menschliche Ernährung.« Beweise. Die Frage ist, wofür.

Seine Frau bringt Kaffee. Sie ist älter als Müller-Schönlein, sie hinkt ein bißchen und schnauft leise. Sie hat seit Ostern die Wohnung nicht mehr verlassen. »Sie wollte ja immer mal nach Griechenland«, sagt er. »Aber wat soll ick denn mit der Ollen in Griechenland. Die fällt mir doch um bei der Hitze.« Seine Frau

sagt nichts. Vielleicht hat sie eine besonders dicke Haut.

Mit seinem Vater redete er kein Wort mehr, als er erfuhr, daß er seine Mutter noch betrog, als sie schon sterbenskrank war. Das ist jetzt über dreißig Jahre her. Mit seiner Schwester überwarf er sich, »als sie diesen Idioten heiratete«. Mit seiner einzigen Tochter brach er den Kontakt ab, weil sie über Ungarn in den Westen flüchtete. Mit der Zuneigung seiner Frau spielt er täglich, mit seinen Nachbarn redet er nicht. Einer aus dem Nebenaufgang, so glaubt er, hat ihn mal verpfiffen, weil er angeblich nachts mit dem Dienstfahrzeug eine private Tour unternommen habe. »Der war Wahlfälscher«, sagt Müller-Schönlein.

In den letzten Jahren hatte er kaum noch persönlichen Kontakt zu seinen Feinden. Er redet ja mit keinem mehr. Und an Kohl, »diesen Vollidioten«, komme man nicht ran, sagt er. So kämpft er nur noch mit der Frau auf dem Arbeitsamt und in seinen Briefen an die »schweinischen« Versandhausfirmen und Busunternehmen für Gerechtigkeit. An »Julia-Reisen«, mit denen er mal eine Einkaufsfahrt nach Polen unternahm, schrieb er: »Sie haben mich so verärgert, daß ich kein Interesse mehr habe, an Ihren Fahrten teilzunehmen.«

Aurel Müller-Schönlein, Köpenicker und Koch, sitzt auf dem Sofa und schimpft auf die »roten Sokken« und die CDU, die »Schweinechaoten«, die Neonazis und die SPD, auf die »arroganten Westärsche«, Schabowski und die deutsche Nationalmannschaft, auf »Hanussen«, der ihm eine Schiffsreise in die Karibik schulde, und auf den »Gehirnarsch, der den Rasen vor unserem Haus bei der größten Hitze gemäht hat, so daß jetzt allet verbrannt ist«. Als ein aufkommender Wind durchs offene Fenster fährt und die Blätter mit dem Beweismaterial aufwirbelt, meckert er auch mit ihm. »Was soll denn das, du Scheißwind.«

Manchmal nachts schreibt Aurel Müller-Schönlein an seinem Buch. »Der Märchenprinz« heißt es und handelt von seinem Vater. Dreieinhalb Seiten kleinkarierten Papiers hat er bis jetzt beschrieben. Er liest den ersten Satz vor. »Dieses Buch ist einem Manne gewidmet, dessen Sohn durch Familienzerwürfnisse jeglichen Kontakt zu seinen engsten Verwandten abbrach und doch seinen Vater als Held betrachtet.« Die Worte stehen nicht lange im Wohnzimmer. Aurel Müller-Schönlein meckert auf die Stalinisten, die auch seinen Vater schikaniert hätten.

»Erzähl doch mal, was gut war«, bittet seine Frau überraschend.

»Es war ja nischt gut«, erwidert er trotzig.

»Kohlhaas«, erinnert er an der Tür. »Gestern beschissen, heute beschissen. Und vergeßt nicht ›Hanussen‹ anzuzählen und die Firma Prinzess, von der hab ick noch 'ne goldene Uhr zu kriegen. Und die ganzen andern Ärsche. Und fotografiert mal den vertrockneten Rasen vor dem Haus. Als Beweis.« Dann klappt die Wohnungstür zu, wir gehen die Treppen runter. An lauter Wohnungen vorbei. Mit Sofas und womöglich mit begonnenen Büchern. Was war eigentlich der »orjinale Beschiß«, der uns hierhergelockt hat? Wir gehen raus an die frische Luft.

Müller-Schönlein guckt aus dem Fenster und kontrolliert, ob wir den verbrannten Rasen fotografieren. Als Beweis.

August 1994

Zwei Kinder im Nieselregen

Christina Hakenes hat versucht,
eine vorbildliche Mutter zu sein
– sie hat es sehr gut gemacht,
bis ihr System zusammenbrach

Als sie die Wohnung verließen, gingen die Uhren noch richtig. Alle Uhren.

Die vier elektrischen Uhren mit den beruhigenden roten Leuchtziffern, die sie in verschiedenen Schrankwandfächern verteilt hatte. Die in der Küche und auch die dicke rosafarbene Digitaluhr an ihrem Handgelenk. Das bewegliche, hellblaue Plastequadrat auf dem Kalender der Buchholzer Tiefbaufirma an ihrer Wohnzimmerwand stand da, wo es hingehörte. Auf Sonntag. Zweiter November. Wie jeden Morgen hatte sie es gleich nach dem Aufstehen um eine Stelle verrückt. Anschließend hatte sie einen der kleinen roten Punkte unter die 2 gemalt, mit denen sie die Tage zählt, bis Biggy, ihre neunjährige Mischlingshündin, niederkommt. Sie hatte ihre Tochter angezogen, Frühstück gemacht und immer wieder auf die Uhren gesehen. Sie liefen richtig.

In dem Moment, als sie die Wohnungstür zuzog, hatte Christina Hakenes Kontrolle über die Zeit. Sie rief ihre Tochter Heidi, die Hunde Biggy, Bonnie und den Fahrstuhl.

2.11.1997, 11 Uhr 28. Die Welt lief im Takt.

Eine Dreiviertelstunde später stand Christina Hakenes am Rande eines Abenteuerspielplatzes und rief ihre Tochter. Es regnete. Sie spürte die Nässe durch ihre rosa Windjacke dringen. Sie rief, aber ihre Tochter hörte nicht auf sie. Das Mädchen stand unter einer überdachten Rutsche und schüttelte den Kopf. Christina Hakenes rief noch mal. Sie bat ihre Tochter um Verständnis, aber sie hörte nicht. Dann sprach sie die schlimmste ihr bekannte Drohung aus. »Wenn du nicht auf deine Mutti hörst, schalte ich die Behörden ein«, rief sie. Ihre Tochter zeigte sich unbeeindruckt. Heidi Hakenes ist zweieinhalb Jahre alt. Ihre Mutter ist 32.

Ein Hilferuf

Christina Hakenes wurde immer ohnmächtiger. Was sie fühlte, rebellierte gegen das, was sie gelernt hatte. Man soll seine Mutter achten. Kinder probieren ihre Grenzen aus. Ich gebe ihr doch alles, was sie braucht. Man muß Geduld haben. Ich kann nicht mehr.

Die Tochter spielte. Die Mutter

bat und drohte. So kämpften sie einen Augenblick. Zwei Kinder im Nieselregen. Irgendwann gab Christina Hakenes auf. Sie rief ihre beiden Hunde und verließ den Kinderspielplatz. Die Uhren waren stehengeblieben. Die Zeit war kaputt.

»Es war wie ein Vulkan, der in mir losgegangen ist. In meinem Kopf«, sagt Christina Hakenes.

»Sie war eine vorbildliche Mutter. Sie hat ihr Kind auf die Minute pünktlich in den Kindergarten gebracht. Und pünktlich wieder abgeholt. Heidi war ordentlich angezogen, ernährt und gepflegt. Alles hat funktioniert. Bis zu dem Zeitpunkt, da die Tochter einen eigenen Willen entwickelte. Da brach das System zusammen. Sie hat mir gesagt, daß sie diese Ohnmacht schon öfter gespürt hat. Aber an diesem Tag, in diesem Moment konnte sie einfach nicht mehr. Es war ein Hilferuf«, sagt Elke Kannenberg, die die Berliner Adoptionsstelle leitet.

Christina Hakenes lief mit ihren Hunden durch den Regen zu ihrem Bruder, der in einem geschützten Marzahner Wohnheim lebt. Sie trocknete sich und die Hunde, aß in Ruhe Mittag und spürte »eine kleine Erleichterung«. Etwa drei Stunden später lief sie zurück zum Spielplatz, ihre Tochter war nicht mehr da. Sie war längst bei der Poli-

zei. Wenn sie nun mit den Hunden rausging, suchte Christina Hakenes nach ihrer Tochter. Am Montag rief sie im Kindergarten an, um mitzuteilen, daß Heidi nicht komme. Dann wartete sie. Irgend etwas würde schon passieren. Irgend etwas passiert immer.

Christina Hakenes kam im Alter von zwei Jahren ins Kinderheim. Ihre Eltern waren Trinker. Sie hatten sie geschlagen und vernachlässigt. Sie besuchte eine achtklassige Schule und verschiedene Heime, in denen sie vor allem lernte, die Zeit zu schätzen. Die Ordnung der Zeit. Ein Anker im Chaos. Mit 17 lernte sie in einem Heim einen Jungen kennen, der ihren Nachnamen trug. Ihren Bruder. Er ist behindert, er ist der einzige Mensch, den sie hat. Zwei Jahre danach traf sie einen Mann, der über dreißig Jahre älter war als sie. Er war verheiratet und hatte mehrere Kinder. Aber das erfuhr sie erst 12 Jahre später. Sie wurde dreimal von ihm schwanger. Das erste Kind trieb sie ab, als sie 19 war. Das zweite verlor sie 1993 im sechsten Monat. Das dritte brachte sie am 12. April 1995 zur Welt. Sie nannte es Heidi. »Weil der Heidi-Name so schön klingt. Und weil es kein Verspottname ist.«

Christina Hakenes arbeitete als Reinigungskraft in einer Bäckerei. Nach der Wende wurde sie dort entlassen, ohne den Grund dafür zu erfahren. Kurze Zeit arbeitete sie in einem Kindergarten, zuletzt beim Grünflächenamt Marzahn. »Vom 15.11.92 bis 14.11.93. Nach einem Jahr wurde ich wieder entlassen. Ich weiß nicht, warum. Ich war morgens immer die erste und ich habe meine Arbeit picobello gemacht«, sagt sie. Als sie das dritte Mal schwanger wurde, zog sie aus ihrer Ein-Zimmer-Wohnung in eine Zwei-Zimmer-Wohnung.

Dort saß sie nun an diesem Sonntagabend und überlegte, mit wem sie reden sollte. Bei wem sie sich Rat holen konnte. Aber ihr fiel niemand ein. Ihren Bruder wollte sie nicht beunruhigen. Vom Vater ihrer Tochter wollte sie sich trennen. »Er hat mir sowieso nie zugehört«, sagt sie. »Er hat mich auch nicht behandelt, wie man seine Frau behandelt. Er hat mich behandelt wie eine Fremde. Er hat mich vor seinen Kollegen gedemütigt. Er hat Ausdrücke zu mir gesagt. Und einmal hat er Heidi geschlagen. Ins Gesicht.« Von den Behörden kannte sie kaum jemanden. Sie war ja auf niemanden angewiesen. Sie war »voll geschäftsfähig«, wie die Behörden es nennen.

Kein Foto mehr

Am Dienstag erschienen die Zeitungen mit einem Bild ihrer Tochter. Die Kindergärtnerinnen der 26. Kindertagesstätte Marzahns erkannten Heidi Hakenes und informierten die Polizei. Die benachrichtigten das Jugendamt. Die Journalisten wußten sowieso Bescheid.

So kam es, daß die Zeiger von Christina Hakenes' Uhr für ein paar Tage sehr schnell liefen. Sie konnte sie kaum noch erkennen, so schnell rotierten sie. Sie sah einfach nicht mehr hin. Als es vorbei war, hatte sie kein einziges Foto mehr von ihrer Tochter. Die Journalisten hatten alle mitgenommen. Das letzte Bild gab sie »so einem netten Grauhaarigen von der ›neuen Welt‹ oder so.« Sie hatte eine SAT 1-Honorar-Abrechnung von 300 Mark für die Mitwirkung an der Sendung »Blitz«. Sie hatte sehr viele Leute auf verschiedenen Ämtern kennengelernt, die sehr nett zu ihr gewesen waren. Sie war »mit der Taxe von hier bis nach Mitte zur Adoptionsstelle und zurück chauffiert« worden. Sie hatte viele neue Ratschläge gehört.

Und sie hatte ihre Tochter zur Adoption freigegeben.

Es ging rasend schnell. Aber es war ja auch ein klarer Fall. Frau läßt Kind auf Spielplatz allein. Die Hunde sind ihr lieber als die Tochter. Die Tochter ist so niedlich, so klein und schutzlos. Marzahn ist grau und zugig. Christina Hakenes ist dick und ungelenk. Ihre Stimme ist rauh, sie bellt ihre Sätze. Sie spricht ohne Höhen und Tiefen. Ohne Emotionen zu transportieren. Und auch ihr Gesicht ist nicht in der Lage, Trauer zu zeigen. Oder Reue, Verzweiflung, Hoffnungslosigkeit. Irgend etwas von dem, was erwartet wird. Ein klarer Fall. Alle sind Eltern. Oder Kinder. Jeder kann mitreden. Und irgendwie hat jeder ein schlechtes Gewissen. Von Zeit zu Zeit braucht man eine richtige Rabenmutter. Pech für Christina Hakenes.

Sie hat ihr Kind im Stich gelassen, riefen die Zeitungen. Eine herzlose Frau, erklärten Bürger in Straßenumfragen. Hunderte Mütter bewarben sich bei der BILD-Zeitung, beim Jugendamt und der Adoptionsstelle um die »kleine Heidi«. »Die meisten von ihnen beschimpften bei dieser Gelegenheit die schlimme Mutter aus Marzahn«, sagt Elke Kannenberg von der Berliner Adoptionsstelle. »Es gibt einfach einen Bedarf danach, die Welt in gut und böse einzuteilen. Dort die schlimmen Rabenmütter, hier die intakten Familien. Das hilft vielen zu verdrängen, daß sie mit ihren Kindern oft selber überfordert sind. Wenn man jemanden vorgeführt bekommt wie Christina Hakenes, vergißt man schnell, daß man sein eigenes Kind jeden Tag vorm Fernseher ruhigstellt.«

Es scheint fast so, als erleichterten diese Art von Mustern auch den beteiligten Beamten das Leben. »Die Frau war mir bis zu dem Zwischenfall völlig unbekannt. Es gab ja auch keinen Hinweis auf einen Hilfebedarf«, sagt Christel Geißler vom Marzahner Jugendamt. »Im Gespräch war aber schnell zu erkennen, welcher Hilfeansatz der richtige war. Man macht sich als Fachmann natürlich ein Bild von bestimmten Eltern. Wir haben mit unserer Entscheidung, die Sache an die Adoptionsstelle weiterzudelegieren, nur eine Entwicklung auf den Punkt gebracht.«

»Ich habe die Frau gesehen«, sagt der Jugendstadtrat Dr. Wolfgang Kieke. »Da hatte ich ne ungefähre Vorstellung. Und dann läßt ja auch die Tatsache, daß sie ihr Kind zwei Tage allein gelassen hat, bestimmte Schlüsse zu. Nein, im Interesse des Kindes sollte es zur Adoption freigegeben werden.«

Vielleicht muß man ein Leben hinter sich haben wie Christina Hakenes, um das alles zu ertragen. Die Gespräche der Leute in ihrem Haus, die verstummen, wenn sie dazukommt. Die Blicke auf der Straße. Die Fotos der Frauen in der Zeitung, die sich um ihr Kind bewerben. Die Stille in ihrer Wohnung. Die fünf gelben Plastesäcke voller Spielsachen, die im leeren Kinderzimmer stehen. Vielleicht.

Christina Hakenes hat ihren Tag,

ihr Leben neu gegliedert. Sie muß nicht zur Arbeit, sie muß ihr Kind nicht in den Kindergarten bringen, aber sie muß mit den Hunden runter. Fünfmal am Tag. Das erste Mal um 7 Uhr 30. Zweimal am Tag geht sie nach der Post sehen. Sie wartet auf den Bescheid vom Notar. Damit das zu Ende geht. Und dann hatte sie in den letzten Tagen damit zu tun, alle Sachen ihrer Tochter ordentlich einzupacken. Sie hat ihre Kleider gewaschen und zusammengelegt. Unmittelbar nachdem sie der Adoption zugestimmt hatte, fing sie damit an. Jetzt wartet sie darauf, daß jemand die Sachen abholt und ihrer Tochter bringt. Sie weiß, daß sie ihr Kind nie wiedersehen wird. Aber sie will es ordentlich übergeben. Sauber.

Wie ein Schlußwort

»Die Bausteine habe ich alle dem Alter gerecht geschenkt«, sagt sie. »Auch die Spiele. Das Dreirad hat sie am 12. 4. geschenkt bekommen. Zum Geburtstag. Ich habe wirklich versucht, alles richtig zu machen. Sie durfte ausschlafen und ihr Sandmännchen sehen. Aber sie war zum Schluß so undankbar. Sie hat mich nicht behandelt wie eine leibliche Mutter, sondern wie eine Fremde. Sie hat mit den Puppen rumgeschmissen. Ich habe heute erst wieder ein Auge der Babypuppe repariert. Ich habe ja in dem

Buch gelesen, daß Kinder die Welt erforschen wollen und ihre Erfahrungen machen. In ›Wir werden älter‹ steht es drin. Aber sie hat mich mit Sand beworfen und einmal auf dem Spielplatz mit einem Stein. Das war zuviel. Sie ist doch meine Tochter. Ich habe ihr doch alles gegeben. Auch ihre Einheiten.«

Ihre was?

»Ihre Einheiten. Also schmusen. So was. Streicheln«, sagt Christina Hakenes und schaut dabei nach unten, als sei es ihr sehr unangenehm, darüber zu sprechen. Sie schüttelt den Kopf. Nach vorne. Sie schnauft leise. Sie schüttelt sich, als wolle sie irgend etwas loswerden. Aus sich herausschütteln. Die Frau sei selber noch ein Kind, hatte Elke Kannenberg von der Adoptionsstelle gesagt. Ein Kind, das nach Liebe und Geborgenheit suche. So jemand könne keine Wärme weitergeben. Und keine Orientierungen. Aber genau das sei es, wonach Kinder suchen, Orientierungen. Ihr fehle die Distanz des Erwachsenen, die Gelassenheit und Souveränität. Ihre Augen hätten geleuchtet, als sie ihr die Möglichkeit der Adoption vorgeschlagen hätten. Sie habe eine repektable Entscheidung getroffen. Eine schwere Entscheidung, aber eine verantwortungsvolle. Man solle sie endlich einmal ernstnehmen.

Christina Hakenes hört auf, sich

zu quälen. Sie sagt kühl: »Es war
wirklich alles dagewesen für sie.
Nach meiner Hinsicht.« Es ist wie
ein Schlußwort. Es soll zu Ende sein.
In Ordnung. Sie streicht über die
Wachstuchdecke auf dem Couchtisch, schaut kurz zu der jungen
Schäferhündin, die in der Wohnzim-
merecke auf einer Wolldecke döst
und dann zu den roten Uhren in der
Schrankwand. Sie laufen geräusch-
los weiter.

Eigentlich nein
Vom großen Glück, daß
Pjöngjang nicht New York ist

Manchmal sitzt einem die Versuchung schon auf dem Schoß, und man erkennt sie trotzdem nicht. Weil sie so harmlos aussieht, so unansehnlich, überhaupt nicht verführerisch eben. Sie sitzt da, grinst einen unterwürfig an und tut einem fast leid, so blaß, wie sie ist.

Meine zum Beispiel nannte sich Jörg und sah aus wie ein Arsch.

Ich meine, er sah aus, wie man sie sich immer vorgestellt hatte. Ein leicht aufgedunsenes, blasses Gesicht, mit einem weichen Lächeln mittendrin, das er aus- und anknipsen konnte. Die schmutzigblonden, dünnen Haare hatten sich bereits bis zum Ende der Stirn zurückgezogen. Er trug eine dunkelbraune Bundlederjacke und war vielleicht Anfang Dreißig. Er sah aus, wie sie eben aussahen. Untalentierte Lehrlinge oder Studenten, die hauptamtlich FDJ-Sekretäre wurden. Soldaten, die ihre Dienstzeit freiwillig von anderthalb auf zehn Jahre erhöhten. Junge Funktionäre, die in ein paar Jahren Alkoholprobleme bekommen würden. Keinen Mut, keinen Charakter, keinen Halt – nur irgendwelche verwaschenen Überzeugungen und trinkfeste Vorgesetzte als Vorbilder. Er hätte Krimi-

nalist sein können, wie er am Telefon gesagt hatte. Aber er war kein Kriminalist. Und wahrscheinlich hieß er auch nicht Jörg.

Ich betrat also das Café Kisch, das es einst Unter den Linden gab, um der Kriminalpolizei bei den Ermittlungen gegen einen Straftäter zu helfen, von dem ich bislang nur wußte, daß er in meinem Haus wohnen sollte. Der Mann, der sich Jörg nannte, saß an einem kleinen Tischchen neben der Bar im Qualm und winkte. Ich setzte mich zu ihm, und er fragte, was ich denn trinken wolle. Kaffee, sagte ich. Er bestellte ein Kännchen, und bis es kam, erzählte er, daß ihm mein Name in der *Berliner Zeitung* aufgefallen wäre, weil mein Schreibstil, nun ja, irgendwie spritziger sei als der der anderen, was mir schmeichelte, obwohl ich mir nicht vorstellen konnte, daß es stimmte. Schließlich war ich Wirtschaftsredakteur. Dann war das Kännchen Kaffee da, und er sagte: »Ich muß dir erst mal was gestehen: Ich bin nicht von der Kriminalpolizei. Ich arbeite für das Ministerium für Staatssicherheit. Und wenn du jetzt gehen willst, dann kannst du das gern tun.«

Ich trank einen Schluck Kaffee.

Wieso duzt er mich eigentlich?

Du weißt doch, daß sie das alle tun, diese Funktionärstypen. Kümmere dich nicht drum! Bedanke dich für den Kaffee und verschwinde!

Moment mal, ich weiß doch gar nicht, was er von mir will. Vielleicht will er mir ja irgendwas sagen, was wichtig ist.

Bist du wahnsinnig!? Staatssicherheit – Stasi, Staasiiiii! Steh auf! Hau ab! Er hat es dir angeboten!

Eben. Er hat es mir angeboten. Er hat mich überhaupt nicht unter Druck gesetzt. Wenn er mir gesagt hat, was er will, dann kann ich immer noch gehen.

Du weißt doch, was er will!

Nein.

Doch.

Was denn?

Tu nicht so naiv.

Gut, aber ich weiß nicht, was er weiß. Vielleicht weiß er ja was von mir. Wir sollten nichts überstürzen.

Wenn dich hier irgend jemand von deinen Freunden mit diesem Typen sitzen sieht, bist du untendurch. Ich meine, der sieht doch aus wie der Prototyp eines Stasi-Spitzels.

Er könnte auch Kriminalist sein.

Er ist kein Kriminalist.

Ich will ja nur wissen, was er weiß. Nur das. Dann gehe ich einfach raus. Und das war es.

Tu's doch, wenn du es mußt. Du bist doch sowieso der letzte Opportu-

nist geworden. Du Parteijournalist! Schau dich doch mal an. Lügst deine Leser an. Und jetzt sitzt du mit 'nem Stasi-Typen am Tisch.

Ach, komm.

Wenn du auch nur ein einziges Zugeständnis machst, bringe ich mich um.

»Ich meine, es kann ja sein, daß du irgendwelche grundsätzlichen Probleme mit dem Staatssicherheitsdienst hast«, sagte Jörg. Und lächelte.

»Äh, grundsätzliche, nein. Hat ja irgendwie jedes Land so einen Sicherheitsdienst, nicht? Offenbar braucht man den.«

»Gut«, sagte Jörg, als sei damit irgend etwas entschieden, »dann kann ich dir erst mal eine erfreuliche Mitteilung machen. Deine Redaktion hat ja den Antrag gestellt, daß du zu den Weltfestspielen nach Korea fährst. Ich kann dir sagen, daß wir diesem Antrag zugestimmt haben. Ich weiß es aus den Akten.«

Das war nun wirklich ein Hammer. Ich hatte nicht damit gerechnet. Korea! Das war fast Japan! Eine andere Welt! Ich strahlte, und Jörg strahlte auch.

Offenbar war es das gewesen, was er mir sagen wollte. Denn Jörg hatte es auf einmal eilig. Hier sei nun wirklich nicht das richtige Umfeld für ein Gespräch unter vier

Das Buch der Versuchungen

Augen, meinte er. Das schien mir einleuchtend. Überall standen Leute, rauchten und redeten. Korea!

Jörg sagte, daß der Kaffee selbstverständlich auf seine Rechnung ginge. Er würde sich noch mal bei mir melden. Er würde anrufen. Eine Bitte habe er jedoch. Zu keinem ein Wort über unser Treffen. Logisch, dachte ich. Nichts leichter als das. Ich sah mich noch mal um, ob hier irgendein bekanntes Gesicht war, entdeckte niemanden, verabschiedete mich und betrat wieder die Linden.

Die Sonne schien. Korea!

Du bist der letzte Idiot!

Ich?

Ja du. Was willst du denn mit dem unter vier Augen bereden?

Mensch, was willst du denn überhaupt? Er hat mich überhaupt nichts gefragt. Ich mußte kein Zugeständnis machen.

Ach ja? Und was war mit deinem Jedes-Land-braucht-einen-Sicherheitsdienst-Gequatsche?

Ein Allgemeinplatz.

Ja und was soll er davon halten? Ich will dir sagen, was das für ihn heißt: grundsätzliche Bereitschaft zur Zusammenarbeit! Alexander Osang ist grundsätzlich bereit, mit uns zusammenzuarbeiten. Alexander Osang ist grundsätzlich bereit, Stasi-Spitzel zu werden.

Das habe ich nicht gesagt.

Aber er hat es so verstanden.

Das ist sein Problem.

Es wird dein Problem werden. Er wird wieder anrufen.

Ja und?

Er wird dir Fragen stellen.

Ich habe keine Angst vor Fragen.

Das werden wir noch sehen. Du willst doch nach Korea fahren, oder?

Ja sicher.

Du hast ihm eben versprochen, kein Wort über euer Treffen zu sagen. Und was erzählst du deiner Freundin? Sie weiß doch, daß du dich mit einem Kriminalisten treffen wolltest, oder?

Ich werde ihr sagen daß es ein Irrtum war. Daß sie einen anderen suchten, irgend so was. Mir fällt schon was ein.

Ich werde dir mal was sagen, mein Freund. Du sitzt in der Scheiße.

Hör doch auf. Ich habe ihm versprochen, nichts zu sagen. Also sage ich nichts. Was ist denn schon dabei.

Ich kann's nicht mehr hören. Du bist ein Weichei. Du kannst nicht nein sagen. Sieh dir doch nur dein verpfuschtes Leben an. Du charakterloses Schwein. Du kannst doch keinem mehr in die Augen gucken. Und jetzt sagst du dir: Ach, dann mach ich eben auch noch bei der Stasi mit.

Niemals!

Wir werden sehen.

Der Anfang war wohl, daß ich mitspielen wollte. Jedenfalls passierte es öfter, daß meine Klassenkameraden nach der Schule noch irgend etwas zusammen unternahmen, das sie Pioniernachmittag nannten. Sie banden sich blaue Halstücher um, nahmen sich an die Hände und marschierten irgendwohin, wo es offenbar lustig war. Manchmal erzählten sie am nächsten Tag davon. Man kam sich vor, als habe man »Daktari« verpaßt.

Wenn die Klasse zum Pioniernachmittag aufbrach, blieben zwei Kinder zurück. Annegret Teschner und ich. Annegret Teschner war ein blasses, zerbrechliches Mädchen, das an einer schweren Krankheit litt. Einmal, als Annegret fehlte, sie fehlte oft, erzählte uns unsere Klassenlehrerin mit ernster Miene, daß Annegret viel früher sterben würde als wir. Womöglich schon bald. Das tat mir sehr leid, aber ich wäre dennoch lieber mit Frank Barnow, dem besten Fußballspieler meiner Klasse, von den lustigen Pioniernachmittagen ausgesperrt worden, als mit der hohlwangigen Annegret, die eine gläserne, hohe Puppenstimme hatte und eine spitze Nase. Ich war dick und hatte Sommersprossen, was im Alter von sechs, sieben Jahren ohnehin schwer zu ertragen ist. Zudem heiße ich Alexander, worauf sich »Arsch auseinander,

Arsch wieder zusammen und du bist dran«, reimt, meine Eltern erlaubten mir nicht, Jungpionier zu sein, und dabei hatte ich auch noch die sterbenskranke Annegret an meiner Seite. Und leider passierten im Religionsunterricht, den ich besuchen durfte, nicht die interessanten Dinge, mit denen ich meine Mitschüler hätte beeindrucken können. Wir hatten einen Kaplan, der uns an den Ohren zog, wenn wir in dem Bibelquiz, das er jede Stunde durchführte, versagten, und einen rotgesichtigen Pfarrer, der wenige, graue Haare und immer schlechte Laune hatte. Frank Barnow kannte zwar alle Spieler von Tennis Borussia, aber was ein Kaplan war, wußte er nicht.

Als ich in die vierte Klasse kam, konnten es meine Eltern offenbar nicht mehr mit ansehen. Vielleicht hatte es auch eine Aussprache gegeben, weil zum gleichen Zeitpunkt auch Annegret Teschners Eltern aufgaben. Annegret und ich bekamen bei einer kleinen, intimen Aufnahmefeier unsere blauen Halstücher ausgehändigt. Die Pioniernachmittage waren dann gar nicht so lustig, wie ich angenommen hatte. Aber ich war dabei. Ich gehörte dazu. Ich war kein Außenseiter mehr. Es war warm und wohlig in der Masse. Ich begann mich aufzulösen. Das war wohl der Anfang.

Das Buch der Versuchungen

In der Folgezeit stand ich manchmal andächtig vor den Gedenkstätten ermordeter Grenzsoldaten, ministrierte dreimal in der Woche in der Frühmesse der St.-Josephs-Kirche, die um sechs Uhr begann und abwechselnd von meinem Kaplan und dem mürrischen Pfarrer vor etwa einem Dutzend alter Damen abgehalten wurde. Manchmal frühstückte ich anschließend in der kleinen Wohnung des Kaplans, wo es Nesquik und viele glänzende West-Platten gab, und manchmal lernte ich danach in der Schule, daß derjenige, der nicht für die Sache sei, automatisch ihr Gegner wäre. Als Jungpionier verpflichtete ich mich zu einem monatlichen Solidaritätsbeitrag von einer Mark, in der Sonntagsmesse legte ich einen Groschen in den Kollektekorb. Ich wurde der Trommelreporter meiner Pioniergruppe und betete nach der Beichte im Auftrage meines Kaplans vier Vaterunser, damit meine Eltern, die sonntags gerne länger schliefen, öfter zum Gottesdienst erschienen, was übrigens nichts half. Ich empfing die Erstkommunion und die Jugendweihe. Mein Großvater erschien zur Kommunionsfeier. Aus Prinzip.

Kurz vor der Firmung baten mich zwei Herren ins Zimmer unseres Stellvertretenden Schuldirektors, um mir vorzuschlagen, Offizier der Nationalen Volksarmee zu werden. Die Leistungen dazu hätte ich ja. Mein Großvater, der gerade noch aus prinzipiellen Erwägungen meiner sozialistischen Jugendweihe ferngeblieben war, riet mir zu. Bei den Osangs habe es immer Offiziere gegeben. Der letzte war wohl, wie ich später erfuhr, Generalmajor bei der Wehrmacht gewesen. Seine Witwe lebte in Schwaben, wo sie eine unglaubliche Pension bezog, von der wir aber nichts abbekamen. Mein Vater, der verhindern wollte, daß ich Jungpionier wurde und mich auch sonst sehr kritisch zum Staate DDR erzog, hatte der Witwe in den 50er Jahren mal zehn Mark zurückgegeben, die sie ihm gönnerhaft überlassen wollte, damit er sich auch mal einen schönen Abend machen könne. Aus Stolz, wie er sagte. Seitdem gab es keinen Kontakt mehr.

Ich war trotz der ziemlich praktischen Plateausohlen der Kleinste in der Klasse, haßte Geräteturnen und alles, zu dem man in einer Reihe antreten mußte. Außerdem hatte mir mein älterer Cousin erzählt, daß bei Manövern der Nationalen Volksarmee gelegentlich Soldaten unter die Panzer geraten und überrollt würden. Das passiere gar nicht so selten. Gefühlsmäßig fürchtete ich mich vor Kasernen, Uniformen, Gemeinschaftsduschräumen und Maschinenpistolen, aber im Literaturunterricht argumentierte ich zu der Fabel von Fuchs und Igel wie ein Politoffizier der NVA. »Laß dir erst deine Zähne brechen«, sagte der Igel, »dann werden wir uns weiter sprechen!« Ich verknüpfte das äußerst überzeugend mit der Friedenspolitik der Warschauer-Vertrags-Staaten und kriegte eine Eins. Ich war vierzehn Jahre alt und ziemlich durcheinander.

Ich lernte, hier das zu sagen, dort jenes und einen Kalender zu führen, wie ein Ehebrecher. Und wie bei Ehebrechern geht das gelegentlich in die Hose, wenn man einen Fehler macht.

An einem eiskalten Novembernachmittag besuchte unsere FDJ-Gruppe das Museum für deutsche Geschichte. Es ging um Antifaschismus, wenn ich mich recht erinnere, und als wir rauskamen, war es kalt und dunkel. Ich war ziemlich in Eile, weil ich am Abend die Jugendstunde meiner Gemeinde nicht verpassen wollte. Ich schaffte gerade so die letztmögliche Straßenbahn nach Weißensee und erschien pünktlich auf dem Kirchhof, wo die anderen Schüler zwischen weißen Atemwolken standen und mit unserem Kaplan redeten. Es war ein neuer Kaplan, einer, der nicht mehr an un-

seren Ohren zog, sondern mit uns diskutierte, leise redete und bald in den gerade entstehenden Neubaubezirk Marzahn ging, wo die Menschen, wie er sagte, dringender seiner Fürsorge bedürften. Er war ein sehr toleranter, freundlicher Mensch. Das machte alles nur noch schlimmer.

Ich lief auf die Gruppe zu, und als ich etwa fünf Meter von ihr entfernt war, wußte ich, daß ich einen Fehler gemacht hatte. Ich wußte es, bevor der erste sagte: »Sag mal, was ist denn mit dir los?« Bevor ihm der Kaplan dafür einen strafenden Blick zuwarf und sagte: »Hallo Alexander. Schön, daß du da bist.« Aber ich bemerkte es erst, als es zu spät war.

Ich hatte noch mein FDJ-Hemd an. Sein blauer Kragen ragte gut sichtbar aus meiner Winterjacke. Es war ein einmaliges, verräterisches Blau. Nirgendwo sonst gab es dieses Blau der Freien Deutschen Jugend. Verwechslungen waren ausgeschlossen. Die bis dahin fürchterlichste Stunde meines Lebens begann. Auch heute noch bekomme ich eine Gänsehaut, wenn ich nur daran denke.

Das lag ganz sicher daran, daß es sehr, sehr unüblich war, so forsch und unverfroren von der einen in die andere Welt zu marschieren. Es lag an der Kraft des Symbols. Ähnlich provokativ wäre es wohl gewesen, in der Parteiversammlung mit dem Rosenkranz zu klimpern. Es lag an meiner Urangst, ertappt zu werden, wobei auch immer. Es lag an meinem Kaplan, der so tat, als sei alles wie immer. Und es lag daran, daß unser Religionszimmer sehr gut geheizt war. Außerordentlich gut.

Eines war klar, ausziehen konnte ich die Jacke nicht. Die Sonne wäre aufgegangen, die helle, optimistische Sonne des Jugendverbandes, die auf meinem Hemdsärmel klebte, die Sonne der Kampfreserve der Partei, die Sonne der Freien Deutschen Jugend mitten im Herzen der St.-Josephs-Gemeinde. Es war fürchterlich. Ich schwitzte wie ein Schwein. Durch einen feuchten Nebel nahm ich den Kaplan und meine Mitschüler wahr. Worüber sie redeten, wußte ich nicht. Der Kragen, der blaue Verräterkragen, der Judas-Kragen, leuchtete. Er brannte auf der Haut, er schnürte mir den Hals zu. Ich flüchtete in Fieberträume. Ich verfluchte meinen Eifer, spielte alles noch mal durch, nur diesmal verpaßte ich die Straßenbahn und schaffte es nicht. Ich bat Gott um Verständnis, bat ihn, die Zeit zurückzudrehen, und bat ihn auch, die Stunde schnell vergehen zu lassen. Er tat mir den Gefallen nicht.

Ich muß unendlich viel Wasser verloren haben. Meine Jacke wurde immer schwerer, der Schweiß rann auf den blauen Kragen, und irgendwann, Monate später, beendete der Kaplan die Stunde. Er hatte mich nicht einmal angesprochen, wofür ich ihm noch heute danke. Wahrscheinlich hätte ich hysterisch geschrien. Zum Schluß schenkte er mir noch ein aufmunterndes Lächeln. Ich schleppte mich aus dem Raum, und draußen in der Kälte sagte mir einer der Jungen: »Von dir hätte ich es am wenigsten erwartet, Alexander.« Der Junge war immer ein Außenseiter gewesen. Ein blasser, pickeliger Büßertyp, der im Haus neben der Kirche wohnte und nie den Religionsunterricht verpaßte. Seine Sachen waren schäbig, er stotterte, roch schlecht und hatte beim Bibelquiz immer versagt. Ich hatte nie mit ihm zu tun gehabt. Niemand hatte mit ihm zu tun. Was hatte er denn von mir erwartet? Daß ich so war wie er? Enthaltsam? Langweilig? Ohne Ehrgeiz? Ich sah ihn einen Augenblick an. Ein weißes, ernstes Kindergesicht. Dann ging ich vom Kirchhof und kam nie wieder.

Ich hatte meine Chance gehabt. Ich dachte nicht über sie nach, ich rannte weg. Ich ging nie wieder zu einer Beichte, aber meine Mutter bezahlte meine Kirchensteuer, und auch vor der Prüfung in dialektischem und historischem Materialismus bat ich Gott um Hilfe. Und natürlich vor der Russischprüfung.

Ich machte so weiter wie bisher. Und das Leben machte es mir leicht. Ich durfte wegen »der Kirchensache« nicht auf die Erweiterte Oberschule, aber ich bekam einen Platz in der Berufsausbildung mit Abitur. Eigentlich sollte ich Ingenieur werden, weil aber mein naturwissenschaftliches Talent eher unterentwickelt war, suchte ich mir aus der Studienführer-Broschüre irgendeine Richtung raus, in der es keine Mathematikstunden gab. Journalistik. Gut, warum nicht. Ich gab meine Bewerbung für ein Zeitungsvolontariat zwei Wochen zu spät und ohne Hoffnung ab, wurde aber angenommen. Ich ging nur anderthalb Jahre zur Armee, weil ich dort niemals auch nur einen einzigen Tag länger verbracht hätte. Andererseits hat mich auch nie jemand genötigt, länger zu gehen, während einige meiner Freunde regelrecht erpreßt wurden, für drei Jahre zu unterschreiben. Beim WM-Finale 1982 war ich in unserem Armeefernsehraum der einzige, der für Italien war, und Italien gewann. Niemand gab mir die Schuld. In einem Kurzurlaub zeugte ich in Berlin einen Sohn als er geboren wurde, und später, als er nachts aufwachte und schrie, trieb ich mich auf Studentenpartys im fernen Leipzig rum. Ich konnte ja ausschlafen.

Einmal, als ich am Eingang unseres Studentenwohnheims Nachtwache halten mußte, organisierte ich auch dort eine Party. Etwa zwanzig junge Menschen drängten sich in der kleinen Wachstube. Wir tranken und tanzten, und irgendwann im Morgengrauen, als ich gerade auf dem Klo war, drückte ein betrunkenes Mädchen auf den Knopf der Alarmanlage in dem kleinen Zimmer, das ich zu bewachen hatte. Drei Heimbewohner wachten auf, einer, er hieß Plothe und war ein eifriger wissenschaftlicher Assistent, schwärzte mich am nächsten Tag in der Sektionsleitung Journalistik an. Dort erfuhr ich von meinem Sektionsdirektor Fuchs, einem kleinen gelbgesichtigen Mann, der nie lachte, daß mein Versagen nicht einfach nur ein disziplinarisches Versagen sei. »Sie haben politisch versagt. Oder haben Sie den NATO-Doppelbeschluß vergessen? Es herrscht Kriegsangst.« Daran hatte ich wirklich nicht gedacht.

Die Sache, sagte er, würde ein unangenehmes Nachspiel für mich haben. Ein sehr unangenehmes. Auf den Fluren wisperte man von Exmatrikulation, und als ich den FDJ-Sekretär meines Studienjahres fragte, wie schlimm es wirklich stehe, sagte der: »Schlimm. Sag mal, wolltest du nicht eigentlich Kandidat der SED werden?« Wollte ich selbstverständlich nicht. Wollte ich überhaupt nicht. Niemals.

Etwa vier Monate später stand ich in einem großen Hörsaal der Karl-Marx-Universität Leipzig und begründete vor etwa 130 Genossen, warum es mir ein Herzenswunsch sei, Kandidat ihrer Partei zu werden.

In der Nacht zuvor konnte ich kein Auge schließen, ich betete um Verständnis und darum, daß es meine Eltern nie erfahren mögen. Dann argumentierte ich mein Gewissen in die Knie. War ich nicht Fan von Stahl Riesa und der DDR-Nationalmannschaft? Haßte ich nicht alle BRD-Sportler? War nicht derjenige, der nicht für die Sache war, gegen die Sache? Konnte man diese verknöcherte Partei nicht nur aus ihrem Innern aufbrechen? Und wollte ich nicht Journalist werden? Hatte Lenin nicht Parteiorganisation und Parteiliteratur geschrieben? Und hatte Lenin nicht recht?

Mein Gewissen sagte, ich sei ein Arsch, und im übrigen sei es müde und wolle schlafen. Ich ließ es und lernte meinen Begründungstext auswendig.

Es war nicht angenehm dort unten zu stehen, ich fühlte mich schlecht, aber nicht annähernd so schlecht wie damals, als ich im FDJ-Hemd unterm Kruzifix gesessen

hatte. Dort oben auf den Bänken des Hörsaales saßen ja meine Freunde, meine Kumpels, Bettgefährtinnen und Kritiker des Systems. Ich war ja zu Hause. Wir würden alles anders machen.

Anschließend gab ich einen aus.

Ich hatte nie wieder Schlafstörungen. Ich machte mein Diplom in Stilistik, ich erfand eine Darstellungsart, die es bis dahin nicht gegeben hatte. Das Pointieren. Ich galt als ein bißchen schräg und ein bißchen unangepaßt, weil ich längere Haare hatte und auf unserem Abschlußball einen dogmatischen Dozenten parodierte. Ich hatte eine Freundin, deren Stiefvater Journalist in West-Berlin war und gelegentlich einen *Spiegel* mitbrachte. Das war Journalismus, fand ich, aber ich lebte nun mal in der DDR. Vielleicht später. Ich bestand den Sportreportertest beim DDR-Fernsehen, aber die Absolventenlenkungskommission schickte mich für drei Jahre in die Wirtschaftsabteilung der *Berliner Zeitung*. Planberichterstattung. Dort würde ich überwintern, dann würde ich Sportreporter werden. Wenig Politik und viel Reisen.

Ich war Wirtschaftsredakteur. Ich berichtete den Lesern, wieviel Preßlufthämmer der VEB Niles Druckluftwerkzeuge über den Plan produzierte, wie es um den Drei-

Temperaturzonen-Kühlschrank des VEB Kühlautomat stand, der nie fertig wurde, und erklärte ihnen, was ein Abrichter für Zahnflankenschleifmaschinen ist, obwohl ich es selbst nicht wußte. Ich interviewte Jugendforscher, ökonomische Direktoren, FDJ-Sekretäre und hoffte, daß es niemand las. Ich log nicht mal, ich ließ weg, färbte schön und überließ anschließend meine Manuskripte den Stiften meiner Vorgesetzten.

Immer mehr wurde meine Redaktion eine Welt, die ihre eigenen Werte hatte. Eine kleine künstliche Welt, die nichts mit der richtigen dort draußen vor den Zeitungsfenstern zu tun hatte. Hier drin gab es Lob und Kritik an einer Arbeit, die sich längst völlig von ihrer Aufgabe verabschiedet hatte, den Lesern die Welt zu erklären. Ihnen zu berichten, was draußen vorging. Sie erfüllte eher eine gegensätzliche Funktion. Und dennoch freute mich das Lob dieser Welt, und ihre Kritik ärgerte mich.

Die richtige, rauhe Wirklichkeit filterte ich durch mein kleines, ängstliches Parteijournalistenherz. Ich sah sie, roch sie, fühlte sie, aber ich ließ sie nicht in meine Texte. Nicht in meine Notizbücher. Und manchmal ließ ich sie nicht einmal in mein Hirn.

Bei den Recherchen für eine Reportage über das Bauwesen in Leipzig brach der SED-Bau-Sekretär weinend an seinem Schreibtisch zusammen, weil irgendwelche Parteibürokraten aus Berlin kurzerhand 50 Denkmäler von der Denkmalsliste gestrichen hatten, damit Leipzig sein Wohnungsbauprogramm erfülle. Ein heulender Parteifunktionär. Ein gutes Bild. Der mutige Chefarchitekt der Stadt führte mich in die schlimmsten, verkommensten Gegenden. Er zeigte mir Geisterviertel, die nur noch von Ratten bewohnt wurden, verfallene, schimmlige Messehöfe, die einmal wunderschön waren, Häuser, die nur bis zum Erdgeschoß rekonstruiert worden waren, damit der Generalsekretär aus seinem Autofenster einen guten Eindruck gewänne, und er nannte das Politbüro einen »Haufen alter Knallköppe«. Ich fragte ihn, ob er mir nicht auch mal was Schönes zeigen könne. Wegen der Ausgewogenheit. Und er zeigte es mir, obwohl es schwer zu finden war. Weil er ja wußte, wie das Spiel lief.

In meinem Artikel war das kaputte, marode Leipzig kaum noch wiederzuerkennen. Ein stellvertretender Chefredakteur verwandelte seine Rudimente dann restlos in eine blühende Stadt. Einem wütend protestierenden Kollegen, dem er mal einen Artikel über die Rekonstruktion des Schienennetzes der Reichsbahn umgeschrieben hatte, sagte dieser Mann einmal: »Für seine Partei muß man sich auch mal lächerlich machen können.«

Ich beschwerte mich nicht, er entschuldigte sich nicht. Er ließ mitteilen, ihm sei ein bißchen viel »Abriß« im Text gewesen.

In Leipzig ging es also vorwärts mit dem Bauen. Mein Artikel wurde in der Redaktionskonferenz gelobt. Das dämpfte meinen Ärger. Wenn ich überhaupt noch Ärger empfunden hatte.

Ich betrachtete die drei Jahre Absolventenzeit wie einen Wehrdienst. Ich zählte die Tage, bis ich endlich Sportreporter sein würde. Sicher müßte ich dort weitere fünf Jahre Bewährungszeit durchstehen, um richtig arbeiten zu können. Aber die Uhren gingen langsam damals. Was waren fünf Jahre? Und irgendwann hätte ich es dann geschafft. Wenig Politik, viel Reisen.

Wer war ich?

Ein Mensch, der Journalist geworden war, weil er sich im Mathematikunterricht langweilte. Mit 27 Jahren arbeitete er auf die Rente beim Sportfernsehen hin. Sein einziger politischer Widerstand hatte darin bestanden, daß ein besoffenes Mädchen eine Alarmanlage auslöste, als er gerade auf dem Klo war. Das war ich? Offensichtlich.

Als anderthalb Jahre Zeitungsdienst rum waren, die Hälfte sozusagen, klingelte das Telefon auf meinem Redaktionsschreibtisch.

Es war Frühling 1989, und Jörg war am Apparat ...

Ich erzählte meiner Freundin, daß die Sache mit der Kriminalpolizei ein Irrtum gewesen war. Sie stellte keine Nachfragen. Ich hoffte, daß Jörg nicht mehr anrufen würde. Zwei Tage später kam in unserer Redaktion die offizielle Information an, daß ich zu den Weltfestspielen nach Korea fahren könnte. Vielleicht war jetzt alles vorbei. Jörg meldete sich nicht. Langsam begann ich ihn zu vergessen. Vielleicht hatten sie ja das Interesse an mir verloren. Alte Disziplinschwierigkeiten in der Kaderakte gefunden oder so was. Alexander Osang: Unzuverlässig. Nicht zu gebrauchen. Untauglich.

Zehn Tage später meldete er sich. Er rief in der Redaktion an. Ich tat so, als würde ich nichts verstehen. »Bitte? ... Wer ist da? ... Tut mir leid, ich verstehe überhaupt nichts ...«, sagte ich und riet ihm, bevor ich auflegte: »Versuchen Sie es doch noch mal.« Nichts wünschte ich weniger als das. Ich saß an meinem Schreibtisch und starrte das Telefon an. Ich schwitzte, mir war übel. Ich wartete. Aber das Telefon rührte sich nicht. Jörg hatte aufgegeben, vielleicht hatte er keine Zwanziger mehr, oder er hatte mich durchschaut. Ich starrte auf das Telefon.

Ich hatte getan, was ich immer tat. So getan, als sei gar nichts passiert. Und ich hoffte, was ich immer hoffte. Daß alles gut wird.

Und.

Was und?

Keine Angst, was?

Hör auf, mir ist schlecht. Außerdem bin ich ihn erst mal los.

Und was machst du beim nächsten Mal?

Vielleicht gibt es ja kein nächstes Mal. Vielleicht gibt er ja auf. Vielleicht merkt er, daß ich nicht mitspiele. Daß ich nicht will.

Du Träumer. Was machst du, wenn er noch mal anruft? Die gleiche Tut-mir-leid-ich-versteh-Sie-nicht-Nummer?

Warum nicht?

Weil er dann vielleicht irgendwann hier in der Tür steht. Dich im Büro besucht und begrüßt wie einen alten Kumpel, und alle fragen: Sag mal, Alex, wer war denn das eben? Der sah ja aus wie von der Stasi.

Nein, nein. Nicht das. Vielleicht rede ich ja mit jemandem darüber.

Du hast versprochen zu schweigen.

Na und, ich habe vieles versprochen.

Und mit wem willst du darüber reden?

Mit meinem Chef zum Beispiel.

Und wenn der sagt: Entschuldige mal, was hast du denn mit den Genossen von der Staatssicherheit für Probleme? Bist du nun dafür oder dagegen? Was, wenn er selbst dabei ist? Wenn er von dir fordert, mitzumachen?

Ich weiß nicht.

Ich hab dir gesagt, du sitzt in der Scheiße.

Ja.

Einmal schaffte ich die Ich-verstehe-Sie-nicht-Nummer noch, schließlich war das DDR-Telefon-Netz wirklich miserabel. Wieder legte ich den Hörer auf, wieder starrte ich und schwitzte. Beim nächsten Mal würde ich mit ihm reden müssen. Ich wollte auf keinen Fall, daß er hier auftaucht.

Ich wußte damals noch nicht, daß er das nie getan hätte, ich wußte nicht, daß er mein Führungsoffizier werden wollte. Ich wußte überhaupt nicht, was ein Führungsoffizier war, ich kannte das Wort IM nicht, ich wußte überhaupt nichts über die Stasi. Nur, daß sie gefährlich war.

Beim Studium hatte es die Gerüchte gegeben, daß in jeder Seminargruppe einer von ihnen sitzt, und bei der Armee hatten sie er-

Das Buch der Versuchungen

zählt, daß alle Briefe kontrolliert würden. Von der Abteilung 2000. Mein gesamtes Wissen über das methodische Vorgehen von Geheimdiensten bezog ich aus drei Vorlesungen »Geheimnisschutz«, die wir im Studium bekommen hatten. Dort hatte ich gelernt, daß man als Journalist im kapitalistischen Ausland immer die Aschenbecher auf den Kneipentischen umdrehen muß, weil unter ihnen oft Wanzen befestigt würden. Außerdem solle man in kapitalistischen Parkanlagen keine lauten Selbstgespräche führen und das Telefon im Hotelzimmer immer möglichst weit vom Bett stellen. Weil, wie der Dozent erklärte, der gegnerische Geheimdienst manchmal mitten in der Nacht anrufe und die Schlaftrunkenheit des im Ausland weilenden DDR-Journalisten zu überrumpelnden Fragen nutze. Wenn man aber erst aufstehen muß, um ans Telefon zu gelangen, sei man beim Abnehmen des Hörers schon wieder soweit beieinander, daß man sich nicht mehr überrumpeln lasse. Da uns die Möglichkeit, in Parkanlagen des nichtsozialistischen Wirtschaftsgebietes Selbstgespräche zu führen, ziemlich unrealistisch schien, nahmen wir das Fach »Geheimnisschutz« überhaupt nicht ernst.

Ich war also völlig unvorbereitet. Aber ich wußte, daß ich mit ihm reden mußte.

Er rief gleich am nächsten Tag an.

»Und wie geht's?«

»Gut, gut«, sagte ich. Aus meinen Achseln lief Schweiß.

»Und dir?« fragte ich. Hatte ich ihn beim letzten Mal geduzt? Stellte ich nicht zuviel Vertrautheit her? Würde er jetzt denken, der macht mit? War alles verloren?

»Ja, ich wollte dich eigentlich nur fragen, ob du da voll ausgelastet bist bei der *Berliner*?« fragte er.

Also doch. Mein Hemdrücken war kalt und naß.

»Eigentlich schon, du weißt ja. Ich mach hier eine ganze Menge. Und dann habe ich auch Familie, weißt du. Einen kleinen Sohn.«

»Na klar weiß ich das.«

Na klar wußte er das! Aus den Akten natürlich. Oder wurde ich schon überwacht?

»Also«, sagte ich.

»Ja, ich wollte fragen, ob du noch was anderes, so, neben deiner Arbeit machen würdest?« fragte er freundlich.

»Nein«, keuchte ich ins Telefon. »Kann ich mir nicht vorstellen. Verstehst du?! Überhaupt nicht. Niemals!«

»Sag mal«, sagte Jörg, »was ist denn mit dir los? Hast du Probleme oder was? Ich verschaffe dir hier vielleicht einen Superjob, und du führst dich auf, als wolle ich dich umbringen. Früher wolltest du doch zum Fernsehen?«

»Ja, sicher«, flüsterte ich. »Wer bist du?«

»Na, Lutz.«

Lutz. Ein Kommilitone von mir. Lutz. Er hatte exakt die Stimme. Weich und einschmeichelnd.

»Entschuldige, Lutz, ich hab dich irgendwie verwechselt«, stammelte ich erleichtert.

»Mit wem denn?« fragte er und lachte. Aber er wollte glücklicherweise keine Antwort. Er kam ja vom Fernsehen. Er lud mich zu einem Moderatoren-Test für die »elf 99«-Sendung ein, die demnächst beginnen sollte. Wir machten einen Termin aus. Ich legte den Hörer auf und starrte das Telefon an. Ich war klatschnaß. Ich war auf dem besten Wege, paranoid zu werden.

So ging das nicht weiter.

Einmal stand ich schon bei meinem Abteilungsleiter im Zimmer, um ihn zu fragen, was ich tun soll. Aber als er mich mit diesem breiten Bauarbeiterlächeln begrüßte, mit diesem »Na, mein Junge, wo drückt denn der Schuh«, ahnte ich, was er mir raten würde.

Irgendwann fragte ich meinen Kollegen Andre auf einem unserer langen Verdauungsspaziergänge nach dem Mittagessen durchs zusammengefallene Scheunenviertel. Andre war nicht überrascht. Und er riet mir, was ich eigentlich wußte. Was ich immer gewußt hatte. Und was mir dennoch so schwerfiel.

»Du mußt nein sagen«, sagte er.

»Du mußt auf jede Frage nein sagen. Nicht: mal sehen, vielleicht später, eigentlich nicht oder ich überleg's mir mal, sondern nein. Sonst lassen sie dich nie in Ruhe.« Andre wußte, was er sagte. Er war während seines Armeedienstes angesprochen worden und wußte, daß man sie nur mit Entschiedenheit loswürde.

Ich war zu einem eindeutigen Nein bereit.

Zwei Tage später verstand ich Jörg am Telefon. Klar und deutlich. Ich sagte ihm, daß ich mich keinesfalls mit ihm treffen würde. Er sagte, daß das aber unbedingt nötig sei. Ich sagte, daß ich nicht wüßte, was das bringen solle. Er sagte, das würde ich schon merken. Sie würden mich vor der Volksbühne aufnehmen. An diesem Tag um diese Zeit. Ich sagte noch mal, daß es keinen Sinn machen würde. Jörg legte auf.

Nun, es war nicht unbedingt ein klares Nein. Aber es hatte eine Tendenz in diese Richtung. Nur, was bedeutete aufnehmen?

»Sie wollen dich mit dem Auto abholen«, erklärte mir Andre und bot mir an, mich zum Treffpunkt zu begleiten. Auf dem Weg dorthin schärfte er mir noch mal sein Immer-nein-Prinzip ein. Dann versteckte sich Andre in einem Hauseingang. Ich wartete. Immer nein. Immer nein. Immer nein.

Jörg kam dann doch zu Fuß. Und er kam zu spät. Entweder sie nahmen ihn oder sie nahmen mich nicht mehr ernst. Beides gut. Ich versuchte noch mal klarzustellen, daß wir nicht lange reden müßten, aber Jörg wollte das nicht auf der Straße erörtern, sondern in der nahe gelegenen Theaterklause. Hoffentlich war sie leer, dachte ich und sah mich nach Andre um. Er war nicht zu sehen. Leider wußte ich damals noch nichts von der heilsamen Kraft der Dekonspiration. Ich hätte mir ein unerfreuliches Gespräch sparen können.

Die Theaterklause war völlig leer. Ich ließ mich zu einer Cola überreden und mußte erfahren, daß es der westdeutsche Geheimdienst auf mich abgesehen hätte. Dies habe Jörg aus der DDR-Botschaft in der Koreanischen Volksdemokratischen Republik erfahren. Es klang alles völlig unlogisch, vielleicht war Jörg auch ziemlich fertig. Aber mir fiel das in dem Moment nicht weiter auf, weil ich mich völlig darauf konzentrierte, jede Frage mit einem entschiedenen Nein zu beantworten.

Einmal verletzte ich das Prinzip. Aus Eitelkeit. Weil ich nicht völlig bescheuert erscheinen wollte, versuchte ich zu argumentieren. Ich erklärte, daß es mit dem Beruf eines Journalisten nicht zu vereinbaren sei, Informationen seiner Gesprächspartner weiterzuleiten. Wenn Jörg wirklich clever gewesen wäre, hätte er mich genau an diesem Punkt umlegen können. Denn genaugenommen tat ich herzlich wenig, was mit dem Beruf eines Journalisten zu vereinbaren gewesen wäre. Gut, ich arbeitete bei einer Zeitung, aber das war schon fast alles.

Aber ich hatte wieder mal Glück. Jörg war nicht clever. Jörg wurde wütend.

»Wir kommen dir entgegen, da erwarten wir von dir einfach, daß du uns auch ein bißchen entgegenkommst«, sagte er, und seine weichen Züge strafften sich.

»Ich versteh nicht, wie Sie mir entgegenkommen«, sagte ich.

»Na was denkst du denn, wer dir die Reise nach Korea genehmigt hat?«

»Sie?«

»Ja sicher.«

»Ja und«, sagte ich. »Soll das heißen, daß ich nicht fahren kann, wenn ich nicht mitmache?«

»Wenn wir von dir kein Entgegenkommen spüren, spürst du von uns auch keines«, sagte Jörg.

»Also heißt es, daß ich nicht fahren kann?«

»Wenn du es so sagen willst, ja. Das heißt es«, sagte Jörg mit einem äußerst zweifelhaften Lächeln, das seinen Ärger tarnen sollte. Vermutlich hatte er wirklich gedacht, ich sei kein Problem. Immer nein. Immer nein. Immer nein.

»Gut«, sagte ich. »Dann kann ich eben nicht fahren. Auch nicht so schlimm.«

Ich stand auf und ging. Die Staatssicherheit hat noch eine ClubCola für mich bezahlt. Dann ließ sie mich zufrieden.

Du bist frei, sagte mein Gewissen draußen auf der Straße. Fühlst du dich nicht besser?

Doch, viel besser.

Du hast es ihnen gegeben. Du hast zum ersten Mal nicht das gemacht, was sie von dir erwarten. Du kannst das. Und es war doch nicht schwer, oder?

Nein, das nicht.

Aber?

Nichts aber.

Komm schon, was hast du?

Ich wäre wirklich gerne nach Korea gefahren.

Am nächsten Tag rief jemand von der FDJ an und erzählte mir, daß ich nun doch nicht mit der offiziellen Delegation nach Korea fliegen könnte, sondern mit der Touristendelegation. Ich weiß nicht, ob das ein letzter Gruß von Jörg war, und eigentlich ist es auch egal.

Ich flog nach Korea, und in einer Nacht in einem gespenstischen Nobelhotel mitten im wunderschönen Diamantgebirge erzählte ich nach einer Flasche Wodka einem jungen schwulen Schriftsteller von meinen Erlebnissen mit Jörg. Der kritische Dichter, der ein paar Monate später zu den Hungerstreikenden vor der Lichtenberger Stasi-Zentrale gehören sollte, schaute mich traurig an.

Vielleicht lag es am Wodka, aber irgendwie begriff ich in diesem Moment, daß das nicht besonders viel Charakter war. Für ein 27jähriges Leben.

Ich war nie stolz auf das erste entschiedene Nein meines Lebens. Es war keine große Leistung. Es war immerhin schon 1989, die DDR wankte, und die Stasi hatte nur eine Reise nach Korea in der Hand. Es ging nicht um mein Augenlicht, es ging nicht um meine berufliche Existenz, und eine politische Überzeugung, die so groß gewesen wäre, daß man mich an ihr hätte packen können, besaß ich nicht. Es ging nur um eine Reise. Und wenn sie mich nach New York gebracht hätte, wäre ich vielleicht schwach geworden. Ich weiß es nicht. Ich weiß nicht, wie groß eine Versuchung sein muß, um ihr zu erliegen. Ich weiß nur, daß die Worte, die ich später von aufgeflogenen IMs hörte – »ich habe niemandem geschadet« oder »ich habe mir gedacht, ich sage denen sowieso nur das, was ich verantworten kann« –, auch von mir hätten stammen können.

So bin ich nicht stolz auf dieses Nein, aber es scheint, wenn man die Dinge heute so sieht, das entscheidende Nein gewesen zu sein. Man kann eben nicht raus aus seiner Haut.

Ich hab einfach Glück gehabt.

Bildnachweis

S. 30/31
›Hannelore Kohl‹:
GEZETT, Berlin
S. 39
›Udo Lindenberg‹:
Sören Stache, Berlin
S. 54/55
›Karl-Eduard von Schnitzler‹:
Wulf Olm, Berlin
S. 65
›Stumpfe Ecke‹:
Wulf Olm, Berlin
S. 74/75
›Karnevalsprinz‹:
Wulf Olm, Berlin
S. 123
›Mäcki Lauck‹:
Wulf Olm, Berlin
S. 132/133
›Bauer Lengfeld‹:
Wulf Olm, Berlin
S. 138
›Wolfgang Lippert‹:
Uwe Werner, Templin
S. 147
›Wildecker Herzbuben‹:
Wulf Olm, Berlin
S. 163
›Rolf-Jürgen Otto‹:
Oliver Behrendt, Berlin
S. 192/193
›Aurel Müller-Schönlein‹:
Wulf Olm, Berlin

Ryszard Kapuściński

Lapidarium

Aus dem Polnischen von Martin Pollack

Band 12852

Ein Lapidarium ist ein Ort, wo Gefundenes zusammengetragen wird: Steine, Stücke von Figuren, Fragmente von Bauwerken, Teile von Säulen, Simsen, Friesen, mit einem Wort: Bruchstücke, die auf ein Ganzes hinweisen. In diesem *Lapidarium* genannten Band also versammelt der Autor Beobachtungen, Zitate, Notizen, Gedankensplitter. Diese der Poesie nahe Form der genauen, pointierten Beschreibung hat in der polnischen Literatur Tradition. Die Aufschreibungen sind nach Jahren geordnet (1972–1989) und nach Orten (Mexiko, London, Oxford, Los Angeles, Philadelphia und immer wieder Warschau). Sie zeigen den nachdenklichen Weltbürger Kapuściński, der in der punktuellen Wahrnehmung strukturelle Probleme dingfest macht. Es ist der Kapuściński der Maximen, der Anekdoten, der Augenblicksnotizen für die Ewigkeit. Ein wunderbares Buch, in dem man sich ebenso oft verlieren wie wiederfinden kann.

Fischer Taschenbuch Verlag

fi 2107 / 3

Christian Ankowitsch

Briefe aus dem Bergwerk der ZEIT – 1-30

Geschichten, die ich nie erleben wollte und dann doch toll fand –
über Gürteltiere, Männer im Keller,
nackte Nonnen online, ein blaues Sofa, Chefs, sowie
schätzungsweise 3127 weitere abgeschwiffene (neue Rechtschreibung,
vollkommen illegal) Gedanken im Grenzbereich zwischen
Hysterie und Radio Dubai oder so

Band 14095

Kennen Sie den Herrn Radtke aus der Erdgeschoßwohnung, der auf seinem Sofa geboren wurde und dort auch verbleichen wird? Und Klemens P., der seit drei Monaten in Christian A.'s Keller sitzt und in Papieren kramt? Und die dümmsten Namen von Frisiersalons? Nicht? Dann ist es höchste Zeit für einen Ausflug! Der österreichische ›Zeit‹-Autor Christian Ankowitsch erfreut seit Sommer 1996 eine stetig wachsende Gemeinde von Fans mit seinen ›Briefen aus dem Bergwerk‹. Allwöchentlich steigt er hinunter in die Stollen, die der Alltag bohrt, und schürft dort Tiefsinniges und Irrsinniges. Gedruckt sind diese Briefe bisher allerdings nirgends – sie erscheinen bisher nur auf dem elektronischen »Newsletter« der ›Zeit‹. Wir drucken, wie es der Computer will: groteske Zeilenumbrüche, wechselnde Schriftgrößen, alle Tippfehler, dafür kein »ß« und keine Umlaute. Köstliche Klatschkolumnen mit Computerschlagseite. Ist Kult.

Fischer Taschenbuch Verlag

fi 2123 / 2